John Stevens Cabot Abbott, Franz
Sta

hli

Preußen und der französisch-preußische Krieg

Enthaltend eine kurze Erzählung vom Ursprung und der Geschichte des Königreichs

John Stevens Cabot Abbott, Franz
Sta

hli

Preußen und der französisch-preußische Krieg
Enthaltend eine kurze Erzählung vom Ursprung und der Geschichte des Königreichs

ISBN/EAN: 9783743494756

Hergestellt in Europa, USA, Kanada, Australien, Japan

Cover: Foto ©Suzi / pixelio.de

Weitere Bücher finden Sie auf **www.hansebooks.com**

Frederick the Great.

Preussen
und der
Französisch=Preußische Krieg.

Enthaltend

eine kurze Erzählung vom Ursprung und der Geschichte des Königreichs, sowie einen genauen Bericht über die Ursachen und Ergebnisse des letzten Krieges mit Oestreich.

Ferner:

Einen Bericht über den Ursprung des gegenwärtigen Krieges mit Frankreich, und über den außerordentlichen Feldzug in das Herz des Kaiserreichs.

Endlich noch

biographische Skizzen über König Wilhelm und Grafen von Bismarck

Von

John S. C. Abbott,

Verfasser der Schriften: „Leben Napoleon I.", „Leben Napoleon III.", „Leben Friedrich des Großen", „Leben der Präsidenten der Ver. St." ɔc.

Aus dem Englischen übersetzt

von

Dr. Franz Stähli, Boston.

Boston:

Herausgegeben von B. B. Russell, No. 55 Cornhill.

Philadelphia: Quaker City Publishing House.

San Francisco: A. L. Bancroft & Co.

Chicago, Ill., Jas. P. Snell.

1871.

Gemäß dem Congreßakt eingetragen, im Jahre 1871,

von B. B. Russell,

in der Office des Congreß-Bibliothekars in Washington.

F. B. Teuthorn, Buchdrucker, 33 Eliot Str., Boston.

Den

Deutschen, welche fern vom Vaterlande

und den

Franzosen, welche fern vom „schönen Frankreich"

sich

unter den Sternen und Streifen der Vereinigten Staaten Amerika's
als Mitbürger, Kameraden und Brüder
getroffen haben,

ist dies Buch gewidmet,

in der Hoffnung, daß Deutschland und Frankreich bald sich brüderlich die Hand über den Rhein
reichen mögen.

John S. C. Abbott.

Vorrede.

Vor weniger als 200 Jahren wurden die kleine Markgrafschaft von Brandenburg und das kleine Herzogthum Preußen zu einem Königreiche vereinigt. Preußen war damals an Ausdehnung seines Landes und Bevölkerungszahl ein so unbedeutendes Königreich, daß es wirklich die Verachtung der stolzen Herrscher Europa's erregte. England, Frankreich, Oestreich und Rußland waren keineswegs geneigt, den neugeschaffenen König eines so geringfügigen Landes auf gleichem Fuße zu behandeln.

Jetzt ist Preußen nicht nur als eine der Großmächte, sondern wahrscheinlich als die erste Militärmacht Europa's anerkannt. Die Schritte durch welche diese Größe erreicht wurden, bilden eines der interessantesten Kapitel der neueren Zeitgeschichte. Preußen repräsentirt nicht die freisinnigen Ideen, sondern diejenigen des Absolutismus. Es hat unter der Fahne einer despotischen Herrschaft seine größten Siege erfochten.

Preußen bietet der Welt jetzt das in gewissem Sinne erschreckende Schauspiel einer Nation von vierzig Millionen, in welcher jeder körperlich tüchtige Mann ein geschulter Soldat ist. Es war im Stande in unglaublich kurzer Zeit Armeen, so überwältigend an Zahl, so trefflich organisirt und diszipliniert ins Feld zu stellen, daß es die Militärmacht Frankreichs erdrücken, seine stärksten Festungen niederwerfen und sogar bis in das Herz des Kaiserreiches eindringen und dessen stolze Hauptstadt mit einem Belagerungsheere umringen konnte. Der Zweck dieses Bandes ist eine Erzählung von dem Ursprunge, dem Wachsthum, und dem gegenwärtigen Zustande dieser riesigen Macht zu geben. Es dürfte schwer sein irgendwo einen an belehrenden und anregenden Umständen reicheren Gegenstand zu finden.

Die tollen Streiche des halb wahnsinnigen Friedrich Wilhelm, der ungeregelte und wunderbare Lebenslauf Friedrichs des Großen, die furchtbaren Unglücksfälle welche Preußen in den Kriegen der französischen Revolution überwältigten; die staunenswerthen Siege und Eroberungen die es in dem letzten Kriege mit Oestreich vollbrachte, und welche in der Schlacht von Sadowa gipfelten, wo Oestreich als hülfloses Opfer vor dem Eroberer im Staube lag; schließlich der Feldzug in Frankreich, welcher nun das Staunen der Welt erregt, indem die französischen Armeen vor den preußischen Legionen zusammenschmelzen, wie Festung nach Festung vor seinen Batterien fällt, und endlich Paris von Schaaren belagert wird, wie kaum Attila sie ins Feld führen konnte, — dieses sind Ereignisse, welche unter den wichtigsten, die auf unserem Erdball begegnet sind, aufgezählt werden müssen.

John S. C. Abbott.

New Haven, Conn.

Inhaltsverzeichniß.

Kapitel I.
Ursprung des Königreiches. 9

Kapitel II.
Fritz und der Anfang seiner Regierung. 25

Kapitel III.
Der siebenjährige Krieg. 40

Kapitel IV.
Die Theilung Polens und der Einfall in Frankreich. 53

Kapitel V.
Preußen und die französische Revolution. 68

Kapitel VI.
Preußen wird überwältigt. 83

Kapitel VII.
Friedrich Wilhelm III. und die neue Verbindung. 98

Kapitel VIII.
Ringen nach Freiheit. 114

Kapitel IX.
König Wilhelm I. 126

Kapitel X.
Die Hauptstützen des Thrones. 138

Kapitel XI.
Schleswig-Holstein. 153

Kapitel XII.
Die Befreiung Italiens. 168

Kapitel XIII.
Der deutsche Krieg. 176

Kapitel XIV.
Frankreich verlangt seine alte Grenze. 185

Kapitel XV.
Die Politik des Grafen Bismarck. 195

Kapitel XVI.
Die Kriegserklärung. 203
Kapitel XVII.
Die orientalische Frage. 211
Kapitel XVIII.
Der Einfall in Frankreich. 220
Kapitel XIX.
Preußische Siege und französische Niederlagen. 226
Kapitel XX.
Die Kapitulation von Sedan. 237
Kapitel XXI.
Der Sturz des Kaiserreiches. 250
Kapitel XXII.
Der Gefangene und die Verbannten. 264
Kapitel XXIII.
Der Krieg und seine Leiden. 275
Kapitel XXIV.
Das deutsche Kaiserreich. 291

Geschichte Preußens.

Kapitel 1.
Ursprung des Königreiches.

Ungefähr im Jahre des Herrn 997 unternahm Adalbert, Bischof von Prag eine Bekehrungsreise nach den Küsten des baltischen Meeres, von zwei Genossen begleitet. Die wilden Einwohner tödteten ihn, doch faßte das Christenthum nach und nach Wurzel und im Verlauf der Zeiten verschwand der Götzendienst und äußerliches Christenthum trat an dessen Stelle. Das Volk war arm, unwissend, lebte zerstreut und war nur theilweis civilisirt. Während langer Jahrhunderte, ereignete sich mit den kommenden und schwindenden Generationen nichts für die übrige Welt Bedeutendes in dieser Gegend.

Als im sechzehnten Jahrhundert das südliche Europa den Protestantismus verwarf, wurde derselbe von den Bewohnern dieser wilden Gegend angenommen. Am Anfange des achtzehnten Jahrhunderts fand sich an der südlichen Küste des baltischen Meeres ein kleines Gebiet, etwa so groß wie der Staat Massachusetts, welches die Markgrafschaft Brandenburg hieß. Der Markgraf gehörte einer sehr berühmten Familie an, bekannt unter dem Namen des Hauses von Hohenzollern. Einige Meilen östlich von dieser Markgrafschaft, war ein kleines Herzogthum, Preußen geheißen. Nachdem der Markgraf von Brandenburg in Besitz des Herzogthums gelangt war, wußte er, da er ein sehr ehrgeiziger Mann war, durch geschickte Ränke die vereinigten Provinzen Preußen und Brandenburg von dem deutschen Kaiser als Königreich Preußen anerkennen zu lassen. Die Fürsten Südeuropa's schauten mit ziemlicher Verachtung auf dieses neugeborene und kleine Königreich, und waren durchaus nicht geneigt, den König Emporkömmling als Ihresgleichen anzusehen.

Berlin war die Hauptstadt der Markgrafschaft Brandenburg, Königsberg diejenige des Herzogthums Preußen. Obgleich der Markgraf Friedrich in Königsberg gekrönt wurde, so erwählte er doch Berlin als Hauptstadt seines neuen Königreiches. Er nahm den Titel Friedrich I. an. Der König hatte einen Sohn, Friedrich Wilhelm, der damals 10 Jahre alt war. Als Thronerbe wurde er der Kronprinz genannt. Achtzehn Jahre alt, heirathete er Sophie Dorothea, seine Base, eine Tochter des Kurfürsten Georg von Hannover, welcher später Georg I. von England wurde. Am 24. Januar 1712 wurde dem Kronprinzen ein Sohn geboren, welcher den Namen Friedrich erhielt, und welcher später als Friedrich der Große in der Geschichte berühmt wurde. Das Knäblein, dessen Geburt als Thronerbe durch das ganze Königreich mit so vieler Freude begrüßt wurde, hatte damals eine drei Jahre ältere Schwester, Wilhelmine. Zur Zeit der Geburt Friedrichs war die Monarchie erst zwölf Jahre alt. Sein Großvater, Friedrich I. lebte noch und sein Vater war Kronprinz.

Als Friedrich vierzehn Monate alt war, starb sein Großvater Friedrich I. und sein Vater Friedrich Wilhelm bestieg den Thron. Er war einer der sonderbarsten Männer, deren die Geschichte erwähnt. Es ist schwierig Rechenschaft über sein Gebahren zu geben, wenn man nicht annimmt, daß er halb wahnsinnig war. Sein Vater liebte den Pomp der Hofhaltung, Friedrich Wilhelm verachtete diesen Prunk gründlich). Unmittelbar nach seiner Thronbesteigung entließ er zur großen Bestürzung des Hofes beinahe alle Ehrenbeamten des Palastes, vom höchsten Würdenträger bis zum niedrigsten Pagen. Sein Haushalt wurde auf's ökonomischste geregelt. Acht Bediente wurden behalten zu 6 Schillingen Wochenlohn. Sein Vater hatte dreißig Pagen gehabt; alle außer drei wurden entlassen. Tausend Reitpferde waren in den königlichen Ställen; Friedrich behielt dreißig. Drei Viertheile der Namen wurden von der Pensionsliste gestrichen.

Die Energie des neuen Fürsten begeisterte das ganze Königreich. Jedermann wurde gezwungen fleißig zu sein. Selbst die Aepfelverkäuferinnen wurden durch königliche Verordnungen angehalten an ihren Ständen zu stricken. Der König verpachtete Kornländereien, machte Sümpfe urbar, legte Kolonien an, errichtete Fabriken, und ermuthigte jeden Zweig der Industrie mit aller Energie absoluter Macht.

Friedrich Wilhelm, ein vierschrötiger, bäurisch aussehender Mann, führte, wenn er in den Straßen von Berlin umherging, ein tüchtiges spanisches Rohr mit sich. Bei der geringsten Veranlassung prügelte er jeden ihm Begegnenden durch. Vor Allem haßte er die Verfeinerung und Höflichkeit der französischen Nation. Wenn er eine reich gekleidete Dame traf, so konnte sie sicher sein scharf angefahren zu werden; öfters setzte es sogar Fußtritte ab mit der Weisung nach Hause zu gehen und nach ihren Bälgen zu sehen. Kein modischgekleideter junger Mann konnte vor dem König über die Straße gehen, ohne, wenn er in den Bereich seines Armes kam, einen tüchtigen Stockstreich zu erhalten. Wenn er auf einen traf, der in den Straßen herumzulungern schien, so langte er ihm einen Hieb über den Kopf, mit dem Zuruf „Heim mit dir, du Schuft, an die Arbeit!"

Friedrich war auf peinliche Art reinlich, er wusch sich täglich fünf Mal. Er gestattete in dem Palaste weder Fuß=

teppiche noch gepolsterte Möbeln, weil sie den Staub auf=
faßten. Er aß schnell und gefräßig und lebte von den nahr=
haftesten Speisen, aller Ueppigkeit abgeneigt. Seine Klei=
dung bestand gewöhnlich aus einem blauen Militärrock mit
rothem Kragen und Aufschlägen, hellbrauner Weste und
Kniehosen, und weißen leinenen Kamaschen bis zum Knie.
Ein abgetragener dreieckiger Hut bedeckte seinen Kopf.

Mittelst dieser strengen Sparsamkeit konnte er, trotz der
Kleinheit seines Königreiches und der Geringfügigkeit seiner
Einkünfte, ein Heer von nahezu hundert tausend Mann er=
halten. Eine imposante Armee schien das große Ziel seines
Ehrgeizes zu sein. Er exerzirte seine Truppen in Person
und in solcher Weise, wie Soldaten vorher nie geübt worden
waren. Da er eine eiserne Gesundheit hatte, und selbst
nichts auf Bequemlichkeit hielt, so kannte er kein Erbarmen
mit seinen Soldaten, und so schuf er die im Verhältnisse zu
ihrer Größe, kräftigste militärische Maschine, die je auf der
Erde gesehen wurde.

Der französische Gesandte in Berlin, Graf Rothenburg,
war ein sehr gebildeter Mann. Er trug die Kleidung und
folgte den Sitten der französischen Edelleute dieser Zeit.
Er und seine Gesandtschaftsbeamten erregten als sie in Ber=
lin in der prachtvollen Hofkleidung der Tuilerien und des
Hofes zu Versailles erschienen, den Zorn des Königs. Der
König, in seiner Kleidung von einheimischem Fabrikat, be=
schloß, daß das Beispiel sich nicht verbreiten solle.

Es war in Berlin eine große Revüe. Die französische
Gesandtschaft gedachte in ihrer gewohnten Tracht mit drei=
eckigen Federhüten, großen Perrücken und gestickten Kleidern
anwesend zu sein. Der König ließ eine Anzahl des gemein=
sten Pöbels, gleich an Zahl, in die übertriebensten Karrika=
turen der französischen Tracht kleiden. Sobald die Franzo=
sen auf dem Felde erschienen, bliesen die Trompeter einen
Tusch, und die Hanswurste traten denselben entgegen, doch

herrschte militärische Disziplin, man hörte kein höhnisches Lachen, es herrschte vollständiges Schweigen. Der König saß unbeweglich wie ein Marmorbild zu Pferde. Der Minister Ludwigs unterzog sich dieser Ungebühr mit französischer Höflichkeit und erschien nachher in einheimisches, Berliner Tuch gekleidet.

Friedrich wünschte ernstlich, daß sein Sohn, den er Fritz nannte, Geschmack am Kriegswesen haben möchte. Aber zu seiner bittern Enttäuschung schien das Kind weibischer Natur zu sein. Er war sanft, zutraulich, liebte Musik und Bücher, und hing mit fast weiblicher Liebe an seiner Schwester Wilhelmine. Der König hielt diese Eigenschaften für unmännlich und fing an, das Kind erst zu verachten, dann zu hassen. Doch beschloß der thatkräftige König, keine Mittel unversucht zu lassen, um einen Soldaten aus seinem Knaben zu machen.

Als Fritz 6 Jahre alt war, organisirte sein Vater eine Kompagnie von einhundert Edelknaben, welche unter seinem Kommando stehen sollten. Die Zahl wurde nach und nach bis zu einem Regimente vermehrt, dessen Oberst Fritz war. Als er 7 Jahre alt war, wurde er Erziehern übergeben, die angewiesen waren, seine geistige und militärische Erziehung mit der größten Strenge zu fördern. Der König sagte in den Befehlen, welche er dem ausgezeichneten mit der Erziehung des Kindes betrauten Militär gab:

„Sie haben vor Allem aus darauf zu sehen, meinem Sohne eine wahre Liebe für das Militärwesen einzuflößen, und ihm einzuprägen, daß nichts in der Welt einem Fürsten Ruhm und Ehre bringen kann, als das Schwert, und daß er daher ein von Jedermann verachtetes Geschöpf sein würde, wenn er es nicht liebte und in demselben seinen alleinigen Ruhm sucht."

Der arme kleine Junge wurde fast unglaublichen Strapazen ausgesetzt. Sein Vater nahm ihn auf seinen Inspektionsreisen der Garnisonen mit sich. Ihr Wagen war ein sogenannter Wurstwagen. Er bestand einfach aus einer gepolsterten Stange, auf welcher man rittlings wie auf einem Zaunpfahle saß. Diese Stange ruhte vorn und hinten auf Rädern, aber ohne Federn. So rasselten sie über die Berge und durch den Koth. Das zarte empfindliche Kind war seines Schlafes beraubt, während sein eiserner Vater ihn auf diesen wilden abenteuerlichen Fahrten, ohne Rücksicht auf Ermüdung oder Witterung mit sich schleppte. „Zu viel Schlaf macht einen Kerl dumm," sagte der König.

Jede Faser in dem Herzen Friedrichs schreckte vor dieser rohen Erziehungsweise zurück. Er haßte die Sauhetzen, und das Reiten auf dem Wurstwagen, bei dem er vom Regen durchnäßt und von Koth bespritzt wurde.

Neigungen entwickeln sich frühzeitig in der Jugend. Als Friedrich Wilhelm ein Knabe war, beschenkte ihn Jemand mit einem schönen, goldgestickten, französischen Schlafrock. Er schmiß ihn in das Feuer und verschwor sich, niemals ein solches Zeug tragen zu wollen.

Fritz konnte im Gegentheil, das Landtuch nicht leiden. Er liebte Tücher von feinem Gewebe mit geschmackvollen Verzierungen. Die meisten der frühen Jugendjahre verlebte der Prinz zu Wusterhausen. Dies war ein einfacher viereckiger, von einem Graben umgebener Palast, in einer sehr reizlosen Gegend. Obschon es einige malerische Spazierwege gab, so hatten doch die düstern Wälder und pfadlosen Sümpfe keine Anziehungskraft für Friedrich. Die Paläste von Berlin und Potsdam, welcher der Vergnügen liebende König Friedrich I. verschönert hatte, behielten noch Vieles von ihrer früheren Pracht; aber der König möblirte die Zimmer, die er bewohnte mit stoischer Einfachheit.

Die Gesundheit Fritzens war gebrechlich. Er liebte die Studien und besonders die lateinische Sprache. Sein ungebildeter Vater, welcher kaum leserlich schreiben konnte, und dessen Rechtschreibung lächerlich war, hatte eine besondere Abneigung gegen das Lateinische. Eines Tages überraschte er seinen Sohn mit einem lateinischen Buche in der Hand, unter der Leitung eines Lehrers. Der König wurde wüthend. Der Lehrer entging nur durch schleunige Flucht den Stockprügeln. Noch wüthender wurde er, als er entdeckte, daß sein Sohn Flöte spielte, und als er einige von ihm geschriebene Verse sah, rief er mit unaussprechlicher Verachtung: „Mein Sohn ist ein Flötenspieler und ein Poet".

Es gab keinen Punkt, in dem Vater und Sohn übereinstimmten. Jeden Monat wurden sie einander mehr entfremdet. Fritzens Mutter, Sophie Dorothea und seine Schwester Wilhelmine liebten ihn zärtlich. Dies erbitterte den König. Er dehnte seinen Haß gegen den Knaben, auf dessen Mutter und Schwester aus.

Endlich wurde ein zweiter Sohn geboren. — August Wilhelm, zehn Jahre jünger, als Friedrich. Der Vater wünschte nun offenbar den Tod Friedrichs, so daß August Wilhelm Thronerbe werden möchte. Er hoffte, daß dieser einen verschiedenen Charakter zeigen würde. Doch beharrte der König auch dann noch in seinen Anstrengungen dem Fritz seine eigene rohe Natur und seinen Geschmack aufzudrängen.

Da Georg von Hannover, Georg I. von England geworden war, so wurde bei seiner Tochter, Fritzens Mutter, der dringende Wunsch rege, daß ihre zwei Kinder, Wilhelmine und Fritz sich mit Friedrich und Amalie, den zwei Kindern ihres Bruders Georg, des damaligen Prinzen von Wales, verheirathen möchten. Aber Friedrich Wilhelm und Georg, der Prinz von Wales hatten sich in der Jugend gezankt und haßten sich gegenseitig gründlich. Die andern europäischen Mächte waren dieser Doppelheirath abgeneigt, da dadurch die zwei Königreiche Preußen und England in der Wirklichkeit zu einem geworden wären.

Der junge englische Friedrich trug den Titel eines Herzogs von Gloucester. Der englische Hof gab es endlich zu, daß Friedrich die Wilhelmine heirathen sollte, aber es gab immer noch Hindernisse gegen die Heirath Fritzens mit Amalie. Der Herzog von Gloucester sandte einen Boten mit einigen Geschenken an Wilhelmine. Die preußische Prinzessin beschrieb die Zusammenkunft in folgenden bezeichnenden Worten:

„In diesen Tagen kam einer von den Edelleuten des Herzogs von Gloucester nach Berlin. Die Königin gab eine Soiree. Er wurde sowohl ihr als mir selbst vorgestellt. Er machte im Auftrage seines Herrn ein sehr verbindliches Kompliment. Ich erröthete und antwortete bloß durch eine Verbeugung. Die Königin, welche mich beobachtete, war sehr böse, daß ich das Kompliment des Herzogs bloß mit Schweigen beantwortet hatte, sie wies mich tüchtig dafür zurecht und befahl mir, bei Strafe ihres Zornes, morgen den Fehler wieder gut zu machen. Ich zog mich weinend und gegen die Königin sowohl als gegen den Herzog erzürnt auf mein Zimmer zurück. Ich gelobte mir, daß ich ihn niemals heirathen würde."

Wilhelmine war ein höchst bedeutendes Frauenzimmer, mit einer sehr zarten, geistigen und edlen Natur begabt. Friedrich von England war achtzehn Jahre alt, ein ausschweifender Wüstling und persönlich sehr häßlich. Wilhelmine sagte, daß ihr Großvater Georg I., nachdem er König von England geworden war, unerträglich hochmüthig geworden sei. Er war geneigt mit wahrer Verachtung auf ihren Vater herunter zu blicken, der König eines so schwachen Reiches, wie Preußen, war. Obgleich Georg seine mündliche Zustimmung zu einer Heirath seines Großsohnes mit Wilhelmine gegeben hatte, so lehnte er es doch unter verschiedenen nichtigen Vorwänden ab, einen Ehevertrag zu unterzeichnen. Wilhelminen war die Sache ganz gleichgültig

Sie erklärte, daß ihr an ihrem Vetter Friedrich, den sie nie gesehen hatte, nichts gelegen sei, und daß sie nicht wünsche ihn zu heirathen.

Als Fritz sein vierzehntes Jahr erreicht hatte, machte ihn sein Vater zum Hauptmann einer Grenadiercompagnie in der Potsdamer Garde. Dies war ein von Friedrich Wilhelm errichtetes Riesenregiment, das weltberühmt geworden war. Solch' ein Regiment existirte vorher nicht, und wird es niemals wiederum. Es bestand aus Riesen deren kleinste nahezu sieben Fuß groß waren; die größten waren fast neun Fuß lang. Friedrich Wilhelm hatte beim Aufsuchen von Riesen ganz Europa durchstöbert. Weder Geldauslagen noch Intriguen und Betrügereien wurden gespart, um solche Männer, wo sie sich auch vorfinden mochten, zu erhalten. Die Garde bestand aus drei Batallionen, jedes achthundert Mann stark.

Friedrich Wilhelm regierte mit einer Selbstherrlichkeit, die sogar in der Türkei niemals übertroffen wurde. Seine Regierung war despotisch. Das Eigenthum, die Freiheit und die Leben seiner Unterthanen waren ganz zu seiner Disposition. Er war begierig danach eine Race von Riesen fortzupflanzen. Wenn er in seinem Reiche irgend ein junges Weib von bemerkenswerther Größe fand, so zwang er sie einen seiner militärischen Goliathe zu heirathen. Es scheint jedoch nicht, daß er auf solche Weise seinen Zweck erreichte.

Blos ein Gedanke schien in Geiste Sophie Dorothea's zu leben, — die Doppelheirath. Ihr mütterlicher Ehrgeiz würde sich beim Anblick Wilhelmine's als Königin von England und ihres geliebten Sohnes Fritz als Gemahl einer englischen Prinzessin befriedigt haben. Friedrich Wilhelm, mit seiner bewundernswerthen Entschiedenheit, seinen militärischen Neigungen und mit seiner außerordentlich geeinigten und disziplinirten Armee, begann von den übrigen

Mächten als ein gewaltiger Herrscher gefürchtet zu werden, und als einer dessen Bündniß man suchen müsse. Trotz seiner Armee von sechzigtausend Mann, — die er noch beständig vermehrte und einer früher in Europa unerhörten Mannszucht unterwarf, machte er dennoch so bedeutende Ersparnisse, daß er seinen Schatz rasch mit Silber und Gold füllte. Im Keller seines Palastes waren eine Menge von mit Münzen gefüllten Fässern aufgespeichert. Eine große Masse Silber war ferner zu massiven Tischgeräthen, ja zu Meubeln und Treppengeländern verarbeitet. Diese konnten im Falle der Noth eingeschmolzen und in Münzen verwandelt werden.

Dieser König traf eine merkwürdige Einrichtung, welche das Tabakskollegium genannt wurde. Es bestand in einer Versammlung von ungefähr einem Dutzend seiner vertrauten Freunde, welche sich fast täglich in einem der Zimmer seines Palastes trafen, um Bier zu trinken, ihre Pfeifen zu rauchen und sich zu besprechen. Hervorragende Fremde wurden bisweilen zugelassen. Fritz war manchmal zugegen, aber immer mit Widerwillen. Sein empfindliches Nervensystem war dem Bier und dem Rauche abgeneigt. Obgleich er gezwungen war eine Pfeife im Munde zu halten, füllte er doch deren Kopf nie mit Tabak. Sein Vater verachtete den gebrechlichen Knaben, den er für so verweichlicht hielt.

Die Doppelheirath war immer noch der Gesprächsgegenstand aller europäischen Höfe. Im Jahr 1726 erließ der deutsche Kaiser, der mit besonderer Gewalt über alle deutsche Fürsten ausgerüstet war, ein Dekret, in dem er erklärte, er könne nicht in die Doppelheirath mit England einwilligen. Dieser Entscheid machte Friedrich Wilhelm geringen Kummer; denn er haßte seine englischen Verwandten so gründlich, daß er keineswegs irgend welche nahe Verbindung mit denselben wünschte. Er gab es zu, daß Wilhelmine den

Herzog von Gloucester heirathe, weil sie auf solche Weise voraussichtlich Königin von England werden würde.

Andererseits wünschte der König von England auf das ernstlichste, daß seine Enkelin Amalia den Fritz heirathe, denn so würde sie Königin von Preußen werden. Er erklärte daher er würde es nicht zugeben, daß der Herzog von Gloucester Wilhelmine heirathe, wenn nicht Amalie auch den Fritz heirathen würde.

Aber Friedrich Wilhelm war der Heirath von Fritz und Amalie aus drei verschiedenen Gründen abgeneigt: Erstens war er von Natur ein außerordentlich hartnäckiger Mann; und der Umstand, daß der König von England irgend ein Projekt begünstigte, war genug, um ihn demselben widerstreben zu machen. Zweitens haßte er den Fritz, und gönnte ihm das Glück nicht, eine reiche und schöne englische Prinzessin zu heirathen. Und drittens wußte er, daß Amalie, als Braut von Fritz, eigenen Reichthum nach Berlin bringen würde, sowie auch die verfeinerten Sitten des brittischen Hofes, und daß so Fritz in den Stand gesetzt werden würde, eine Partei gegen seinen Vater zu bilden.

Friedrich Wilhelm sagte daher, „Friedrich von England kann Wilhelmine heirathen, aber Fritz soll Amalie nicht heirathen." Georg I. antwortete: „Entweder beide heirathen, oder keine." So kam es zum vollständigen Stillstand.

Während diese Intriguen beide Höfe in Bewegung setzten, wohnte Fritz die meiste Zeit in Potsdam, — einer königlichen Lieblingsresidenz etwa siebenzehn Meilen westlich von Berlin. Im Jahre 1729 war er siebenzehn Jahre alt, ein hübscher junger Mann, der durch seine Lebhaftigkeit, und anziehenden Manieren große Aufmerksamkeit erregte. Er wurde gelegentlich in das Tabakskollegium geschleppt, wo er durch die Dünste des Tabaks und des Bieres angeeckelt, in spöttischem Ernste da saß und aus seiner leeren weißen Thonpfeife das Rauchen nachahmte.

Im Juni 1729 brachte ein Kurrier die Nachricht nach Berlin, daß Georg I. plötzlich am Schlagflusse gestorben sei. Er war siebenundsechzig Jahre alt, als ihn die Hand des Todes während einer Reise in seinem Wagen ereilte. Als er unter dem Schlage zurück sank, rief er: „Alles ist vorüber mit mir," und sein Geist ging ein zum Gerichte.

Wie sehr auch der halb verrückte König von Preußen Georg I. haßte, so ergriff ihn doch der plötzliche Tod desselben in bedeutendem Maße. Er wurde sehr pünktlich in allen den pharisäischen Formen der Selbstverläugnung, und darin, daß er fast Grabestrauer über den Palast verbreitete indem er alle Vergnügungen verbot. Wilhelmine schreibt von ihrem Vater zu der Zeit: —

„Er verdammte alle Vergnügungen, denn," sagte er, „sie sind alle verdammungswerth. Wir durften von nichts sprechen, als vom Worte Gottes, alle andere Unterhaltung war verboten. Er führte immer diese verbessernden Gespräche am Tische, wo er den Vorleser machte, wie wenn wir im Refektorium eines Klosters wären. Der König beschenkte uns jeden Nachmittag mit einer Predigt. Sein Kammerdiener gab den Psalm an, welchen wir alle sangen. Wir mußten diese Predigt mit solcher Frömmigkeit anhören, als ob es die eines Apostels gewesen wäre. Mein Bruder und ich waren beständig in Versuchung zu lachen. Wir versuchten mit aller Mühe uns des Lachens zu erwehren, allein wir mußten oft laut ausbrechen. Dann wurden Vorwürfe mit allen Bannflüchen der Kirche gegen uns geschleudert, welche wir mit einer zerknirschten, reuevollen Miene hinnehmen mußten, — keine leichte Sache in einem solchen Momente."

Fritz wurde zu dieser Zeit von seinem Vater auf einen Besuch zu König August von Polen nach Dresden genommen. Der dortige Hof war außerordentlich ausschweifend und bot jede Versuchung, welche einen lebhaften jungen

Mann Gefahr bringen konnte. Fritz, der bis dahin nur die düstere Strenge des Palastes seines Vaters gesehen hatte, war über die Scenen der Wollust und der Sünde, welche am Feste Balsazar kaum übertrieben werden konnten, ganz erstaunt.

Er war sehr hübsch, voll Lebhaftigkeit, und sehr geeignet in der Gesellschaft zu glänzen, und da er der nächste Erbe der Krone Preußens war, so war er der Gegenstand beständiger Aufmerksamkeiten und Liebkosungen. Als ein Kind, das er noch war, fiel er vor diesen großen Versuchungen. Es war ein Fall, von dem er sich nie erholte. Seine moralische Natur erhielt eine Wunde, welche alle seine Tage vergiftete.

Nachdem ein Monat rücksichtsloser Hingabe an die Sünde verstrichen war, wurde er, nach seiner Rückkehr nach Potsdam, von einer heftigen Krankheit ergriffen. Es dauerte viele Jahre bevor seine Konstitution ihre Kraft wieder erlangt hatte. Seine ausschweifenden Gewohnheiten verließen ihn nicht. Er wählte als Genossen solche, welche mit seinem neuen Geschmacke und Charakter übereinstimmten. Sein kräftiger Vater, der seinen Sohn mit Adleraugen beobachtete, fiel öfters mit dem wahnsinnigsten Jähzorn über ihn her. —

Trotz aller Hindernisse hing Sophie Dorothea noch mit der Zähigkeit einer Mutter an der Idee der Doppelheirath, ihr Bruder Georg II. war jetzt König von England, und Friedrich war als Prinz von Wales, nächster Thronerbe. Er war damals einundzwanzig Jahre alt und führte in Hannover ein müssiges, ausschweifendes Leben. Wilhelmine war neunzehn Jahre alt.

Fritz, obgleich er Amalie nie gesehen hatte, hatte ihr Bild erhalten. Sie war hübsch und hätte eine reiche Mitgift gebracht; die Verbindung wäre auch, was den Rang betrifft, so ausgezeichnet gewesen, als Europa sie nur irgend bieten konnte. Er war daher sehr begierig, Amalie sich als Braut zu sichern. Auf den Rath seiner Mutter, schrieb er an Königin Karoline, die Mutter Amalia's, und gab ihr seine brennende Liebe zu ihrer Tochter und seinen unwandelbaren Entschluß, niemals eine andere zum Altar zu führen, zu erkennen.

Friedrich Wilhelm wußte nichts von diesen Intriguen; aber seine Abneigung gegen seinen Sohn war nun so heftig geworden, daß er öfters nichts zu ihm sprechen oder ihn auch nur im Mindesten anerkennen wollte. Er behandelte ihn bei Tische mit geflissentlicher Verachtung. Bisweilen wollte er ihm gar nichts zu essen geben; er gab ihm sogar Ohrfeigen und schlug ihn mit seinem Stocke. Fritz wurde überredet, seinem Vater einen sehr demüthigen Brief zu schreiben, um so zu versuchen, wenigstens höflich von demselben behandelt zu werden. Die Antwort, welche Friedrich Wilhelm gab, war unzusammenhängend, verwirrt und schlecht geschrieben; voll Verachtung sprach er von seinem Sohne in der dritten Person und schrieb E r und S e i n e statt S i e und I h r e. Sie lautete so ungefähr folgendermaßen.

„Seine hartnäckige, verkehrte Anlage, die den Vater nicht liebt; denn wenn man alles thut, und den Vater wirklich lieb hat, so thut man was der Vater fordert, nicht während er da ist, um zu sehen, sondern wenn sein Rücken abgewendet ist, ebenfalls. Uebrigens weiß Er gut genug, daß ich keinen weibischen Kerl leiden kann, der keine menschliche Neigung in sich hat, der sich selbst Schande macht, der nicht reiten und schießen kann, und ganz und gar schmutzig in seiner Persönlichkeit ist, der sein Haar kräuselt wie ein Narr und es nicht abschneidet. Und dies alles habe ich tausend Mal getadelt, aber alles umsonst, da ist keine Besserung zu sehen. Uebrigens hochmüthig, stolz wie eine Geck, spricht Er nur zu Wenigen und ist Er nicht beliebt und schneidet Gesichter mit seiner Fratze wie ein Narr und thut meinen

Willen in Nichts, sondern folgt Seiner eigenen Laune; übrigens ist er ein Nichtsnutz. Dies ist die Antwort."

"Friedrich Wilhelm."

Der König war ein Säufer und höchst unmäßig. Im Januar 1729 wurde er von einem heftigen Gichtanfall ergriffen. Seine bäurische, wilde Natur wurde von den Schmerzen der Krankheit auf höchst schreckliche Weise entwickelt. Er machte seiner Uebellaune gegen Jedermann der in Gehörweite oder in den Bereich seines Stockes kam, Luft. Und doch wollte dieser höchst wunderliche Mann während er seine Gemahlin mit den beschimpfendsten Reden, welche das Schmähwörterbuch hat, überfiel, in nie einen Fluch oder eine unzüchtige Redensart in seiner Gegenwart gestatten! Seine Krankheit dauerte 5 Wochen. Wilhelmine schreibt: „Die Qualen des Fegfeuers sind nichts gegen die, welche wir erduldet haben."

Die unglückliche königliche Familie bestand zu dieser Zeit aus den folgenden Kindern: Wilhelmine, Fritz, Friederike, Charlotte, Sophie Dorothea, Ulrike, August Wilhelm, Amalie und Heinrich, der noch ein Wickelkind war.

Friederike, welche als schön wie ein Engel und als verwöhntes fünfzehnjähriges Kind beschrieben wird, verlobte sich mit dem Markgrafen von Anspach. Sie war die Einzige, welche zu ihrem Vater freimüthig sprechen durfte. Eines Tages, kurz vor ihrer bevorstehenden Hochzeit, fragte sie der König, der damals an der Gicht litt, wie sie denn ihre Haushaltung einzurichten gedenke. Sie antwortete:

„Ich werde eine gute, feinbediente Tafel halten, besser als die Ihrige; und, wenn ich Kinder bekomme, so werde ich dieselben nicht mißhandeln, wie Sie es thun, noch zwingen zu essen, was ihnen widersteht."

„Dies," schreibt Wilhelmine, „versetzte den König in Wuth, aber sein ganzer Zorn traf meinen Bruder und mich.

Er schmiß zuerst meinem Bruder, welcher sich duckte, einen Teller an den Kopf, dann warf er einen gegen mich, dem ich in der nämlichen Weise aus dem Wege ging. Dann machte er seinem Zorn gegen die Königin Luft, indem er ihr ihre schlechte Kinderzucht vorwarf.

„Wir standen vom Tische auf. Da wir beim Herausgehen nahe bei ihm vorbeigehen mußten, so richtete er mit seinem Krückstock einen tüchtigen Schlag gegen mich, welcher, wenn ich ihm nicht ausgewichen wäre, wohl mein Leben geendigt haben würde. Er jagte mich eine Zeit lang in seinem Rollstuhle, aber die Bedienten, welche ihn schoben, ließen mir Zeit, in das Zimmer der Königin zu entweichen."

Während die besonders reizbare Natur des Königes so von den Gichtschmerzen erregt wurde, machte er beständig seiner Wuth gegen sein Weib und seine Kinder Luft.

„Wir waren," schreibt Wilhelmine, „gezwungen um neun Uhr Morgens in seinem Zimmer zu erscheinen. Wir speisten dort und wagten nicht das Zimmer, auch nur für einen Augenblick zu verlassen. Jeder Tag ging unter Schimpfen des Königs gegen meinen Bruder und gegen mich vorüber; mich nannte er nie anders als d a s   e n g l i s c h e   M e n s c h, mein Bruder hieß der S c h u f t   F r i t z. Er zwang uns dasjenige zu essen, wovor uns ekelte. Jeder Tag wurde durch irgend ein düsteres Ereigniß bezeichnet. Man konnte seine Augen nicht erheben, ohne einige unglückliche Menschen auf eine oder andere Weise gequält zu sehen. Die Unruhe des Königs gestattete ihm nicht im Bette zu bleiben. Er ließ sich in einen Rollstuhl setzen und wurde so überall herumgezogen. Seine beiden Arme ruhten auf Krücken. Wir folgten diesem Triumphwagen, wie unglückliche Gefangene, welche den Urtheilsspruch erwarten.

Kapitel 2.

Fritz und sein Regierungsantritt.

Wie schon erwähnt, war Fritz ein großer Freund der Musik. Ein Lehrer von Dresden, mit Namen Quantz, lehrte ihn heimlich die Flöte spielen. Seine Mutter half ihm, aus Mitleiden mit ihrem Kinde, bei diesem Vergnügen. Sie wußten aber beide ganz wohl, daß, wenn der König ihn bei der Flöte ertappen würde, das Instrument über dem Kopfe des armen Jungen zerschlagen werden würde. Fritz wohnte bei seinem Regimente in Potsdam, er wußte niemals wann sein Vater erscheinen würde.

Wenn Fritz bei seinem Musiklehrer war, so mußte ein genauer Freund, Lieutenant Katte, Wache halten. Seine Mutter in Berlin hielt auch gute Wache, und war bereit, einen Kurrier an ihren Sohn zu senden, wenn sie muthmaßte, daß der König im Sinne hätte, Potsdam zu besuchen.

Eines Tages, als der Prinz in einem reichen französischen Schlafrocke, in seiner heimlichen Flötenmusik schwelgte, wurde er durch Katte erschreckt, der plötzlich mit der Meldung, daß der tückische und immer argwöhnische König schon vor der Thüre sei, hereinstürzte. Katte und Quantz ergriffen Flöte und Musikhefte und verbargen sich in einem Holzschranke. Fritz zog seinen Schlafrock aus, und indem er seine Uniform eiligst anzog, setzte er sich an den Tisch, als ob er mit einer schweren mathematischen Aufgabe beschäftigt sei. Der Vater stürzte in das Zimmer, finster wie eine Gewitterwolke. Ein französischer Barbier hatte das

Haar von Fritz im neuesten pariser Geschmacke gekräuselt. Der Anblick des gekräuselten Haares rief einen absonderlichen Sturm von Schimpfnamen über das Haupt des Prinzen.

In diesem Augenblicke fiel das Auge des Königs auf den Schlafrock. In einem neuen Wuthausbruch warf er diesen in das Feuer. In seinem Hasse gegen alles Französische durchsuchte er das Zimmer, und sammelte alle Bücher in dieser Sprache, die er finden konnte, und Fritz besaß eine ziemliche Bibliothek davon. Dann sandte er nach einem benachbarten Buchhändler und befahl diesen, sie wegzunehmen und um jeden Preis zu verkaufen. Hätte er zufällig den Holzschrank geöffnet, so würden Katte und Quantz entsetzlich geprügelt worden sein, wenn sie dem Scharfrichter überhaupt entgangen wären.

„Der König", schreibt Wilhelmine, „ließ mich und meinen Bruder beinahe Hungers sterben. Er machte immer den Vorschneider und bediente Jedermann mit Ausnahme von uns. Wenn zufällig etwas auf dem Teller blieb, so spuckte er darauf, um zu verhindern, daß wir es essen sollten. Ich wurde den ganzen Tag mit Schimpfwörtern und Schmähungen in jeder möglichen Weise und vor Jedermann überhäuft.

„Die Königin machte in ihrem Schlafzimmer ein wahres Labyrinth von spanischen Wänden, so daß ich ungesehen entweichen konnte, wenn der König unvermutheter Weise eintrat. Eines Tages überraschte er uns. Beim Versuche zu entweichen, fiel einer der Schirme um. Der König war mir auf den Fersen, und versuchte mich zu halten und zu schlagen. Er überhäufte mich mit Schmähungen, und suchte mich beim Haare zu fassen. Ich fiel nahe beim Feuer zur Erde. Die Szene würde, wenn sie länger gedauert hätte, tragisch geendet haben, da meine Kleider wirklich Feuer fingen. Der König, vom Schreien und von seiner

Leidenschaftlichkeit ermüdet, machte derselben endlich ein Ende und ging seiner Wege."

Wiederum schreibt Wilhelmine: „Der geliebte Bruder brachte den Nachmittag bei mir zu. Wir lasen und schrieben zusammen, und beschäftigten uns in der Pflege unseres Geistes. Der König drohte nun meinem Bruder mit dem Stocke, jedes Mal wenn er ihn sah."

Das folgende Ereigniß wird von Wilhelmine erwähnt, als von Fritz ihr erzählt: „Als ich diesen Morgen in das Zimmer des Königs trat, ergriff er mich erst bei den Haaren, warf mich dann zu Boden, zog mich, nachdem er die Stärke seines Armes an meinem Körper ausgelassen, den Fußboden entlang und trotz meines Widerstandes zu einem nahen Fenster. Sein Zweck war offenbar, das Werk der Stummen des Serails auszuüben, denn, indem er die Schnur des Vorhanges ergriff, legte er mir denselben um den Hals. Ich faßte seine beiden Hände und begann um Hülfe zu rufen. Ein Bedienter kam mir zu Hülfe und befreite mich aus seinen Händen."

In Bezug auf dies Ereigniß, schrieb Fritz seiner Mutter, „Ich bin in Verzweiflung. Der König hat vergessen, daß ich sein Sohn bin. Diesen Morgen, sowie er mich erblickte, faßte er mich beim Kragen und ließ einen Schauer von grausamen Hieben mit seinem Stocke auf mich fallen. Er war fast außer sich selbst vor Wuth. Ich werde zum Aeußersten getrieben. Ich habe zu viel Ehrgefühl um eine solche Behandlung zu ertragen, und ich bin entschlossen, derselben auf eine oder die andere Weise ein Ende zu machen."

Im Juni 1730 hielt der König von Polen eine prächtige Revüe zu Mühlberg. Friedrich Wilhelm wohnte derselben bei und nahm seinen Sohn mit sich. Fritz war jeder Bloßstellung, die ihm sein unnatürlicher Vater angedeihen lassen konnte, ausgesetzt. In Gegenwart des Königs und der Herren und Damen wurde er von seinem Vater mit den größten Beschimpfungen überhäuft. Der König prügelte ihn sogar öffentlich mit seinem spanischen Rohre. Der Grausamkeit noch Spott beifügend sagte er:

„Wäre ich von meinem Vater so behandelt worden, so hätte ich ihm eine Kugel durch den Kopf gejagt. Aber dieser Kerl hat kein Ehrgefühl, er nimmt Alles, was kommt."

Fritz versuchte, beinahe zum Wahnsinn getrieben, mit Hülfe eines Freundes, (des Lieutenant Katte,) nach England zu entfliehen. Er wurde angehalten. Der König faßte ihn in seiner Wuth beim Kragen, schüttelte ihn, riß ihm Hände voll Haare aus und schlug ihn mit seinem Stocke ins Gesicht, so daß das Blut ihm aus der Nase strömte.

„Nie vorher," rief der unglückliche Prinz, „hat ein brandenburgisches Antlitz ähnliches erduldet. Ich kann die Behandlung, die ich von meinem Vater erhalte, — seine Beschimpfungen und Schläge nicht länger mehr ertragen. Ich bin so unglücklich, daß ich mich wenig mehr um mein Leben bekümmere."

Der König nahm an, daß sein Sohn, als Offizier der Armee ein Deserteur sei und den Tod verdiene. Er setzte ihn in einer starken Festung gefangen, um seinen Prozeß zu erwarten. Er fuhr Wilhelmine mit der größten Wildheit an, weil sie ihren Bruder bemitleidete.

„Sowie er mich erblickte," schreibt Wilhelmine, „so wurde er von Zorn und Wuth ergriffen. Er wurde schwarz im Gesichte, seine Augen sprühten Funken und sein Mund schäumte. „Infames Mensch", rief er, „Geh', leiste Deinem schuftigen Bruder Gesellschaft.

„Mit diesen Worten ergriff er mich mit einer Hand und schlug mich mit der anderen Faust mehrmals in das Gesicht. Ein Schlag traf mich auf die Schläfe, ich lag besinnungslos auf dem Fußboden. Der König versuchte in seinem Wahnsinne mich aus dem Fenster zu stoßen, welches sich bis zum Boden öffnete. Die Königin und meine Schwestern eilten dazwischen und hinderten ihn daran. Mein Kopf war von den Schlägen, die ich erhalten hatte, geschwollen. Sie gossen Wasser auf mein Gesicht, um mich in's Leben zurückzurufen; welche Sorge ich ihnen klagend vorwarf, da der Tod bei solcher Sachlage tausend Mal besser sei. Des Königs Angesicht war von Wuth so entstellt, daß es schrecklich anzusehen war."

„Ich hoffe," sagte er, „Zeugniß zu haben, um den Schuften Fritz und das Mensch Wilhelmine zu überweisen und enthaupten zu lassen. Was den Fritz betrifft, so wird er, so lange er lebt, ein nichtsnutziger Kerl sein. Ich habe drei andere Söhne, welche besser ausfallen werden, als er ausgefallen ist!"

Wilhelmine wurde in ihrem Zimmer eingesperrt. Zwei Schildwachen wurden vor die Thüre gestellt. Sie erhielt die gröbste Gefängnißkost. Ein Kriegsgericht wurde zusammenberufen. Fritz wurde auf Befehl des Königs zum Tode verurtheilt. Lieutenant Katte, der Freund von Fritz, war angeklagt, Mitwisser des Entweichungsversuches von Fritz gewesen zu sein, und es nicht bekannt gemacht zu haben. Er wurde zu zweijähriger, Einige sagen, lebenslänglicher Gefangenschaft verurtheilt. Der König war über die Milde des Urtheils erzürnt.

„Katte," rief er aus, „ist des Hochverrathes schuldig, er soll durch das Schwert des Henkers sterben."

Es wurde in dem Hofe des Schlosses, in welchem Fritz, damals ein schlanker, gebrechlicher Jüngling von 18 Jahren, gefangen saß, ein Schaffot errichtet. Katte wurde auf dem Henkerskarren zum Schaffot geführt. Vier Grenadiere hielten Fritz am Fenster fest, um ihn zu zwingen, seinen Freund enthaupten zu sehen. Fritz fiel in Ohnmacht, als Katte's Kopf auf das Schaffot fiel. Der deutsche Kaiser legte sich zu Gunsten des Prinzen, den sein Vater auch enthaupten lassen wollte, in's Mittel. Auch die Könige von

Polen und Schweden traten dazwischen. So wurde das Leben von Fritz gerettet.

Dies waren die Einflüsse unter denen sich der Charakter Friedrichs des Großen ausbildete. Am 20. November 1731 wurde Wilhelmine durch moralischen Zwang an den Markgrafen von Baireuth vermählt. Der König versöhnte sich nach und nach in so weit mit seinem Sohne, daß er ihn mit gewöhnlicher Höflichkeit behandelte. In Folge ähnlichen Zwanges wurde Fritz am 8. Januar 1733 mit Elisabeth, der Tochter des Herzogs von Braunschweig vermählt. Elisabeth war schön, anmuthig und gebildet, und von unantastbarer Reinheit des Rufes.

Aber der Kronprinz von Preußen war kalt, ernst und liebte sie nicht. Mit unverhehltem Widerstreben nahm er die Hand seiner unschuldigen Braut; während er sie damals und für immer nachher mit der größten Nachlässigkeit behandelte. Kurz nach der Trauungszeremonie ließ er, nach einer vorherigen Anordnung, einen falschen Feuerlärm erheben. Friedrich stürzte aus dem Zimmer seiner Braut und kehrte nicht zurück. Er hatte oft erklärt, daß er die Prinzessin niemals als sein Weib empfangen würde.

Friedrich erkannte die gesetzlichen Bande seiner Heirath immer an. Bei öffentlichen Gelegenheiten gab er Elisabeth die Stellung der Königin und behandelte sie mit der ihrem Range angemessenen Höflichkeit, mit der er andere Hofdamen, die Anspruch auf seine Ehrerbietung hatten, behandelte. Dies war aber die einzige Anerkennung, welche Elisabeth je von ihm, als sein Weib, erfuhr.

Am 31. Mai 1740 befand sich Friedrich Wilhelm nach einer langen und schmerzhaften Krankheit am Rande des Grabes. Die gefürchtete Stunde, welche früher oder später für uns alle kommt, war für ihn gekommen. Er sandte nach einem Geistlichen, Herrn Cochius, und als er kam, rief

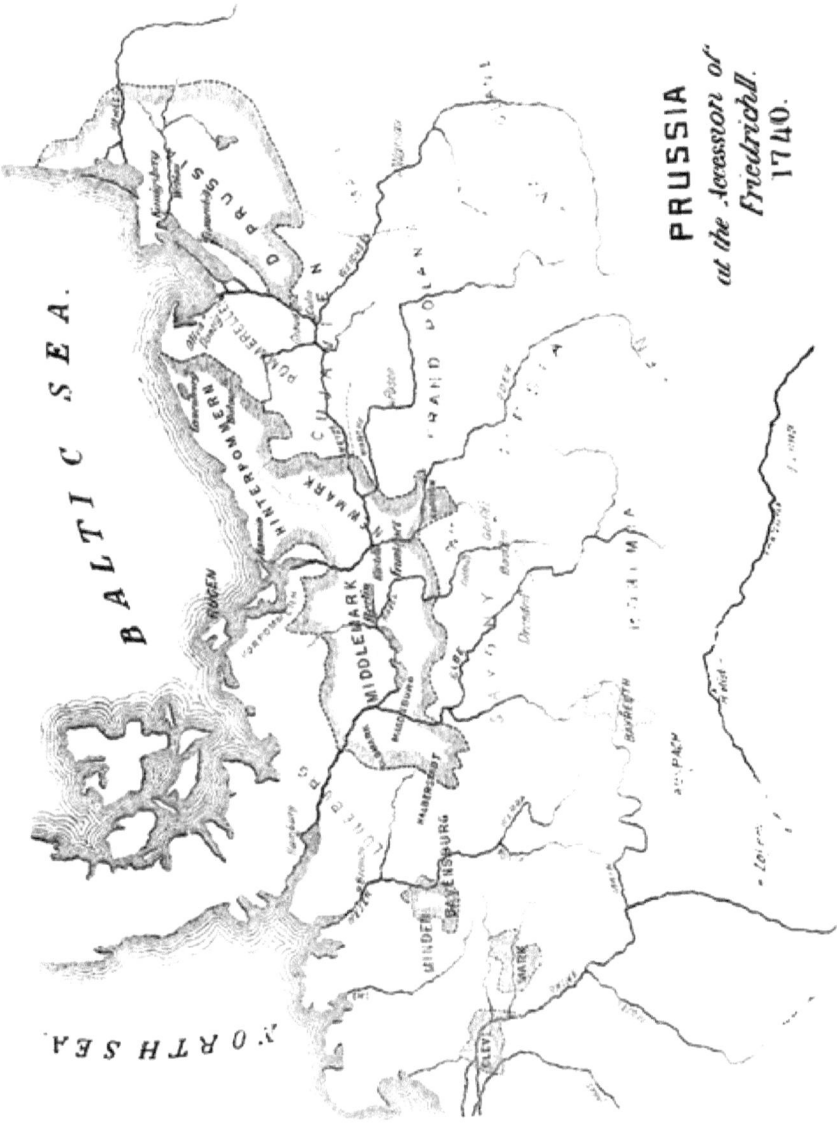

er: „Betet für mich! — betet für mich! Ich vertraue auf den Erlöser!"

Er ließ sich einen Spiegel geben und untersuchte seine abgemagerten Gesichtszüge sorgfältig. „Nicht so abgenutzt, als ich dachte," sagte er, „ein häßliches Gesicht, so gut wie schon todt." Wie er so mit schwacher Stimme und beinahe unverständlich sprach, so schien es, als ob er eine Ahnung hätte, daß der Tod unmittelbar bevorstehe. „Herr Jesus," rief er aus, „dir lebe ich; Herr Jesus, dir sterbe ich. Im Leben wie im Tode bist du mein Gewinn."

Dies waren seine letzten Worte auf Erden. So ging die Seele Friedrich Wilhelm's zum Sitze des Gerichtes Christi.

Fritz war jetzt König von Preußen, — König Friedrich II. Er hatte gerade sein acht und zwanzigstes Jahr zurückgelegt.

Sein Reich umfaßte einen Flächeninhalt von neun und fünfzig tausend Quadratmeilen; es war demnach ungefähr so groß wie der Staat Michigan. Es enthielt eine Bevölkerung von 2,240,000 Einwohnern. Friedrich war absoluter Monarch, durch kein Parlament, keine Verfassung, keinen Gebrauch oder Gesetze, die über seinen Willen standen, eingeschränkt. Er begann seine Regierung mit der Erklärung, daß vollständige religiöse Gewissensfreiheit herrschen solle, daß die Presse frei sein solle, und daß es sein Wunsch sei, jeden seiner Unterthanen zufrieden und glücklich zu machen.

Sehr bald zeigte er seiner Umgebung, daß er unbestrittener Herrscher sein wolle. „Ich hoffe," sagte ein alter Offizier, für sich und seinen Sohn sprechend, „daß wir die gleichen Stellen und die gleiche Autorität, die wir unter der letzten Regierung hatten, beibehalten werden."

„Die gleichen Stellen," antwortete der König, „sicherlich; Autorität aber — giebt es keine, außer derjenigen des Herrschers."

Einer seiner lustigen Genossen trat, wie er es gewohnt war, vor, um ihn gemüthlich zu empfangen. Der junge Monarch blickte ihn strenge an und schmetterte ihn beinahe mit der Zurückweisung zu Boden: „Ich bin jetzt König."

Diejenigen, welche in den Tagen seines Mißgeschicks seine Freunde gewesen waren, wurden nicht belohnt, die, welche seine Feinde gewesen waren, wurden nicht bestraft. Die Riesengarde wurde aufgelöst und statt derselben wurden vier Regimenter aus Männern von gewöhnlicher Größe gebildet. Der König zeigte unerwarteter Weise einen sehr entschiedenen Geschmack am Kriegswesen. Er steigerte seine stehende Armee sogleich auf über neunzig tausend Mann.

Jede Stunde wurde mit der größten Pünktlichkeit irgend einem besondern Geschäfte gewidmet. Er erhob sich um 4 Uhr früh. Ein einziger Diener zündete sein Feuer an, rasirte ihn und ordnete sein Haar. Er verwandte bloß fünfzehn Minuten auf seine Morgentoilette. Der Tag wurde unermüdlich der ungeheuren Geschäftslast, die ihm oblag, gewidmet.

Seine angetraute Gattin erkannte er öffentlich als Königin an, und behandelte sie, wenn es nöthig war, daß sie sich sehen mußten, mit kalter Höflichkeit. Nach und nach wurden diese Zusammenkünfte immer seltener, bis sie nach drei oder vier Jahren fast gänzlich aufhörten. Friedrich war darauf bedacht, seine Regierung mit Männern von literarischem oder wissenschaftlichem Rufe zu schmücken. Er errichtete eine Akademie der Wissenschaften, korrespondirte mit ausgezeichneten Gelehrten in anderen Ländern Europa's und begann einen Briefwechsel und einige Freundschaft mit Voltaire.

Am Flusse Maas liegt, wenige Stunden von Lüttich entfernt, ein berühmtes Schloß, welches mit einigen tausend Ackern des umgebenden Landes lange als ein Gut der Herren von Heristal betrachtet wurde. Friedrich verlangte dies als sein Eigenthum in Folge eines Anspruches, der zu verwickelt ist, als daß er hier vollständig erklärt werden könnte. Voltaire, welcher das Manifest aufsetzte, erklärt, daß der Anspruch bloß ein Vorwand gewesen sei. Zweitausend Mann, zu Pferd und zu Fuß, wurden ausgesandt, um das umgebende Territorium in Beschlag zu nehmen und um sich bei den Einwohnern einzuquartiren, bis das Eigenthum oder ein Gegenwerth dafür übergeben worden sei.

Der Bischof von Lüttich, der im Besitze war, war ein schwacher Mann von zweiundachtzig Jahren. Widerstand war unmöglich. Die Summe von hundert achtzig tausend Thalern wurde als Lösegeld bezahlt. „Dies", schreibt Voltaire, „erpreßte der König in guten harten Dukaten, welche dazu dienten, die Kosten einer Vergnügungsreise nach Straßburg zu bezahlen.

Am 20. October 1740 starb Kaiser Karl VI. Er hinterließ keinen Sohn. Um seiner Tochter Maria Theresia die Krone zu sichern, und um auf solche Weise Europa von einem unausweichlich scheinenden Successionskrieg zu sichern, erließ er ein Dekret „die pragmatische Sanktion" genannt. Dies Gesetz war von den verschiedenen Oestreich'schen Erbstaaten angenommen und bestätigt worden. Preußen, alle Großmächte Europa's, — England, Frankreich, Spanien, Rußland, Polen, Schweden, Dänemark — und das deutsche Reich hatten sich feierlich verpflichtet, die pragmatische Sanktion aufrecht zu erhalten.

So erbte nach dem Tode des Kaisers seine Tochter, Maria Theresia, eine schöne junge Frau von vierundzwanzig Jahren, deren Gemahl Franz, Herzog von Lothringen war, und welche auf dem Punkte stand, Mutter zu werden, die Krone von Oestreich. Sie war unerfahren, hatte kaum den Schatten einer Armee und ihr Schatz war bedauerlich leer.

An der südöstlichen Grenze Preußens zwischen diesem Königreiche und Polen, besaß Maria Theresia eine Provinz,

Schlesien geheißen. Sie war ungefähr zweimal so groß als der Staat Vermont und enthielt eine Bevölkerung von zwei Millionen. Mehr als ein Jahrhundert lang hatte Schlesien zu Oestreich gehört, die Beistimmung Europa's hatte das Eigenthumsrecht bestätigt.

Friedrich war darauf bedacht seine Herrschaft zu vergrößern; es war ihm nicht angenehm der König eines so kleinen Reiches zu sein, daß andere Souveräne mit Verachtung darauf hinblickten. Mit seiner gewaltigen stehenden Armee war es leicht Schlesien zu besetzen. Es hatte keine starken Festungen und es waren keine zweitausend östreichische Soldaten in der Provinz. Friedrich hatte durchaus keine gerechtfertigten Ansprüche auf das Fürstenthum vorzubringen. Im Gespräche mit seinen Freunden gestand er offen zu, daß Ehrgeiz, Interesse, den Wunsch von sich sprechen zu machen den Sieg davon getragen und ihn zum Kriege entschieden hätten.

Mit der größten Heimlichkeit brachte er seine Plane zur Reife, sammelte seine Armee nahe der Grenze und dann nach einigen leichten diplomatischen Manövern, aber ohne Kriegserklärung, warf er seine Truppen über die Grenze und begann militärischen Besitz von allen wichtigen Positionen zu nehmen. Es wurde vorgeschlagen, daß er die Worte auf die Fahne setzen sollte: „für Gott und unser Land". Der König sagte: „streicht die Worte „für Gott" aus, ich bin im Begriff zu marschiren und eine Provinz zu erobern und nicht der Religion wegen".

Damit Oestreich seiner überfallenen Provinz keine Truppen zu Hülfe senden könne, begann Friedrich seinen Feldzug mitten im Winter. Die Straßen waren kothig, Schnee und Regenstürme fegten die öden Felder. Man traf fast auf keinen Feind. In wenigen Wochen schien die ganze Provinz unterworfen zu sein. Friedrich verließ Berlin für diesen Feldzug am 12. Dezember 1740. Ende Januar kehrte er zurück, um die Glückwünsche seiner Unterthanen für die Eroberung Schlesiens zu empfangen. In sechs Wochen hatte er die Provinz besetzt und sie im Wesentlichen seinem Königreiche einverleibt.

Aber Maria Theresia entwickelte einen Charakter, welcher sowohl Friedrich, als Europa überraschte. Der ritterliche Geist der benachbarten Staaten war auf der Seite einer jungen Königin, die auf so ungerechte Weise angefallen und einer wichtigen Provinz ihres Reiches beraubt worden war. Die Vorbereitungen, welche Maria Theresia traf, um ihre verlorenen Besitzungen wieder zu gewinnen, brachten Friedrich dahin, daß er eine Arme von sechszigtausend Mann nach Schlesien sandte, um seine Eroberung festzuhalten. Ein furchtbarer Krieg war die Folge davon, — ein Krieg, in welchem beinahe alle Nationen Europa's verwickelt wurden; und welcher sich sogar nach den entfernten Kolonien England's und Frankreich's ausdehnte. Millionen an Geld wurden ausgegeben, Hunderttausende von Leben geopfert. Städte geplündert und Dörfer verbrannt; während zugleich ein Elend sich über zahllose Heimstätten erstreckte, welches keine Einbildungskraft ermessen kann.

Jahr nach Jahr verstrich, während der Kampf immer stärker wüthete. Frankreich, im Wunsche Oestreich zu schwächen, war auf Seite Preußens; England, auf Frankreich eifersüchtig, auf Seite Maria Theresia's; Preußen, Schweden und Polen wurden in den Wirbel von Feuer und Blut gezogen. Die Thatkraft Friedrich's war eine solche, wie man sie nie vorher gesehen hatte, er nahm gleichwenig auf seine eigene Bequemlichkeit Rücksicht, wie auf diejenige seiner Soldaten. Seine Truppen wurden in gleicher Weise über die brennenden Ebenen in der glühenden Sommerhitze geführt, wie durch die Stürme, den Schnee und die eisigen Winde des Winters. „Ueber das Haupt Friedrichs," schreibt Macaulay, „kommt all' das in einem vieljährigen

Kriege, welcher in allen Theilen der Welt wüthete, vergossene Blut. Das Blut der Sturmkolonne von Fontenoy, das Blut der braven Hochländer, welche zu Culloden hingeschlachtet wurden; die durch diese Schlechtigkeit verursachten Uebel wurden in Ländern gefühlt, in denen der Name Friedrich's unbekannt war. Damit er einen Nachbar, dem er Vertheidigung versprochen hatte, berauben könne, fochten Schwarze an der Küste von Koromandel, und rothe Männer skalpirten sich gegenseitig an den großen Seen Nord-Amerika's".

Friedrich war in der Diplomatie eben so erfahren, wie im Kriege. Er zauderte nicht zu Intriguen zu greifen, oder zu dem, was man gewöhnlich Verrath nennt, um seine Zwecke zu erreichen. Verschiedene erfochtene Siege machten ihn weltberühmt. Durch einen geheimen Vertrag, in welchem er Frankreich treuloser Weise preisgab, gelangte er in den Besitz der Festung Neiße und wurde so für die Zeit unbestrittener Meister von Schlesien.

Den 11. November 1741 kehrte Friedrich nach Berlin zurück und wünschte sich selbst und seinen Unterthanen Glück, in der falschen Hoffnung, daß seine Eroberung befestigt sei, und daß Oestreich keine weiteren Anstrengungen machen werde, die Provinz zurück zu erobern. Er war so, wie er glaubte im Besitze Schlesiens gesichert.

Es scheint, damals sei an keinem der königlichen Höfe ein Sinn für Ehre und Redlichkeit vorhanden gewesen zu sein. Die Provinz Mähren war ein Theil des Oestreichischen Landes; sie wurde von einem Markgrafen verwaltet und war etwa einen Drittheil größer, als der Staat Massachusetts. Friedrich trat mit Sachsen, Baiern und Frankreich in Verbindung, um dieses Land der Maria Theresia zu entreißen. Mähren, welches südlich an Schlesien grenzte, sollte größtentheils an Sachsen fallen; aber Friedrich sollte als Gegenwerth für seine Dienste einen fünf Meilen breiten Streifen längs der ganzen südlichen Gränze Schlesiens erhalten. Dieser Streifen erhielt die militärisch wichtigen Punkte Troppau, Friedenthal und Olmütz. Die Kriegsstürme brachen mit erneuter Wuth aus, und wiederum entwickelte Friedrich diese außerordentliche Thatkraft, welche die Welt mit seinem Ruhme erfüllt hat.

Inmitten des Winters am 26. Januar 1742 begann Friedrich diesen Feldzug. General Stille sagt von der Bewegung des ersten Tages von Glatz nach Landskron:

„Es war ein Marsch, wie ich vorher nie einen gesehen hatte. Durch das Eis und durch den Schnee, welcher diese schreckliche Gebirgskette bedeckte, kamen wir erst spät an. Manche unserer Wagen brachen zusammen und andere wurden mehr wie einmal umgeworfen."

Durch die geschickte, von Frankreich unterstützte Diplomatie Friedrich's II. wurde Maria Theresia in ihren Anstrengungen ihren Gemahl, Herzog Franz, auf den Kaiserthron zu bringen, durchkreuzt; und Karl Albert, König von Baiern wurde zum Kaiser gewählt. Dies wurde von Seiten Friedrich's als ein großer Triumpf betrachtet. Karl Albert, dessen Leben von der Wiege bis zum Grabe eine beständige Tragödie war, nahm den Titel Kaiser Karl VII. an.

Friedrich in seinem Feuereifer wurde von der Lauheit seiner Alliirten bedeutend gelangweilt. Er war nicht dazu aufgelegt, irgend menschlichen Rücksichten zu erlauben, seinen Absichten im Wege zu stehen. Ohne Rücksicht auf seine eigene Bequemlichkeit war er ebenso rücksichtslos gegen die seiner Truppen. Aber die Verbündeten, welche er mit einiger Schwierigkeit in den Krieg verwickelt hatte und die nicht durch seinen Ehrgeiz angetrieben wurden, fanden keinen Geschmack daran durch blendende und den Athem raubende Schneestürme zu marschiren und auf gefrorenen, von Winterstürmen gefegten Feldern zu lagern.

Zuletzt ließ Friedrich im Ueberdruß seine Alliirten fahren und führte den Feldzug mit bewundernswerther Klugheit, obgleich mit großen Opfern an Leiden und Tod seiner Soldaten, so daß er seinen Absichten entsprach, und seinen Endzwecken gemäß war. Eine unaufhörliche Reihe blutiger Schlachten folgte. Städte wurden bombardirt, Dörfer niedergebrannt und ganze Provinzen verwüstet, ja beinahe entvölkert; Friedrich triumphirte von neuem.

Am 11. Juni 1742 wurde zu Breslau ein Friedensvertrag unterzeichnet. Seine Eroberung wurde ihm wiederum zugesichert. Schlesien wurde Friedrich und seinen Erben auf ewige Zeiten abgetreten. Gehoben durch den Sieg, quartirte der junge Eroberer seine Truppen in Schlesien ein und ritt mit einem prächtigen Gefolge nach Berlin, den ganzen Weg entlang von enthusiastischen Zurufen der Bevölkerung begrüßt.

Friedrich erzählt in seiner „Histoire de mon temps" die Erfolge dieser zwei Feldzüge in folgender Weise:

„So wurde Schlesien mit dem Reiche Preußen wieder vereinigt. Zwei Kriegsjahre genügten zur Eroberung dieser wichtigen Provinz. Der Schatz, den der vorige König hinterlassen hatte, war beinahe erschöpft. Aber es ist ein billiger Handel, wenn man ganze Provinzen mit einer Auslage von sieben oder acht Millionen Kronen kauft. Die Vereinigung der Umstände und der Zeitpunkt waren dieser Unternehmung besonders günstig. Es war nöthig, daß Frankreich sich in den Krieg verwickeln ließ, daß Rußland von Schweden angegriffen wurde, daß die Hannoveraner und Sachsen aus Furchtsamkeit unthätig blieben, damit die Erfolge der Preußen nicht unterbrochen würden, und damit der König von England selbst gegen seinen Willen das Werkzeug seiner Größe sein mußte."

„Was aber am meisten zu dieser Eroberung beitrug, war eine Armee, welche während zwanzig Jahren durch eine an sich bewundernswerthe Disciplin gebildet worden und die den übrigen Truppen Europa's überlegen war; Generale, welche ihr Vaterland wahrhaft liebten, und endlich ein gewisses Glück, welches oft der Jugend folgt und ein höheres Alter öfters verläßt."

Maria Theresia betrachtete den Verlust Schlesiens als die That eines Straßenräubers. Sie hörte nie auf, ihr Unglück zu beklagen. Wenn das Wort Schlesien in ihrer Gegenwart ausgesprochen wurde, strömten ihr sogleich Thränen aus den Augen.

Kapitel 3.

Der siebenjährige Krieg.

Nachdem Friedrich Schlesien erlangt hatte, wünschte er die Künste des Friedens zu pflegen. Er hatte sich von seinen Verbündeten zurückgezogen und war äußerlich mit Oestreich in ein freundliches Verhältniß getreten. Aber die Kriegsstürme tobten noch über beinahe ganz Europa. Obschon Friedrich dem Sturme mit der ergriffenen Beute geschickt entgangen war, so waren doch noch andere Nationen in dem Wirbel begriffen.

Maria Theresia hatte Frankreich in Wirklichkeit besiegt. Oestreichische Generale hatten sich herangebildet und große Geschicklichkeit bewiesen. Böhmen und Baiern waren von Oestreich wiedererobert worden, und der Kaiser Karl VII. war trostlos, betrübt und schmerzerfüllt aus seinem Reiche vertrieben worden. Durch diese Erfolge ermuthigt, rüstete sich Maria Theresia im Stillen, um Schlesien wieder zu erlangen.

Unter diesen Einflüssen schloß Friedrich im Frühjahr 1744 ein neues Bündniß mit Frankreich und mit dem Kaiser. Mit bezeichnender Vorsicht hatte er seine Armee im höchsten Stande der Mannszucht erhalten und seine Magazine waren mit Kriegsmaterial reichlich angefüllt. Nachdem er sich mit seinen neuen Verbündeten verständigt hatte, daß er als seinen Antheil der voraussichtlichen Siegesbeute die drei wichtigen böhmischen Fürstenthümer Königsgrätz, Bunzlau und Leitmeritz haben solle, erließ er ein Manifest, in dem er mit schamloser Unwahrheit sagte:

Der siebenjährige Krieg.

„Seine preußische Majestät verlangt nichts für sich selbst; er hat einfach die Waffen ergriffen, um den Kaiser wieder auf seinen kaiserlichen Thron zu setzen und Europa den Frieden zurückzugeben."

Der König drang in Böhmen in drei starken militairischen Kolonnen ein und legte sich am 4. September ohne bis dahin Widerstand gefunden zu haben vor Prag, das er belagerte. Der Feldzug zeigte sich als der blutigste und verderblichste, den er noch je erfahren hatte. Die wüthenden Armeen verbreiteten Verwüstung und Elend über ganz Böhmen. Verhungernde Soldaten entrissen verhungernden Weibern und Kindern das Brod. Obdachlose Familien erfroren im Felde. Inmitten des Winters wurde Friedrich gezwungen sich nach Schlesien zurückzuziehen, einer der verderblichsten in der Geschichte bekannten Rückzüge.

Während er seine zersprengte Armee in den schlesischen Dörfern einquartirte, kehrte er nach Berlin zurück, um sich auf einen neuen Feldzug vorzubereiten. Seine finanziellen Hülfsmittel waren erschöpft, seine Armee bedenklich geschwächt und sein Kriegsmaterial verdorben oder aufgebraucht.

In solchen schwierigen Zeiten entwickelte sich das Genie Friedrich's. Die siegreichen Oestreicher hatten seine Truppen nach Schlesien verfolgt. Der unglückliche Kaiser starb in Armuth und Schmerz. Frankreich allein blieb Friedrich's Verbündeter. Seine Lage schien beinahe hoffnungslos. Am 29. März 1745 schrieb er von Neiße seinem Minister, v. Podewils, in Berlin:

„Wir befinden uns in einer fatalen Lage. Wenn wir nicht durch Englands Vermittlung Frieden bekommen, so werden unsere Feinde von verschiedenen Seiten über mich herfallen. Ich kann sie nicht zum Frieden zwingen; wenn wir aber Krieg haben müssen, so will ich dieselben entweder schlagen, oder keiner von uns wird je Berlin wiedersehen."

Am 20. April schrieb er wiederum: „Wenn wir fechten müssen, so werden wir gleich Verzweifelten fechten. Ich war noch nie in einer größern Gefahr als der, in welcher ich mich jetzt befinde. Ich spiele so hohes Spiel, daß man den Ausgang nicht kaltblütig betrachten kann."

Es folgte ein anderer verheerender Feldzug mit seiner Reihe blutiger Schlachten. Zu Hohenfriedberg und Sohr erfocht Friedrich große Siege, obgleich auf Kosten eines schrecklichen Blutbades unter seinen eigenen und unter den östreichischen Truppen. So schrecklich auch die Schläge waren, die er andern versetzte, so erhielt er doch beinahe ebenso schreckliche. Zuletzt, nach der Einnahme von Dresden, der Hauptstadt Sachsens, steckte er wiederum als Sieger sein blutiges Schwert in die Scheide und schloß einen Frieden ab. In seinen Kommentaren über diesen Krieg schreibt Friedrich:

„Wenn wir daher die Dinge in ihrem wahren Werthe betrachten, so müssen wir gestehen, daß dieser Kampf in jeder Rücksicht ein nutzloses Blutvergießen war und daß die fortgesetzten Siege der Preußen bloß dazu dienten, ihnen den Besitz Schlesiens zu sichern. Wirklich, wenn Achtung und Waffenruhm die Bedeutung hatten, daß man um sie zu erlangen Anstrengungen machen muß, so wurde unbestreitbar Preußen durch deren Erlangen für diesen Krieg belohnt. Aber dieses ist auch alles, was es durch denselben gewann, und auch dieser eingebildete Vortheil erregte Gefühle des Neides gegen dasselbe."*)

Friedrich kehrte am 1. Januar 1746 nach seiner Hauptstadt zurück. Preußen erfreute sich nun einige Jahre lang der Ruhe. Der König widmete sich mit unermüdlicher Thatkraft der Entwickelung der Hülfsquellen seines Königreiches, und, gleich Cäsar, der Beschreibung der Geschichte

---

*) Histoire de mon temps.

seiner eigenen Thaten. In einem Briefe an Voltaire schreibt er auf die bescheidenste Weise:

„Die Geschichte meiner eigenen Zeit, welche mich gegenwärtig beschäftigt, schreibe ich nicht als Memoiren oder Kommentarien. Meine eigene Geschichte kommt in meinem Plane beinahe gar nicht in Betracht, denn ich betrachte es als eine Thorheit, wenn Jemand sich persönlich für merkwürdig genug hält, um zu glauben es sei nöthig, daß die ganze Welt über seine persönlichen Erlebnisse unterrichtet werde. Ich beschreibe die gestörten Zustände Europa's im Allgemeinen; besonders aber habe ich versucht, die Thorheit und die Widersprüche, welche man an den Regierenden bemerkt, in's Licht zu setzen."*)

Der Anstoß, den Friedrich der Industrie gab, war ein mächtiger und die Verbesserung der Gesetzgebung, durch Friedrichs Gesetzbuch ist über allen Preis erhoben, wenn man sie mit dem früheren halb barbarischen und verwirrten Systemen vergleicht. Während dieser Zeit wurde der König in einen bittern Streit mit Voltaire verwickelt, in dessen Einzelheiten einzutreten, wir hier nicht Raum haben. Aber die Wolken des Krieges begannen sich wiederum zu sammeln und den Himmel zu verdunkeln.

Maria Theresia, welche noch immer begierig war, Schlesien wieder zu gewinnen, ging, um diesen Zweck zu erreichen, ein geheimes Bündniß mit der Kaiserin Elisabeth von Rußland, und mit August III. von Polen ein. Beide, Elisabeth sowohl, als Maria Theresia, hegten eine heftige persönliche Abneigung gegen Friedrich; die Marquise von Pompadour, die Frankreich regierte, glaubte sich von den Spöttereien seiner preußischen Majestät beleidigt. Um sich zu rächen, schloß sie sich dem Bündnisse ebenfalls an. Es traf sich also zu der Zeit, daß drei Weiber den Continent

---

*) Brief an Voltaire vom 24. April 1747.

Europa's regierten. Diese drei Weiber waren gegen Friedrich verbunden. So machte neben den wichtigen diplomatischen Streitpunkten, persönliche Gereiztheit den Streit giftig. Es liefen auch viele Gerüchte, daß Friedrich neue Eroberungen beabsichtige. Durch Bestechung wurde Friedrich mit dem Plane der Verbindung bekannt. Er bestand in nichts weniger als in der Absicht von Preußen Besitz zu ergreifen um eventuell das Land unter sich zu vertheilen; dem besiegten Feinde hätte man vielleicht ein kleines Herzogthum oder eine Markgrafschaft gelassen. Der König beschloß seinen Feinden zuvorzukommen und sie zu schlagen bevor sie angefangen hatten sich zu bewegen. Frankreich war damals mit England im Kriege begriffen und hoffte Hannover zu nehmen. Dieses verleitete den brittischen Hof, der für seine festländischen Besitzungen zitterte, widerwillig ein fruchtloses Bündniß mit Preußen zu schließen. So begann der siebenjährige Krieg.

Frankreich hatte am Rheine schon eine ungeheure Streitmacht versammelt, um vom Westen her gegen Preußen zu marschiren. Die Schweden, welche der Verbindung beigetreten waren, sammelten ihre Streitkräfte in Pommern und Liefland, um den Norden anzugreifen. Oestreich hatte hundert und fünfzig tausend Mann an der schlesischen Grenze vereinigt, um Preußen vom Süden her mit Krieg zu überziehen. Preußen schien nun zur Zerstörung verurtheilt zu sein.

Friedrich, der, als Formsache, um den Zweck dieser militairischen Vorbereitungen angefragt und eine ausweichende Antwort erhalten, benachrichtigte den wiener Hof, daß er diese Antwort als eine Kriegserklärung ansehe. Unverzüglich überschritten drei Divisionen der preußischen Armee, über hunderttausend Mann im Ganzen, die sächsische Grenze und vereinigten sich bei Dresden. Dresden war schnell genommen und dessen Archive fielen dem Sieger in die Hände. Große Summen Geldes wurden von dem Volke eingetrieben.

Oestreich eilte Sachsen zu Hülfe. Die größtmögliche Energie wurde in diesem tödtlichen Kampfe entwickelt. Die Aufzählung aller Schlachten würde den Leser ermüden. Der König von Preußen zerstreute seine Feinde, obgleich mit großen Opfern an Verwundeten und Todten, rückte in Eilmärschen in Böhmen ein, und überfiel die vor Prag verschanzten östreichischen Truppen. Die berühmte Schlacht von Prag, welche, wie Carlyle sagt, durch die ganze Welt ertönte, und noch in Mannsgedenken unsere Ohren in den Salons betäubt, wurde am 5. Mai 1757 gefochten.

„Diese Schlacht," schreibt Friedrich „welche gegen neun Uhr Morgens anfing, und bis gegen acht Uhr Abends dauerte, war eine der blutigsten der Zeit. Der Feind verlor vierundzwanzigtausend Mann, der preußische Verlust betrug gegen achtzehntausend. Dieser Tag sah die Stützpfeiler der preußischen Infanterie dahingerafft.

Die in die Flucht geschlagenen Oestreicher suchten hinter den Wällen Prag's Schutz. Die Stadt, welche hunderttausend Einwohner zählt, war für eine Belagerung ganz unvorbereitet. Die Garnison, welche täglich eine östreichische Hülfsarmee erwartete, hielt mit großer Festigkeit aus. Die Szenen des Elendes, von denen Prag Zeuge war, waren furchtbar. Ein unaufhörlicher Hagel von Kugeln und Bomben fiel auf die Gebäude, die von Menschen angefüllt waren; beständig brachen Feuersbrünste aus. Man fand nirgends Sicherheit. Hungersnoth trat ein, Pest folgte. Teufel hätten einer Stadt nicht mehr Unheil beifügen können, als die unglücklichen Einwohner Prag's erlitten.

Endlich erschienen die Fahnen des Marschall Daun, mit sechszigtausend Oestreichern. Die Gegner trafen sich und fochten mit der größten Wuth. Das Blutbad war entsetzlich. Friedrich sah, fast außer sich vor Kummer, seine Bataillone vor den feindlichen Batterien zusammenschmelzen. Seine Kavallerie machte sechsmal einen Angriff; sechsmal wurde sie zurückgeworfen.

Friedrich war geschlagen. Er zog sich langsam zurück, vierzehntausend Erschlagene oder Gefangene zurücklassend. Mit nur fünfundzwanzigtausend Mann, deren Reihen erschüttert und blutend, deren Herzen entmuthigt waren, zog Friedrich sich auf die Festung Breslau in Schlesien zurück. Eine alliirte Macht von neunzigtausend Oestreichern und Franzosen verfolgte ihn. Es erfolgte bald eine andere blutige Schlacht, nach der die Preußen mit einem Verluste von achttausend Mann mehr, von Breslau vertrieben wurden.

Es war mitten im Winter. Die Verbündeten glaubten Friedrich vernichtet. Die Oestreicher sprachen mit Hohnlachen und Verachtung von seinen erschütterten Schaaren. Aber die Wechselfälle des Krieges sind wunderbar. Am 4. Dezember 1757 trafen sich die feindlichen Streiter wiederum auf den Ebenen von Lissa. Friedrich hatte dreißigtausend Mann, die Verbündeten neunzigtausend. Die Schlacht war kurz und entscheidend, sie dauerte von Mittag bis Sonnenuntergang.

Die Oestreicher wurden gänzlich in die Flucht geschlagen. Siebentausend ihrer Todten lagen über das blutige Schlachtfeld zerstreut; zwanzigtausend wurden gefangen genommen. Alles Gepäck, die Kriegskasse, hundert und vierunddreißig Geschütze und neunundfünfzig Fahnen fielen dem Sieger in die Hände. Die Preußen bezahlten diesen Sieg mit einem Verluste von fünftausend Mann.

Friedrich marschirte im Triumph nach Breslau. Die Stadt kapitulirte und die ganze Garnison von achzehntausend Mann ergab sich mit allen Vorräthen. Der Sieger warf sich sodann den andringenden Russen entgegen und vertrieb sie aus seinem Reiche. Dann wandte er sich gegen die Schweden, welche in Eile flohen und hinter den Wällen von

Stralsund Schutz suchten. So endigte der Feldzug von 1757.

Während des Winters suchten beide Partheien sich zur Erneuerung des Kampfes zu stärken. Die wiederkehrende Frühlingssonne beleuchtete neues Elend in dem vom Kriege verheerten Europa. Der Sommer verging unter einer unaufhörlichen Reihe von Schlachten, die beinahe über ganz Deutschland wütheten. In der Schlacht von Hochkirchen erlitt auch Friedrich wiederum eine schmerzliche Niederlage. Er zog sich zurück und hinterließ neuntausend Todte oder Gefangene nebst hundert und einer Kanone. Trotz der erstaunlichen Geldopfer und trotz des Blutvergießens und Elends dieses Feldzuges wurde nichts Entscheidendes erreicht. So endete das dritte Jahr dieses grausamen und verheerenden Krieges.

Das Frühjahr 1759 kam heran. Maria Theresia war durch die Siege des letzten Feldzuges gehoben worden. Die Verbündeten verdoppelten ihre Anstrengungen. Das katholische Deutschland vereinigte sich im Glaubenseifer gegen das ketzerische Preußen und England. England konnte, als eine Seemacht, Friedrich außer mit Geld, wenig Hülfe leisten. Seine Gaben waren auch in dieser Beziehung klein, indem sie sich auf wenig mehr als drei Millionen Thaler jährlich beliefen. In Wirklichkeit that England wenig, außerdem, daß es seine Provinz, Hannover beschützte.

Die Armeen von Frankreich, Oestreich, Polen, Schweden und Rußland rückten jetzt gegen das entvölkerte und verarmte Preußen. Die Verbündeten repräsentirten eine Bevölkerung von über einhundert Millionen. Die Bevölkerung Preußen's betrug weniger als fünf Millionen. So hatte Friedrich zwanzig gegen einen gegen sich. Mit unglaublichen Anstrengungen hatte Friedrich vierzigtausend Mann ausgehoben. Früh im Juni traf er bei Frankfurt an der Oder auf achtzigtausend Verbündete. Beide Theile wurden geschlagen;

zuerst die Verbündeten nach einem schrecklichen Blutbade; dann wurden durch eine plötzliche und unerwartete Wendung der Schlacht, die Preußen überwältigt.

Friedrich sandte in dem Augenblicke des erwarteten Erfolges folgende Depesche nach Berlin: „Wir haben den Feind aus seinen Verschanzungen getrieben. Erwartet in zwei Stunden von einem ruhmvollen Siege zu hören."

Die zwei Stunden des häßlichen und hassenswerthen Schlachtgewühles vergingen; ein anderer Kurier wurde mit der erschreckenden Botschaft abgesandt: „Entfernt die königliche Familie von Berlin; sendet die Archive nach Potsdam, und die Hauptstadt mag mit dem Feinde unterhandeln.

Vierundzwanzigtausend Verbündete und zwanzigtausend Preußen fielen an diesem blutigen Tage. Zwei Pferde wurden Friedrich unter dem Leibe erschossen, und seine Kleider wurden von Kugeln durchlöchert. Im Dunkel der Nacht zog er sich mit dem Reste seiner Truppen zurück. Die Verbündeten hatten so schwer gelitten, daß sie keine Verfolgung versuchten.

Das Unglück entmuthigte den König Friedrich niemals; es erweckte nur neue Thatkraft in ihm. Mit staunenswerther Kraft sammelte er seine versprengten Truppen, entwaffnete entfernte Festungen, brachte deren Kanonen in das Feld und nach wenigen Tagen war er an der Spitze von achtundzwanzigtausend Mann bereit, den Weg nach Berlin streitig zu machen. Woche nach Woche erweckten die Donner des Krieges das Echo in diesem unglücklichen Lande. Der Winter trat ein. Die Soldaten litten auf beiden Seiten mehr von Hunger, Kälte und Krankheit, als von den Kugeln des Feindes und so konnten sie das Feld nicht mehr halten. In der östreichischen Armee starben in Folge der strengen Witterung viertausend Mann in sechszehn Tagen. So endigte der Feldzug von 1759, das vierte Jahr dieses verzweifelten Kampfes.

Das Frühjahr 1760 fand beide Partheien gleich eifrig den Krieg wieder aufzunehmen. Maria Theresia war voller Hoffnung. Friedrich war der Verzweiflung nahe. Die alte preußische Armee war beinahe vernichtet. Der König von Preußen hatte seine dünn gewordenen Reihen mit Bauern und Knaben und allen neuen Rekruten, welche er durch die Macht seiner absoluten Herrschaft zwangsweise in die Armee bringen konnte, aufgefüllt. Doch konnte er mit der größten Anstrengung nur fünfundsiebenzigtausend Mann unter seinen Fahnen sammeln, und diese waren, um seine eigenen Worte zu gebrauchen, „zur Hälfte Bauern, zur Hälfte Ueberläufer vom Feinde, — Soldaten nur zum Schein und nicht zum Dienste tauglich." Die Ueberläufer waren Kriegsgefangene, welche Friedrich gezwungen hatte, unter seinen Fahnen zu dienen.

Die Verbündeten marschirten zweihundert und fünfzigtausend Mann stark gegen ihn. Gegen solche ungleiche Zahl focht Friedrich mit aller Anstrengung und mit einer Geschicklichkeit, welche Europa mit Bewunderung erfüllte. Dörfer wurden verbrannt, Erndten zerstampft, Felder vom vergossenen Blute geröthet; Wittwen und Waisen verhungerten in den öden Landstrichen, und doch kam es noch zu keiner Entscheidung. Im Ganzen genommen, fiel der Feldzug zu Friedrichs Gunsten aus. Zu aller Ueberraschung war es ihm gelungen, die Pläne der Alliirten zu seiner Erdrückung zu nichte zu machen. Wiederum zogen sich die Streitenden in die Winterquartiere zurück, und das fünfte Kriegsjahr war beendigt.

Friedrich gab in der Korrespondenz mit seinen Freunden zu, daß seine Aussichten hoffnungslos seien. Er entschloß sich jedoch, bis auf den letzten Mann zu kämpfen und sich selbst unter den Ruinen seines Reiches zu begraben. Da er das Christenthum verworfen hatte, und die Religion ihm keinen Trost, der ihn hätte aufrecht halten können, darbot, so führte er beständig ein Gläschen mit Gift bei sich, so daß er, als letzte Zuflucht, zum Selbstmord greifen konnte.

Der sechste Feldzug, der von 1761 erwies sich als ereignißarm. Friedrich verschanzte sich selbst mit so viel Geschick bei Kunersdorf, daß die Verbündeten ihn nicht anzugreifen wagten. Sie umzingelten ihn in großer Zahl, wie Hunde einen zum Stehen gebrachten Tiger umstehen. Es gab manch' ein blutiges Scharmützel und Belagerungen; große Landstrecken wurden verwüstet, Tausende gingen im Elende zu Grunde. Friedrich erlitt ernstliche Niederlagen, und ging offenbar von Monat zu Monat seiner Vernichtung entgegen. Verzweifelnd, jedoch mit Entschiedenheit, suchten die Preußen, als die Winterstürme die Verbündeten vom Felde vertrieben, ihre Zuflucht in einem Lager in der Nähe von Leipzig. Das sechste Jahr des Blutvergießens und Elendes hatte geendet.

Friedrich konnte seine Niedergeschlagenheit nicht länger mehr verbergen. England entzog ihm seine Geldbeiträge; die Preußen erklärten, daß sie nicht mehr länger gegen solche fürchterliche Uebermacht kämpfen könnten. Die Verbündeten wurden übermüthig; es schien offenbar, daß ein Feldzug mehr ihr Werk beendigen, und daß Preußen dann hilflos zu ihren Füßen liegen werde. In dieser dunkeln Stunde änderte sich plötzlich, gleichsam auf einen Tag, die ganze Sachlage.

Eine Person wurde zufällig krank und starb. Diese Person war Elisabeth, Kaiserin von Rußland. Sie starb den 5. Januar 1762. Ihr Tod veränderte das Schicksal Europa's. Peter III., der auf die Elisabeth folgte, haßte Maria Theresia und bewunderte Friedrich. Er befahl seinen Truppen sogleich den Bund zu verlassen und sendete sie Friedrich zu Hülfe. Der schwedische Hof war mit dem russischen so enge verbunden, daß auch dessen Armee sich zurückzog. Peter III. bat sogar für sich selbst um eine Stellung in der preußischen Armee.

Die Veränderung fand so plötzlich statt, wie wenn sie durch eine Wendung eines Kaleidoskops erzeugt worden wäre. Wiederum aber kam ein vorübergehender Rückschlag. Peter III. wurde ermordet. Seine Gemahlin, die weltberühmte Katharina II. bestieg den Thron, löste das preußische Bündniß auf und beorderte ihre Armee nach Rußland zurück. In der Zwischenzeit hatte Friedrich die Türken zum Kriege gegen Oestreich beredet. Bevor die Russen ihr Lager verlassen hatten, griff er die Oestreicher mit seiner gewohnten Heftigkeit an, und sie wurden mit großem Verluste geschlagen. Maria Theresia ließ nun den Muth sinken; ihre Bundesgenossen verließen sie, ihr Schatz war erschöpft. Die Türken warfen jeden Widerstand vor sich nieder und marschirten der Donau nach aufwärts. Friedrich bereicherte sich als Sieger mit der Beute von Böhmen und Sachsen. Am 15. Februar 1763 wurde Frieden geschlossen, F r i e d r i c h b e h i e l t S c h l e s i e n.

Nach der Berechnung Friedrich's kostete die Eroberung dieser Provinz sechshundert und siebenzigtausend Verbündete und hundertachtzigtausend Preußen, welche alle auf dem Schlachtfelde umgekommen waren. Das Leben, die Summen, welche in der Kriegsverwüstung verwendet und daraufgegangen waren, können niemals geschätzt werden; noch kann eine auch nur annähernd genaue Schätzung der hunderttausende von Männern, Frauen und Kindern, welche aus Entblößung, Hunger, Pest und Elend zu Grunde gegangen waren, vorgenommen werden. Die Bevölkerung Preußen's hatte sich während des siebenjährigen Krieges um fünfhunderttausend Menschen vermindert.

Den Tag, nach Unterzeichnung des Friedensvertrages schrieb Friedrich an seinen Freund d'Argens: „Was mich alten, armen Mann, der ich bin, anbetrifft, so kehre ich in eine Stadt zurück, von der ich nur noch die Mauern kenne; in der ich meine Freunde nicht mehr finde, wo mich große und mühevolle Pflichten erwarten, und wo ich meine alten Knochen bald in ein Asyl legen werde, das weder durch Krieg, noch durch Mißgeschicke, noch durch die Schlechtigkeit der Menschen gestört werden kann.

Unter der kräftigen und weisen Verwaltung Friedrich's erholte sich Preußen rasch aus seiner traurigen Lage. „Um sich einen Begriff des allgemeinen Umsturzes zu machen," so schreibt er, „und um zu fassen, wie groß die Verödung und die Entmuthigung waren, muß man sich vollständig verheerte Gegenden vorstellen, in denen auch nicht einmal mehr die Spuren von früheren Wohnungen zu finden waren; von den Städten waren welche von Grund aus zerstört, andere vom Feuer halb zerstört. Von dreizehntausend Häusern war jede Spur verschwunden. Kein Feld war angesäet, kein Getreide zur Ernährung der Einwohner vorhanden; Edelleute und Bauern waren von so vielen verschiedenen Kriegsheeren geplündert, gebrandschatzt, des Viehfutters beraubt und ausgefressen worden, so daß ihnen jetzt nichts übrig blieb, als das Leben und elende Lumpen.

Kapitel 4.

Die Theilung Polens und der Einfall in Frankreich.

Trotz der Gebietserwerbung Friedrich's, war Preußen immer noch ein schwaches Königreich im Vergleich mit den großen Reichen Oestreich, Frankreich und Rußland. Um Preußen nur irgend auf gleichen Fuß mit diesen Großmächten zu bringen, war es für seine preußische Majestät nothwendig seine Grenzen noch weiter auszudehnen.

Das Königreich Polen umfaßte einen Flächeninhalt von zweihundert vier und achtzig tausend Quadratmeilen und enthielt eine Bevölkerung von zwanzig Millionen Einwohnern. Polen war von Rußland, Preußen und Oestreich umgeben. Es ist nicht ausgemacht, bei wem zuerst der Gedanke an die Zerstückelung dieses Königreiches auftauchte, ob bei der russischen Kaiserin oder bei Friedrich. Der König wurde von den Edelleuten gewählt. Nach dem Tode König August's von Polen, am 5. Oktober 1763, gelang es der Katharina durch Bestechung einen hübschen jungen Polen, Stanislaus Poniatowski, der einige Zeitlang an ihrem Hofe ein besonderer Günstling gewesen war, auf den Thron zu setzen. Er wurde den 7. September 1764 zum Könige von Polen gekrönt.

Zwei oder drei Jahre des Krieges und der Empörungen und aller der Unruhe und des Elendes, welche immer den Fortschritt der Nationen bezeichnet haben, vergingen. Es fanden einige geheime Unterredungen zwischen den Höfen von Rußland, Preußen und Oestreich statt, in denen man die Theilung Polens besprach. Friedrich gibt uns jedoch die Nachricht, daß er endlich den Entwurf eines Planes zur Vertheilung verschiedener Provinzen in Polen an Katharina sandte, „welchem der Hof von Petersburg, gerade damals von seinen eigenen Aussichten in der Türkei berauscht, nicht die geringste Aufmerksamkeit schenkte."*)

Joseph, der Sohn Maria Theresia's war durch die Vermittlung seiner Mutter nach dem Tode seines Vaters, des Kaisers Franz, Kaiser geworden. Am 25. August 1769 besuchte er denn Friedrich zu Neiße. Unter dem Deckmantel der Festlichkeiten, wurde die hochwichtige Frage der Theilung Polens, welches damals in einem solchen Zustande der Anarchie war, daß jeder Widerstandsversuch hoffnungslos erschien, besprochen. Eine zweite Zusammenkunft fand zwischen dem Kaiser und dem Könige von Preußen am 3. September 1770 zu Neustadt in der Nähe von Austerlitz statt.

Nicht lange nach dieser Zusammenkunft, entwarf Friedrich einen neuen Plan, den er Rußland und Oestreich vorlegte. Nach diesem Plane, der auch angenommen wurde, nahm Rußland sieben und achtzigtausend fünfhundert Quadratmeilen, Oestreich zwei und sechszigtausend fünfhundert, der Antheil, der Preußen angewiesen wurde, war bloß neun tausend vier hundert und vier und sechszig Quadartmeilen. So gering auch der Antheil Preußens in Beziehung auf Flächeninhalt war, so wurde er doch in Folge seiner Lage und des Charakters des Landes wegen, für ebenso werthvoll gehalten, wie die andern Theile.

Bei der Ausführung dieser Theilungsmaßregel, welche die Welt gewöhnlich als eine der grausamsten Handlungen des historischen Raubes betrachtet hat, nahm man seine Zuflucht sowohl zur Bestechung, als auch zur Gewalt. Die

---

*) Oeuvres de Fréderic, VI, 26.

drei Mächte brachten einen gemeinsamen Fond auf, um die Zustimmung der leitenden Mitglieder der polnischen Tagsatzung zu erkaufen. Jede der verbündeten Mächte sandte auch eine Armee an die Grenze Polens um das betroffene Volk zu erdrücken, wenn ein Widerstand mit Gewalt versucht werden sollte. So wurde die That vollzogen.

Es sollte scheinen, als ob das Gewissen Maria Theresia's vor diesem politischen Verbrechen zurückbebe; aber sie wurde von ihrem Sohne, dem Kaiser, und durch den gebieterischen Geist des ersten Ministers, Kaunitz, eingeschüchtert. Während sie daher widerstrebend die Zustimmung zu dieser Maßregel gab, erließ sie folgendes außerordentliche Dokument:

„Wenn alle meine Lande mit Krieg überzogen waren und ich nicht wußte, wo in der Welt ich mein Haupt hinlegen sollte, so vertraute ich auf mein gutes Recht und auf Gottes Hilfe. Aber in dieser Sache, bei der nicht allein das Völkerrecht, sondern auch das natürliche Recht und der gesunde Verstand dagegen ist, muß ich gestehen, daß ich nie in meinem Leben in solcher Bedrängniß gewesen bin. Ich schäme mich mein Gesicht zu zeigen. Der Prinz (Kaunitz) möge in Betracht ziehen, was für ein Beispiel wir der Welt geben, wenn wir, für ein elendes Stück von Polen unsere Ehre und unsern Ruf in den Wind schlagen. Ich sehe wohl, daß ich allein bin und nicht mehr in voller Kraft; deßwegen muß ich, obgleich zu meiner sehr großen Sorge, den Dingen ihren Lauf lassen."*)

Auf den nämlichen Gegenstand anspielend, schreibt Friedrich: „Eine neue Laufbahn eröffnete sich vor mir, und man hätte entweder ohne Geschicklichkeit, oder in Dummheit versunken sein müssen, wenn man nicht von einer so günstigen

---

*) „Hormayr, Taschenbuch, 1831, S. 66." — Angeführt von Dr. J. D. E. Preuß, Geschichtschreiber Brandenburgs, in seinem „Leben Friedrich's des Großen," IV, 68.

Gelegenheit Nutzen gezogen hätte. Ich ergriff diese unerwartete Gelegenheit bei der Stirnlocke. Mit Hülfe von Unterhandlungen und Ränken gelang es mir unsere Monarchie für ihre früheren Verluste dadurch zu entschädigen, daß ich polnisch Preußen mit meinen Provinzen vereinigte.

Ohne Frage war es für die so erworbene Gegend ein großer Vortheil, daß sie unter die kräftige Verwaltung Friedrich's kam. „Wie man Friedrichs siebenjähriges Kämpfen übermenschlich nennen darf, so lag auch in seinen gegenwärtigen friedlichen Beschäftigungen etwas Großartiges, welches seinen Zeitgenossen beinahe übernatürlich, — ja bisweilen unmenschlich vorkam. Es war großartig, aber auch schrecklich, daß der Erfolg des Ganzen zu jeder Zeit für ihn das höchste Endziel war. Das Wohlsein des Einzelnen kam durchaus nicht in Betracht."*)

Friedrich starb, wie er gelebt hatte, eines traurigen, schmerzvollen, hoffnungslosen Todes. Er glaubte nicht an die Unsterblichkeit der Seele, noch an das Dasein eines Gottes, der an den menschlichen Dingen Antheil nehme. In den schweren Nöthen seiner Todesstunde vermied er jede Anspielung auf religiöse Gegenstände. Es giebt aber keinen besonderen Weg zum Grabe für Könige. Die Leiden des sterbenden Herrschers waren sehr schwer, aber er ertrug sie ohne Murren. Der König war ungerechtfertigter Weise mit seinen Aerzten, welche seine Schmerzen nicht erleichtern konnten, unzufrieden und ließ den berühmten Dr. Zimmermann von Hannover berufen. Dr. Zimmermann beschreibt die Erscheinung des Königs beim ersten Besuche mit folgenden Worten:

„Als ich in das Zimmer des Königs trat, fand ich ihn in einem Lehnstuhle sitzend, seinen Rücken gegen die Seite des Zimmers, auf der ich eingetreten war, hingewendet. Er

---

*) Freytag, S. 397.

trug auf dem Kopfe einen alten, abgetragenen Hut, mit
ebenso alten Federn geschmückt. Seine Kleidung bestand
in einem Schlafrock von himmelblauem Satin, über und über
befleckt, und von spanischem Schnupftabak braungelb gefärbt.
Er trug Stiefeln und ließ eines seiner Beine, welches sehr
angeschwollen war, auf einem Stuhle ruhen, während das
andere auf den Boden herabhing.

„Als er mich gewahr wurde, zog er seinen Hut auf sehr
höfliche und herablassende Weise ab, und sagte mit freundli=
chem Tone in seiner Stimme: Ich danke Ihnen herzlich für
Ihr gütiges Herkommen und für die Schnelligkeit, mit der
Sie gereist sind."*)

Zeitweise erschien der König außerordentlich niedergeschla=
gen. In der Vergangenheit lagen wenige Ereignisse, an
die er mit Freuden zurückdenken konnte. Die Gegenwart
war in das Düster der Krankheit, in ihrer schmerzhaftesten
und häßlichsten Gestalt, eingehüllt. Die Zukunft eröffnete
ihm bloß den Abgrund der Vernichtung. Eines Tages
grüßte der König den Doktor, als er eintrat, mit den Wor=
ten: —

„Doktor, ich bin ein altes Aas, bloß noch werth den
Hunden vorgeworfen zu werden."

Der Doktor war endlich gezwungen, seinen königlichen
Patienten zu verlassen und nach Hannover zurückzukehren.
Er schreibt: „Ich hinterließ den König nicht bloß in einem
gefährlichen, sondern in einem verzweifelten Zustande, —
mit einer ausgesprochenen Wassersucht, höchst wahrscheinlich
einem Abscesse in den Lungen und einer solchen Kraftlosig=
keit, daß er ohne Unterstützung weder stehen, noch sich bewe=
gen konnte."

Beim Abschied von Dr. Zimmermann sagte der König:

---

*) Entretiens de Frédéric, Roi de Prusse avec le Dr. Zimmer-
mann.

„Leben Sie wohl mein guter, mein theurer Dr. Zimmermann! Ich bitte Ihre Patienten um Verzeihung dafür, daß ich sie Ihres Beistandes beraubt habe. Ich danke Ihnen für Ihre Güte, daß Sie so lange bei mir verweilt haben. Mögen Sie immer glücklich leben! Vergessen sie den alten Mann nicht, den Sie hier gesehen haben."

Der sterbende König blieb sechs Wochen länger in einem beständigen Leidenszustande. Er hatte Wassersucht der Brust und des Magens. Seine Glieder waren heftig angeschwollen und es brachen oft häßliche und übelriechende Geschwüre aus. Asthma hemmte seinen Athem. Er konnte weder Tags noch Nachts liegen bleiben, sondern war zu einer ermüdenden Lage in seinem Stuhle gezwungen.

Mirabeau,*) der damals in Berlin war, schreibt: „Der König ist sechs Wochen lang nicht zu Bette gewesen. Die Anschwellung nimmt zu. Er sieht es wohl, will es aber nicht wahrnehmen, oder wenigstens will er es nicht zu bemerken scheinen. Er redet, als wenn die Anschwellung der Genesung voranginge. Er ist entschlossen, nicht zu sterben, sondern wenn heftig wirkende Heilmittel ihn retten können, sich Einstichen und Einschnitten zur Ableitung des Wassers zu unterziehen."

Es ist nicht schwierig die Religion Christi in der Jugend, bei Gesundheit und Glück zu verwerfen; aber wenn diese dunkeln, traurigen Stunden auf dem Sterbebett eintreten, und wenn man dann der Tröstungen des Christenthumes entbehrt, dann muß eine furchtbare und undurchdringliche Dunkelheit die Seele überschatten. Man kann sich kaum eine traurigere und freudlosere Szene denken, als das Sterbezimmer Friedrichs des Großen.

Am 11. August 1786 starb er zwanzig Minuten nach

---

*) Der Vater des berühmten Redners.

zwei Uhr Morgens im fünfundsiebzigsten Altersjahre und im sechsundvierzigsten Jahre seiner Regierung. In seinem Testamente war eine Klausel, die aber mit Recht nicht beachtet wurde. Er hatte verordnet, daß man ihn nahe bei seinen Hunden in Sanssouci beerdige — als ein letztes Zeichen seiner Menschenverachtung. Er wurde in einer kleinen Kapelle der Garnisonskirche in Potsdam bestattet, wo Friedrich und sein Vater neben einander liegen, — der erstere in einem zinnernen Sarge, der letztere in einem kupfernen, beide aber durchaus ohne Zierrathen irgend welcher Art.*)

Das Gebiet Preußens war unter der Regierung dieses außerordentlichen Mannes beinahe verdoppelt worden. Er hinterließ seinen Thron seinem Neffen, dem Sohne seines verstorbenen Bruders. Friedrich Wilhelm II. begann seine Regierung im Besitze eines Gebietes von 71,670 Quadratmeilen, nur wenig größer, als das Gebiet des Staates Missouri. Es enthielt beinahe sechs Millionen Einwohner. Dieses kleine, auf seinen Kriegsruhm stolze Königreich, unterhielt eine stehende Armee von hundertundzwanzigtausend Mann. Diese Armee zehrte vier Fünftheile der Staatseinkünfte auf. Friedrich Wilhelm II. war ein Verschwender und ein schwacher Mann. Er war ein nachlässiger Regent und ein schlechter Finanzmann, so daß der Schatz bald erschöpft und das Reich in Schulden gestürzt wurde.

Bald begann die französische Revolution wie ein Erdbeben die Throne Europas zu erschüttern. Bei der ersten Theilung Polens, auf welche wir angespielt haben, war noch ein beträchtlicher Theil des Königreiches unter dessen Könige Poniatowski gelassen worden. Das Beispiel Frankreichs hatte auch die sarmatischen Steppen angesteckt. Am 3. Mai 1791 versuchten es die Polen sich eine republikanische Verfassung unter monarchischer Form zu geben.

---

*) Leben Friedrichs des Großen von Bod Dever Vol. II. p. 328.

Indem sie eine **erbliche** Monarchie fortdauern ließen, proklamirten sie **Duldung** in religiösen Angelegenheiten, Befreiung des **Bürgerstandes** und **allmählige Befreiung** der Leibeigenen.

Burke sagte von dieser Bewegung: „Die Menschheit hat alle Ursache sich darüber zu freuen und stolz auf dieselbe zu sein. Es ist wahrscheinlich das höchste allgemeine Glück, das je dem Menschengeschlecht zugänglich gemacht wurde. Zehn Millionen Menschen wurden in den Stand gesetzt, sich nach und nach, und deßwegen auf eine für sie selbst zuträgliche Weise frei zu machen, nicht allein von politischen Ketten, welche, so schlimm sie auch sein mögen, doch bloß den Geist fesseln, sondern von wirklicher persönlicher Leibeigenschaft. Kein Tropfen Blut wurde vergossen, keine Beleidigung weder der Religion, noch der Moral, noch der Sitten verübt."*)

Preußen und Rußland befürchteten, daß diese Verfassung ihren Thronen jakobinische Ideen zu nahe bringen möchte. Sie vereinigten ihre Armeen zu einer zweiten Theilung Polens. Die vereinten Heere drangen in überwältigender Zahl über die Grenzen und wurden in den besetzten Provinzen einquartirt. So wurde Polen von den Heeren der beiden mächtigsten Militärstaaten Europas überschwemmt.

Die ritterlichen Polen erhoben sich in Verzweiflung mit Energie, von der die Welt niemals vorher Zeuge gewesen war. Koszjusko wurde zum Heerführer ernannt. Mit seiner tapferen Schaar eroberte er Warschau wiederum und vertrieb die Russen und Preußen daraus. Um diese Stadt wieder zu erobern, sandte Friedrich Wilhelm II. dreißigtausend seiner trefflich geübten Soldaten, um mit vierzigtausend russischen, von Katharina gesandten Veteranen zu-

---

*) Burkes Aufruf an die alten Whigs. Werke Vol. II. pag. 224.

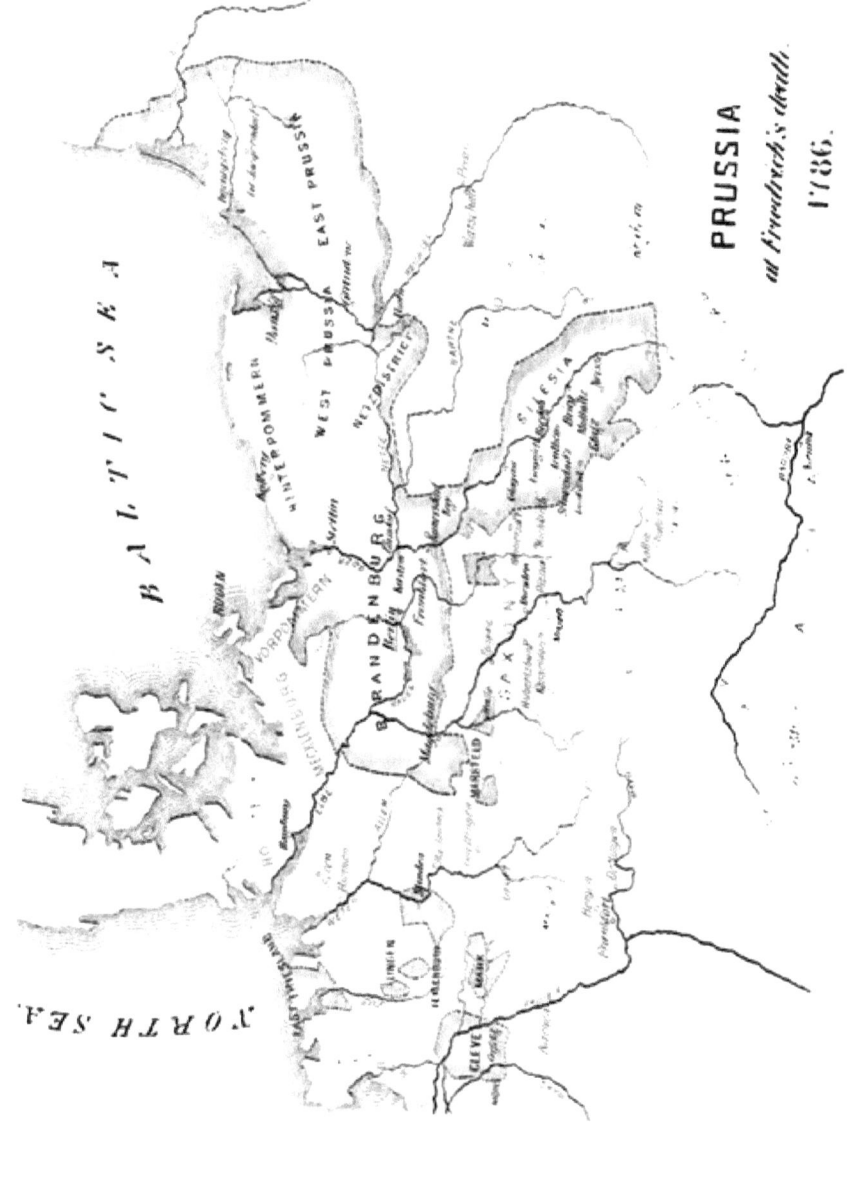

sammenzuwirken. Nach einer Reihe blutiger Kämpfe wurde Warschau am 4. November 1794 erstürmt. Die polnischen Bataillone wurden unter Feuernoth und Bombardement, unter Geschrei und Blutvergießen in die Weichsel gedrängt. Zehntausend Mann kamen um; zehntausend geriethen in Gefangenschaft, und zwölftausend Einwohner Warschaus mußten über die Klinge springen. Stanislaus wurde gefangen nach Rußland geschickt, wo er starb. Die Eroberer theilten Polen unter sich.*)

In Beziehung auf diese große Verbrechen, schrieb der Dichter Campbell, auf schöne Weise in seinen „Freuden der Hoffnung":

„O blutig Bildniß in der Zeiten Buche,
Sarmatia fiel, doch ohne eig'ne Schuld.
Kein Freund von großem Herzen, ja kein mitleid'ger Feind
Fand Kraft in seinem Arm, noch Gnade bei seinem Weh';
Zerschmettert sank der Speer aus kraftlos schwacher Hand,
Ihr helles Auge brach, sie beugte sich dem Joch;
Die Hoffnung nahm für lange Zeiten Abschied da
Und Freiheit weinte, als Kosciuszko fiel.

Der König von Preußen, Friedrich Wilhelm II. starb in Berlin den 5. August 1796. Er hinterließ keineswegs ein beneidenswerthes Andenken. Bei der Theilung Polens erhielt Preußen ein und zwanzigtausend Quadratmeilen mit einer Million Einwohner. Im Ganzen hat Preußen von Polen sieben und fünfzigtausend Quadratmeilen und zwei Millionen fünfhundert und fünfzigtausend Einwohner geraubt.**)

Friedrich Wilhelm III., der Sohn des verstorbenen Königs bestieg nun in seinem sieben und zwanzigsten Altersjahre den Thron. Sir Archibald, dessen Vorliebe stark auf

---

*) Alisons Geschichte Europas, Bd. I. S. 358.
**) Encyclopædia americana.

Seite der Könige und des Adels ist, beschreibt ihn in folgender Weise:

„Sein Charakter und seine Gewohnheiten ließen schon den unsterblichen Ruhm seiner Regierung voraussahnen. Ernst und regelmäßig in seinem Privatleben, war er inmitten eines verdorbenen Hofes ein Vorbild jeder häuslichen Tugend. Er war frühzeitig mit einer schönen und hochherzigen Prinzessin vermählt worden und behandelte sie mit einer solchen treuen Liebe, wie ihre anziehenden Eigenschaften sie zu erregen geeignet waren, welche letztern nachher die Bewunderung Napoleons erregten, obgleich sie dessen Politik nicht erschlaffen konnten, noch dessen Ernste gewachsen waren, ja die nicht einmal einen Funken von ritterlichem Gefühle in seiner kalten verständigen Brust erregten."*)

Der junge König zwang die Gräfin Lichtenau, eine der begünstigten Maitressen seines Vaters, viele Kronjuwelen, welche in ihrem Besitze waren, sowie auch einen großen Theil des ungeheuren Reichthumes, welcher an sie verschwendet worden war, herauszugeben. Es wurde ihr eine Zufluchtsstätte in der Nähe von Berlin nebst einer Pension von dreitausend Thalern angewiesen.

Alle Monarchen Europa's wurden bald durch die revolutionären Grundsätze, welche sich so rasch über Frankreich verbreiteten, beunruhigt. Preußen und Oestreich verbanden sich, um sich mit der königlichen Partei in Frankreich zu einigen, die revolutionäre Bewegung mit ihren Armeen zu unterdrücken, und die alte absolute Herrschaft wieder herzustellen. In dieser Absicht versammelten sie eine ungeheure Armee in Koblenz am Rhein. Der Marsch der Invasionstruppen begann am 25. Juli 1792.

Die vereinigten Armeen bestanden aus achtzigtausend preußischen Veteranen und acht und sechszigtausend Oest-

---

*) Alisen's Geschichte Europas, Bd. I. S. 473.

Der Einfall in Frankreich.

reichern*). Die Truppen standen unter dem Befehle des Herzogs von Braunschweig. Seine Mutter war eine Schwester Friedrich's des Großen gewesen, seine Gemahlin war die Prinzessin Auguste von England.

Diese Armee von hundert und vierzig tausend Mann drang in drei großen Abtheilungen in Frankreich ein. Der Herzog von Braunschweig marschirte dem linken Moselufer nach aufwärts, um über Verdun und Chalons auf Paris zu marschiren. Seine ungeheure Heeresmacht mit dem ganzen großen Trosse von Infanterie, Kavallerie, Kanonen und Gepäck nahm vierzig Meilen der Straße in Anspruch.

Prinz Hohenlohe, der zwanzig Meilen weiter nach links marschirte, folgte der Straße über Thionville und Metz. Graf v. Clairfayt führte seine Bataillone auf dem rechten Flügel über Mezieres und Sedan.

Der Herzog von Braunschweig veröffentlichte eine Proklamation, welche alsogleich weltberühmt wurde und welche die Volkspartei in Frankreich auf's höchste erbitterte.

„Da Ihre Majestäten," sagte der Herzog in diesem berüchtigtem Manifeste, „der Kaiser von Deutschland und der König von Preußen mich mit dem Oberbefehl über die vereinigten Armeen, welche auf ihren Befehl sich an den Grenzen Frankreichs gesammelt, betraut haben, so wünsche ich die Bewohner dieses Königreiches mit den Beweggründen, welche die beiden Souveräne bestimmt haben, bekannt zu machen und ihnen die Absichten, durch welche sie geleitet werden, kund zu geben.

„Sie wünschen der im innern Frankreichs herrschenden Anarchie ein Ende zu machen; die Angriffe gegen den Thron und gegen das Königthum zum Aufhören zu bringen; die königliche Macht wieder herzustellen; dem Könige die Sicher=

---

*) Ebendaselbst, Bd. I. S. 126. Ferner Thiers Geschichte der französischen Revolution, Bd. I, S. 278.

heit und Freiheit, deren er beraubt ist, wieder zu verleihen und ihn in eine Lage zu versetzen, in welcher er die ihm gebührende Machtvollkommenheit wieder ausüben kann.

„Diejenigen Nationalgarden, welche gegen die Truppen der beiden verbündeten Höfe fechten, und welche mit den Waffen in der Hand gefangen genommen werden, sollen als Rebellen behandelt und als Aufrührer gegen ihren König bestraft werden.

„Die Mitglieder der Departemental=, Distrikts= und Gemeindebehörden sind mit ihrem Leben und Eigenthum für alle Vergehen, Brandstiftungen, Morde, Plünderung und Gewaltthaten, deren Begehung sie zulassen, oder denen sie anerkannter Maßen in ihrem Gebiete nicht vorzubeugen suchen, verantwortlich.

„Die Einwohner der Städte, Flecken und Dörfer, welche es wagen sollten, sich gegen die Truppen ihrer kaiserlich, königlichen Majestäten zu vertheidigen und gegen dieselben zu feuern, sei es nun im offenen Felde, sei es von den Fenstern, Thüren und Oeffnungen ihrer Häuser aus, sollen sogleich nach aller Strenge der Kriegsgesetze bestraft und deren Häuser zerstört und verbrannt werden.

„Die Stadt Paris und alle ihre Bewohner ohne Unterschied werden hiemit aufgefordert, sich sogleich ohne Verzug dem Könige zu unterwerfen, diesen Fürsten vollständig und gänzlich in Freiheit zu setzen, und ihm sowohl, als allen königlichen Personen die Unverletzlichkeit und Achtung, welche die Gesetze der Natur und der Nationen von Unterthanen gegen ihren Oberherrn fordern, angedeihen zu lassen.

„Ihre kaiserlich, königlichen Majestäten werden alle Mitglieder der Nationalversammlung, der Behörden der Departements, des Distriktes, der Gemeinde, der Nationalgarde von Paris, die Friedensrichter und überhaupt alle die es angehen mag persönlich und mit ihrem Leben für alle etwa vorkommenden Ereignisse verantwortlich machen, und sie kriegs=

gerichtlich und ohne Hoffnung auf Gnade aburtheilen lassen.

„Ihre Majestäten erklären ferner feierlich und bei ihrem Wort als Kaiser und König, daß wenn der Tuilerienpalast erbrochen oder beschädigt wird, daß wenn Dero Majestäten dem Könige und der Königin oder der königlichen Familie die geringste Gewalt oder Schmach angethan wird, daß ferner, wenn nicht sofortige Maßregeln für deren Sicherheit getroffen werden, sie exemplarische und auf ewig denkwür=
dige Rache nehmen werden, indem sie Paris militairischer Exekution und vollständiger Zerstörung anheimgeben und die Rebellen, die sich solcher Vergehen schuldig machen, der ver=
dienten Strafe überliefern werden" 2c.*)

Professor Smyth schreibt: „Es wurde durch ein solches Manifest die größte Aufregung in unserem eigenen Lande, in Großbrittanien und in ganz Europa hervorgerufen. Durch eine Kundgebung wie diese, welche in Wirklichkeit so weit ging zu sagen, daß zwei Militärmächte in ein benach=
bartes und unabhängiges Königreich marschiren würden, um bürgerliche Zwistigkeiten nach ihren Gutdünken zu schlichten, und um alle diejenigen, welche ihnen zu widerstehen wagen würden, nach den Kriegsgesetzen zu bestrafen. Kein Freund der Freiheit konnte für einen Augenblick ein solches Vorgehen ertragen".**)

Der Erfolg war, daß der Tuilerienpalast von dem erbit=
terten französischen Volke gestürmt wurde; daß die königliche Familie gefangen genommen und im Tempel eingesperrt wurde, und daß bald darauf der König und die Königin unter der Guillotine ihr Leben einbüßten. Die Verbündeten drangen indeß rastlos vor. Jeder Widerstand schwand vor ihren festen Bataillonen. Thionville und Verdun wurden

---

*) Thiers, Geschichte der französischen Revolution, Bd. II., S. 314.
**) Professor Smyths Vorlesungen über die französische Revolution. Bd. II., S. 326.

belagert und genommen. Die siegreichen Eindringlinge erfüllten die Pässe der Argonnen. Die Armee von Dümouriez, welche ihnen entgegengesandt wurde, wurde beinahe vernichtet. Blaß und athemlos kamen Flüchtlinge in Paris an und erklärten, daß kein fernerer Widerstand mehr möglich sei.

Die Bestürzung in Paris war entsetzlich. Frankreich erhob sich in M a s s e. Jeder Mann der Volkspartei ergriff blaß aber mit festem Entschluß die Waffen. Alle, welche im Verdacht des Einverständnisses mit Preußen standen, wurden erbarmungslos hingemordet. Der ehrwürdige Vergniaud sprach ein Wort aus, das jeden Arm stählte.

„Es ist der Plan des Feindes," sagte er, „direkt auf Paris zu marschiren und die Festungen hinter sich zu lassen. Er möge so handeln. Dieses Vorgehen wird unsere Rettung sein. Unsere Armeen, welche zu schwach sind, um ihm Widerstand zu leisten, werden stark genug sein, um ihn im Rücken zu beunruhigen. Wenn er, von unsern Bataillonen verfolgt anlangt, so wird er vor sich unsere Armee von Paris in Schlachtordnung unter den Mauern der Hauptstadt finden. Dort wird er, von allen Seiten umringt von dem Boden, den er entweiht hat, verschlungen werden.

Keine Feder kann die Excesse beschreiben, welche in der blinden Trunkenheit des Augenblickes in Paris gegen die Königlichgesinnten begangen wurden. Dr. Moore, ein englischer Edelmann, welcher ein Augenzeuge war, schreibt:

„Bei all' den Unordnungen, die vorkamen, ist es unmöglich, nicht den großartigen Geist, der in der ganzen Nation zur Erhaltung ihrer Unabhängigkeit waltet, zu bewundern, kein Volk hat jemals einen edleren oder patriotischeren Eifer entfaltet.*)

Am 20. September 1792 traf der Herzog von Braunschweig zu seinem Erstaunen auf eine französische Armee, die

---

*) Tagebuch von Sir John Moore.

ihn hinter festen Verschanzungen auf den Höhen von Salmy bei Chalons erwartete. Siebenzigtausend Mann, Bauern und Handwerker, waren nach diesen Anhöhen geeilt. Der Schlachtlärm wüthete dort mit entsetzlicher Heftigkeit während zwanzig Tagen. Die jungen Männer von den Feldern und aus den Werkstätten fochten hinter ihren Wällen mit der Tapferkeit von alten Soldaten. Aus allen Theilen Frankreichs eilten Verstärkungen nach dem Kampfplatze. Die Zufuhr der Eindringlinge wurde abgeschnitten, Krankheit dezimirte ihre Reihen, die eisigen Winde des Winters waren vor der Thür. Die Preußen brachen am 15. Oktober tief erniedrigt ihr Lager ab und zogen sich auf ihre Festungen am Rheine zurück. Sie hinterließen fünfundzwanzigtausend Mann, welche den Krankheiten, den Kugeln und dem Schwerte erlegen waren.

„Die Macht" schreibt Alison, „mit der die Preußen sich zurückzogen war ungefähr siebenzigtausend. Ihr Rückzug, wurde in höchst achtunggebietender Weise ausgeführt, indem sie bei jedem Halte eine feste Stellung einnahmen und Front machten. Sie ließen auf ihrem Wege höchst traurige Beweise des unglücklichen Feldzuges zurück. Alle Dörfer waren mit Todten und Sterbenden angefüllt. Die Verbündeten hatten durch Ruhr und Fieber mehr als den vierten Theil ihrer Zahl eingebüßt.

Kapitel 5.

Preußen und die französische Revolution.

Als sich die verbündete Armee nach ihrer Niederlage bei Valmy, im September 1792, zurückzog, verfolgte General Dumouriez eine Abtheilung von fünf und zwanzigtausend Oestreichern unter General Clairfeyt. Am 4. November überraschte er die stark verschanzten Flüchtigen auf den Höhen von Jemappes, nahe bei Mons. Ein Tag wurde darauf verwendet, die französischen Streitkräfte zu vereinigen und die Batterieen aufzustellen. Fünf und zwanzigtausend Mann standen hinter den Wällen, sechszigtausend rückten vor, um sie zu stürmen. Früh Morgens den 6. begann das Bombardement; hundert Feuerschlünde begannen zu donnern. Der Sturm des Krieges wüthete den ganzen Tag; die Oestreicher wurden geschlagen und flohen in zersprengten Schaaren nach einem Verluste von fünfzehnhundert Gefangenen und viertausend fünfhundert Todten und Verwundeten.

Thiers schreibt: „Der durch diese Schlacht verursachte Eindruck war wundervoll. Der Sieg von Jemappes erfüllte ganz Frankreich mit Freude und Europa mit neuer Ueberraschung. Man sprach von nichts als von der Kaltblütigkeit mit welcher der Oestreichischen Artillerie begegnet wurde, und von der Unerschrockenheit beim Stürmen der Verschanzungen. Die Gefahr und der Sieg wurden sogar übertrieben und in ganz Europa schrieb man wiederum Frankreich die Fähigkeit zu, große Schlachten zu gewinnen."*)

Der Herzog von Orleans (später König Louis Philipp), damals ein junger Mann unter dem Namen Herzog von Chartres bekannt, zeichnete sich durch seine Tapferkeit in diesem Kampfe bedeutend aus. Die französischen Heere marschirten nun im Truimph gegen den Rhein und trieben ihre Feinde vor sich her. Durch diese Siege ermuthigt, erließ die Convention in Paris den 19. November 1792 folgendes Dekret:

„Daß sie jedem Volke, das geneigt wäre, seine Freiheit wieder zu erlangen Brüderlichkeit und Hülfe gewährleisten wollte und daß sie ihren Feldherren den Auftrag gäben, jedem solchen Volke Hülfe zu leisten und alle Bürger, welche in Sachen der Freiheit beunruhigt worden wären, oder noch beunruhigt würden, zu beschützen."

Auf diesen Erlaß folgte am 15. Dezember ein anderer, welcher erklärte, daß Frankreich in allen eroberten Provinzen „die Volkssouveränität erklären werde, ferner die Unterdrückung aller Lehens= und Landesherrlichkeitsrechte, aller Privilegien, des Adels und überhaupt aller Vorrechte irgend einer Art".**)

Das Volk wurde eingeladen, sich zu versammeln und neue republikanische, auf das allgemeine Stimmrecht begründete Regierungsformen einzurichten. Durch diese Niederlagen kam Preußen in eine höchst bedauernswerthe Lage. Der Winter war vor der Thüre; Krankheit machte in der Armee große Verwüstungen, ja republikanische Ideen fanden sogar ihren Weg in die Reihen der Armee. Friedrich Wilhelm III. sandte eine Waffenstillstandsflagge, um über eine

---

*) Thiers Geschichte der französischen Revolution, Bd. II., S. 10.
**) Pomini. Histoire des guerres de la Révolution, Vol. II, p. 264.

Uebereinkunft zu unterhandeln. Dumouriez schrieb an die französische Regierung:

„Die Vorschläge des Königs von Preußen scheinen keine Grundlage für Unterhandlungen zu bieten; aber sie beweisen, daß die Bedrängniß des Feindes groß ist. Ich bin sicher, daß der König ernstlich besorgt ist, daß er so weit vorgerückt ist und daß er gerne jedes Mittel ergreifen würde, sich aus seiner Verlegenheit zu ziehen."*)

Die Friedensunterhandlungen waren erfolglos.

Während des Winters sammelten die Verbündeten ihre Streitkräfte von Neuem und im Frühjahr begann Friedrich Wilhelm einen neuen Feldzug, indem er die französische Festung Mainz auf dem linken Rheinufer belagerte. Der König von Preußen führte fünfzehn tausend Mann in's Feld und Oestreich sandte genug Mannschaft um die Armee auf achtzig tausend Mann zu bringen. Die Franzosen hatten im Moselthale und in ihren Festungen am Rhein ungefähr dieselbe Zahl.

Der König von Preußen überschritt den Fluß ohne Widerstand, etwas unterhalb Mainz und umschloß die Stadt von beiden Seiten des Rheins. Die Garnison zählte zwanzig tausend Mann. Die Belagerung begann im April 1793.

Die Stadt Mainz, beinahe gegenüber der Mündung des Main in den Rhein, war schon damals eine starke Festung. Der König von Preußen leitete die Belagerung persönlich. Es ereigneten sich die gewöhnlichen Szenen des Bombardements, des Kampfes und Blutes; Stürme wurden abgeschlagen und Ausfälle zurückgeworfen. Zweihundert Stücke spielten gegen die Festung, während schwimmende Batterien einen unaufhörlichen Bombenhagel vom Rheine aus in die Straßen sandten.

Die Noth war am höchsten. Pferdefleisch war das Ein-

---

*) Dumouriez. Depesche an die französische Regierung.

zige, wovon die Garnison lebte. Die Soldaten aßen Ratten und gingen an die Rheinufer um die todten Pferde zu erhalten, welche der Strom mit sich führte. Eine Katze kostete fünf Franken, Pferdefleisch wurde zu fünf und vierzig Sous das Pfund verkauft. Die Offiziere lebten nicht besser als die Soldaten. Als General Dubayet seinen Stab zum Essen einlud, so setzte er ihm eine Katze nebst einem Dutzend Mäuse als Delikatesse vor.

Die Verbindungen nach Außen waren so vollständig unterbrochen, daß die Garnison während dreier Monate nicht wußte, was in Frankreich vorging. Die Preußen, welche zu allen Kriegslisten ihre Zuflucht nahmen, ließen in Frankfurt falsche „Moniteurs" drucken, in denen zu lesen war, daß Dumouriez die Nationalconvention aufgelöst habe, und daß Ludwig XVII. unter einer Regentschaft König sei. Die preußischen Vorposten übergaben diese falschen „Moniteurs" den Soldaten der französischen Garnison.

Auf die Länge wurde die Noth so unerträglich, daß zweitausend Einwohner um die Erlaubniß zur Abreise baten. Albert Dupayet gestattete sie; aber da die Belagerer sie nicht aufnehmen wollten, so blieben sie zwischen zwei Feuern und gingen zum Theile unter den Mauern des Platzes zu Grunde. Morgens sah man daß Soldaten verwundete Kinder in ihren Mänteln gewickelt hineintrugen.*)

Am 25. Juli war die verhungerte Garnison genöthigt zu kapituliren. Der König von Preußen gestattete den Soldaten mit Waffen und Gepäck auszuziehen. Sie verpflichteten sich einfach ein Jahr lang nicht gegen die Verbündeten zu dienen.

Aber Friedrich Wilhelm III. war nun des Krieges müde geworden. Er würde das Unternehmen aufgegeben haben,

---

*) Thiers, Geschichte der französischen Revolution, Bd. III., S. 18.

wenn nicht England mit Geldversprechungen in höchst freigebiger Weise aufgetreten wäre. England mit Holland vereint versprach dem König von Preußen zweihundertundfünfzigtausend Thaler monatlich zu bezahlen, und ihm bei der Unternehmung seiner Kriegsoperationen behülflich zu sein; es versprach ferner fünfhunderttausend Thaler, zahlbar bei seiner Rückkehr nach Preußen.

Gegen diese Zahlungen von Subsidiengeldern versprach Friedrich Wilhelm dem Bunde, dessen anerkanntes Haupt England jetzt war, vierundsechszigtausend fünfhundert Mann zu stellen. Die preußische Armee sollte unter einem preußischen Befehlshaber stehen. Alle Eroberungen im Gebiete Frankreichs sollten England und Holland gemeinsam angehören.*)

„Die Unzufriedenheit der preußischen Soldaten," schreibt Alison, „wurde laut, als es ruchbar wurde, daß sie fernerhin unter englischem Solde stehen würden. Sie murrten öffentlich über die Schande, daß Soldaten des großen Friedrich wie Söldner einer fremden Macht verkauft wurden. Die Ereignisse lehrten bald, daß die Hülfsgelder, die Preußen gefordert hatte, durchaus ohne Erfolg sein sollten.

Der Kampf wüthete am Rhein mit wechselndem Erfolge Monate lang. General Kleber kommandirte die französischen Streitkräfte; er jagte die Verbündeten vor sich her, überschritt den Rhein und führte den Krieg in Feindesland über. In kurzer Zeit traf er auf übermächtige Streitkräfte und war gezwungen wieder über den Rhein nach Frankreich zurückzukehren. Als wiederum Verstärkungen anlangten, ergriffen die französischen Republikaner von neuem die Offensive und trugen den Krieg wieder auf das rechte Rheinufer. Die blutigen Wogen der Schlachten hatten Ebbe und Fluth.

Der Rhein, dieser majestätische Strom, welcher so lange

---

*) Thiers französische Revolution. Bd. III., S. 18.

die Grenze des römischen Reiches gewesen war, trennte hauptsächlich die beiden kämpfenden Armeen von den Alpen bis zum Ocean. Die Verbündeten hatten den großen Vortheil, daß sie noch die starke Festung Mainz besetzt hielten, welche sie auf der französischen Seite des Rheines erobert hatten; aber als die republikanischen Armeen Sieg nach Sieg erfochten und Preußen selbst durch einen Einfall der dreifarbigen Fahne bedroht wurde, so entschloß sich Friedrich Wilhelm entmuthigt und von neuem zitternd, von der Allianz zurückzutreten.

Die französische Republik hatte sich so aufgerafft, daß sie zwölfhunderttausend Mann unter den Waffen zählte. Alle strategisch wichtigen Punkte am Rheine waren in ihrem Besitz. Holland organisirte sich als Republik der vereinigten Provinzen und trat mit der französischen Republik in einen Bund.

Friedrich Wilhelm III. sandte einen Kommissär an den französischen Oberkommandanten, um Friedensvorschläge zu machen. Die beiderseitigen Bevollmächtigten trafen sich in Basel und am 5. April 1795 wurde mit Preußen Frieden abgeschlossen. Die Franzosen willigten ein, alle Provinzen, die sie auf dem rechten Rheinufer besetzt hielten, zu räumen. Der König von Preußen versprach, mit der französischen Republik in freundschaftliche Beziehungen zu treten.

Aber England, Oestreich und Neapel setzten den Krieg noch drei Jahre länger fort. Die französischen Armeen hatten im Kampfe mit den Oestreichern einige Unfälle gelitten, besetzten dann das linke Rheinufer und boten so diesen breiten und reißenden Strom als Schutz vor sich, einem Einfall von Deutschland her die Spitze. Ungeheure Siege der Franzosen, welche der junge General Bonaparte in Italien, über die Oestreicher erfocht, führten zu einer Friedenskonferenz in Rastadt. Wir geben das Hauptsächlichste dieser Verhandlungen, wie sie von Thiers berichtet werden. Der denkende Leser wird großes Interesse daran finden, wenn er die Ansprüche Frankreichs und die Antwort Deutschlands im Jahre 1798 mit den Ansprüchen Deutschlands und der Antwort Frankreichs im Jahre 1870 vergleicht.

Frankreich verlangte nicht allein, daß die Rheinlinie als Grenze zwischen den zwei Ländern anerkannt werde, sondern daß Frankreich auch in Besitz aller derjenigen Rheininseln komme, welche militärisch wichtig wären. Frankreich verlangte ferner Kehl und dessen Gebiet, gegenüber von Straßburg, Kastel und dessen Gebiet, gegenüber von Mainz; ferner verlangte es, daß fünfzig Acker Landes auf deutscher Seite an der Ausmündung der alten Brücke bei Hüningen der Republik übergeben werden sollten. Ueberdies forderte Frankreich, daß die wichtige Festung Ehrenbreitstein beinahe gegenüber von Koblenz zerstört werde. Die Zugeständnisse, behauptete man, seien nothwendig, um Frankreich gegen einen drohenden deutschen Einfall zu schützen.

Die Gesandtschaft des deutschen Reiches dagegen antwortete, daß der Rheinstrom die natürliche Grenze zwischen den beiden Völkern sei und daß er beiden genügende Sicherheit böte, daß, wenn Frankreich alle Angriffspunkte für sich in Anspruch nehme, die Sicherheit für Deutschland nicht mehr vorhanden sein würde. Sie schlugen den Thalweg des Hauptastes des Stromes als wirkliche Grenze vor, so daß alle Inseln rechts von dieser Linie Deutschland angehören sollten, die der linken Seite Frankreich. Die Gesandtschaft wollte nicht darein willigen, daß Frankreich irgend Angriffspunkte am Flusse behalten sollte, während Deutschland alle verliere.*)

Nach langen Unterhandlungen wurden die offenbar vernünftigen Punkte der deutschen Vorschläge genehmigt. Der Hauptkanal des Rheinstromes wurde als Grenze zwischen

---

*) Thiers Geschichte der französischen Revolution. Bd. IV., S. 298.

Frankreich und Deutschland erklärt. Dieser wichtige Vertrag wurde im September 1798 unterzeichnet.

Die Errichtung des Konsulates, dann des Kaiserreiches in Frankreich vermehrte noch mehr die Erbitterung der feudalen Reiche, als daß es sie verminderte. Unter diesen neuen Einrichtungen wurden die republikanischen Grundsätze der Gleichberechtigung aller Menschen beibehalten. Erbadel wurde verworfen, erst gänzlich, dann auch nur theilweise wieder in's Leben gerufen. Ehrentitel wurden bloß als Belohnungen für Verdienste verliehen. Die Lehre von dem göttlichen Rechte der Könige wurde gänzlich verworfen; und die Gewalten der Regierung beruhten auf dem Volksstimmrecht.

Die feudalen Könige und der Adel Europas wurden durch den Namen nicht irregeleitet. Die Thatsache, daß die Republik sich selbst ein Kaiserreich nannte, und daß die erwählte vollziehende Behörde Kaiser, statt Präsident genannt wurde, machte den so maskirten Republikanismus so gefährlich, als er immer war. Die ausgesprochenen Grundsätze waren in schroffem Gegensatze zu all' den alten Ordnungen; in Folge dessen wurde eine Koalition nach der anderen gegen diese demokratischen Grundsätze gebildet, was sie auch für einen Namen annehmen mochten.

Die Feindschaft, welche so lange zwischen Preußen und Oestreich geherrscht hatte, war einer der Gründe, welche Friedrich Wilhelm III. bewogen, sich von der Verbindung gegen Frankreich zurückzuziehen. Während der zehn Jahre Frieden, welcher Preußen sich nun erfreute, hatte das Königreich rasch an Bevölkerung und Reichthum zugenommen. Die Wechselfälle des Krieges hatten einen großen Theil des deutschen Handels in seine Hände gegeben. Die Bevölkerung hatte sich auf neun Millionen fünfhunderttausend Seelen vermehrt; das reine Staatseinkommen betrug ungefähr fünfzig Millionen Thaler; die stehende Armee zählte zweimalhunderttausend trefflich geübter Truppen.*)

Die preußische Hauptstadt war eine der angenehmsten und billigsten in Europa. Keine starre Etiquete, keine scharfe Grenzlinie trennte den Hof vom Volke. Die königliche Familie lebte auf einem Fuße freundlicher Gleichheit nicht nur mit dem Adel, sondern mit den angesehenen Einwohnern Berlins. Ein leichtes Benehmen, vollständige Abwesenheit aristokratischen Stolzes, ebenso fern von Ausschweifung oder Schaustellung, zeichneten sich alle am Hofe gegebenen Festlichkeiten aus, bei welchen sich der König und die Königin auf dem Fuße völliger Gleichheit unter ihren Unterthanen bewegten.

Viele vornehme Damen gaben sowohl in Paris als in London größere Summen Geldes für ihren Putz aus als die Königin von Preußen. Niemand kam ihr an Würde und Anmuth und in den hohen Ideen, von denen sie beseelt war, gleich. Bewunderung für ihre Schönheit und Anhänglichkeit an ihre Person bildeten eines der stärksten Gefühle in der preußischen Monarchie.**)

Der König von Preußen war einer der ersten Fürsten unter den Großmächten, welcher das französische Kaiserreich anerkannten. Als im Jahre 1804 Rußland in Verbindung mit Oestreich und England sich rüstete, seine barbarischen Legionen nach Frankreich zu senden, traf Friedrich ein Abkommen mit dem französischen Kaiserreiche, eine strenge Neutralität zu beobachten, und weder russischen noch andern Truppen zu gestatten, durch sein Gebiet zu marschiren.

Frühzeitig im Frühjahr 1805 bildeten England, Oestreich und Rußland eine neue Verbindung gegen Frankreich,

---

*) Bignow Histoire de France depuis le 18 Brumaire. T. II., pag. 293.
**) Alisons Geschichte Europas. Bd. II., S. 288.

in welche Schweden, Hannover, Sardinien und Neapel bald mit verwickelt wurden. Die vereinigte Armee der Verbündeten sollte fünfhunderttausend Mann zählen.

„Es war ein großes Ziel," schreibt Sir Archibald Alison, „womöglich auch Preußen in das Bündniß zu ziehen. Zu diesem Zwecke wurde Herr v. Noviltzoff nach Berlin gesandt. Trotz allen Anstrengungen Englands und Rußlands war es unmöglich, die Neigung Preußens nach der französischen Seite zu überwinden. Das eigentliche Geheimniß dieser Parteinahme war die Folge des glänzenden Preises, welchen seine Minister in dem Kurfürstenthum von Hannover längst begehrt hatten. Die preußische Regierung konnte den Gedanken nie aufgeben, daß sie durch Bewahrung einer zweifelhaften Neutralität und durch den Vorbehalt ihres Dazwischentretens im entscheidenden Augenblicke ihrem Gebiete diese wichtige Erwerbung sichern könne.

„Die preußischen Minister regten endlich den Entwurf der provisorischen Besitznahme dieses Kurfürstenthums öffentlich an." Da die Vereinigung der festländischen Besitzungen Sr. brittischen Majestät mit Preußen, für dieses Königreich von solcher Wichtigkeit sei, daß sie die Aussicht auf den Erwerb eines solchen Gebietes nie außer Acht lassen könne, vorausgesetzt, es könne geschehen, ohne dem Charakter Sr. Majestät zu kompromittiren.

Der König stellte endlich die Frage so: „kann ich ohne die Regeln der Moral zu verletzen, und ohne in der Geschichte als ein treuloser Herrscher dargestellt zu werden, um Hannover zu erlangen, von meinem bisher aufrecht erhaltenen Charakter abweichen?"

Es war leicht abzusehen, wie ein solcher Zwiespalt zwischen Pflicht und Interesse endigen würde. Vor Mitte August gab das preußische Kabinet den französischen Gesandten in Berlin zu verstehen, daß es willig sei, ein Schutz- oder Trutzbündniß mit der französischen Regierung unter der Bedingung, daß Hannover seinem Gebiete einverleibt würde, abzuschließen. Folgende Ereignisse verhinderten die Unterzeichnung des Vertrages, und retteten Preußen von dieser letzten Handlung der Begehrlichkeit und Thorheit.*)

Während dieser ganzen Zeit war in Preußen eine starke Minorität zu Gunsten eines Krieges gegen die rasch sich ausbreitenden liberalen Meinungen Frankreichs. Die Königin Louise und Prinz Louis waren die Leiter dieser Parthei. Eine französische Heeresabtheilung war durch einen Winkel von Anspach marschirt und hatte so dies Gebiet Preußens verletzt. Obgwohl sogleich Entschuldigungen gemacht wurden, so fühlte sich doch das Berliner Kabinet, schreibt Alison, in einer Weise beleidigt, wie man es kaum hätte voraus sehen sollen, und wie es weit über dem Maße des zugefügten Unrechtes war.

Die Sachen standen nun auf einem so schlimmen Fuße, als der Kaiser Alexander nach Berlin kam, und das ganze Gewicht seines großen Ansehens und alle Zauber seines umstrickenden Wesens in die Wagschale legte, um den König dahin zu bringen, eine männlichere und muthigere Politik zu verfolgen. Unter dem Einflusse so mancher mitwirkenden Ursachen, nahm der französische Einfluß rasch ab.

Am 3. November 1805 wurde eine geheime Uebereinkunft zwischen den beiden Fürsten unterzeichnet, um die Angelegenheiten Europas zu ordnen und eine Schutzmauer gegen die Uebergriffe Frankreichs zu errichten.

Dem Abschlusse dieser Uebereinkunft folgte eine eben so merkwürdige als romantische Szene. Als sie dieselbe unterzeichneten, waren beide sich der vollen Gefahr der Unternehmung, auf welche sie sich einließen, vollständig bewußt. Der Erzherzog Anton war zwei Tage vorher mit genauen Be-

---

*) Alison. Bd. II., S. 322.

richten über die verderblichen Folgen der Kämpfe in der Gegend von Ulm angekommen.

In dem vollen Bewußtsein der Gefahren des Krieges wünschte die Königin in ihrem feurigen und ritterlichen Geiste die beiden Herrscher durch ein Band, das wahrscheinlich dauerhafter sein würde, als bloße Kabinetsallianz, zu vereinigen. Dieses war, dieselben an dem Grabe Friedrichs des Großen zusammen zu bringen, wo, wie sie hoffte, die Feierlichkeit und die Rückerinnerungen der Stelle zur festern Verbindung ihres Bündnisses beitragen würden.

Der Kaiser, welcher das Mausoleum dieses berühmten Helden gerne besuchen wollte, ging demnach nach der Garnisonskirche in Potsdam, wo seine Reste beigesetzt sind. Um Mitternacht kamen beide Monarchen bei Fackelschein zu dem geheiligten Grabe. Als der Kaiser sich dem Platze näherte, entblößte er sein Haupt und küßte das Leichentuch, und indem er die Hand (den Degen?) des Königs von Preußen ergriff, wie sie auf dem Grabe lag, schworen sie sich ewige Freundschaft und verpflichteten sich durch die feierlichsten Eide ihren Versprechungen bei dem großen Kampfe für die Unabhängigkeit Europas, in dem sie begriffen waren, unverletzlich nachzukommen.

Wenige Stunden nachher verreiste Alexander nach Galizien, um in Person das Kommando der Reservearmee zu übernehmen, welche durch diese Provinz zur Unterstützung Kutusoffs heranzog. Dies war der Ursprung jener großen Allianz, welche, obgleich durch Unglück öfters unterbrochen und durch Mißgeschick verletzt, doch dazu bestimmt war, ein so triumphirendes Ende zu nehmen und welche schließlich solche Wunder für die Befreiung Europas vollbracht hat.*)

Bevor die Preußen ihre zweimalhunderttausend Mann

---

*) Alisons Geschichte Europas, Bd. II., S. 357.

in's Feld geführt hatten, hatte die französische Armee unter Napoleon Wien genommen und die östreichische Armee in dem großen Siege von Austerlitz beinahe vernichtet. Preußen hatte bis jetzt noch keine Kriegserklärung erlassen und der Vertrag wurde ganz geheim gehalten. Der 15. Dezember 1805 war der zur Kriegserklärung gegen Frankreich bestimmte Tag, und an diesem Tage sollten die Feindseligkeiten beginnen. Wir geben den Erfolg in Sir Archibald Alisons Worten mit einigen Abkürzungen.

„Der preußische Minister v. Haugwitz war zur Erklärung des Krieges gegen Napoleon nach Wien gereist, aber die Schlacht von Austerlitz hatte ihre Pläne vollständig gestört. Der Waffenstillstand entfernte Oestreich gänzlich von der Verbindung. Die ernstlichste Moralität, konnte einen Staatsmann, der versuchte, sein Volk von einem offenbar hoffnungslosen Kampfe fernzuhalten, nicht verdammen. Aber damit nicht zufrieden, beschloß Haugwitz weiter zu gehen.

„Beim Aufgeben der Verbindung, in die er gerade eingetreten war, beschloß er einen Theil der Beute seiner frühern Alliirten für sich zu sichern, und da er die Franzosen nicht über den Rhein zurücktreiben konnte, wenigstens England diejenigen festländischen Besitzungen zu entreißen, welche es jetzt nicht zu vertheidigen im Stande schien.

„Mit beispielloser Frechheit änderte er seine Pläne und als er bei Napoleon vorgelassen wurde, wünschte er ihm Glück zu seinem Erfolge und schlug einen Vertrag vor, dessen Grundlage das alte Projekt der Einverleibung Hannovers in den preußischen Staatsverband sein sollte.

„Obgleich Napoleon keinen vollständigen Bericht über den Vertrag vom 3. November erhalten hatte, so kannte er doch dessen Inhalt. Beim Empfange von Haugwitz brach er in heftige Vorwürfe gegen das preußische Kabinet aus und er-

klärte ihm, daß er mit allen ihren Ränken bekannt sei und
daß es nur von ihm allein abhänge, seine ganze Macht nach
dem Friedensschlusse mit Oestreich gegen Preußen zu wen=
den, ihm Schlesien zu entreißen, dessen unbewaffnete und
nicht verproviantirte Festungen nicht im Stande seien sich
zu vertheidigen; eine Empörung in preußisch Polen zu erre=
gen und sie auf die empfindlichste Weise für ihre Treulosig=
keit zu bestrafen.

„Gründe der Staatsklugheit dagegen," fügte er bei,
„zwängen bisweilen die besten Gründe der Empfindlichkeit
in Vergessenheit zu begraben. Bei dieser Gelegenheit sei er
willig ihre vergangene schlechte Aufführung zu übersehen und
dieselbe gänzlich Englands Anstrengungen zuzuschreiben;
allein dies könne er bloß unter einer Bedingung, — nämlich
unter der, daß Preußen endlich seine zweideutige Politik auf=
gebe und ehrlich und offen mit Frankreich in Bündniß trete.
Unter dieser Bedingung wäre er noch immer willig Han=
nover ihrem Gebiete, gegen eine ihrer entfernten südlichen
Besitzungen einzuverleiben, welche an Frankreich und Baiern
abgetreten werden müßte."

„Ueberglücklich bei der dargebotenen Aussicht, sein Vater=
land nicht nur ohne Verlust, sondern mit großem Gewinne
von Land aus der Verlegenheit zu ziehen nahm Haugwitz
die Bedingungen sogleich an. Man kam überein, daß
Preußen mit Frankreich in ein Bündniß trete und neben der
Markgrafschaft Baireuth noch das ganze Kurfürstenthum
Hannover mit voller Oberhoheit, nebst allen andern festlän=
dischen Besitzungen ihrer brittischen Majestät erhalten
solle."*)

Dieser Vertrag wurde den 15. Dezember 1805 unter=
zeichnet, — an dem nämlichen Tage an dem Preußen die
Feindseligkeiten gegen Frankreich hätte beginnen sollen. Die

---

*) Alisons Geschichte Europas Bd. II., S. 394.

Entrüstung, welche dieses Vorgehen in Großbrittanien veranlaßte, war ungeheuer. Mr. Fox, der damals Minister war, sagte von seiner Stelle im Parlamente: „Das Betragen Preußens ist eine Vereinigung von Allem, was in Servilität verächtlich, mit Allem, was bei Raubgier hassenswerth ist."*)

---

*) Parlementsverhandlungen, VI, 891.

Kapitel 6.

Preußen wird überwältigt.

Die Königin Louise ragte in geistiger Beziehung über ihren Gemahl weit hinaus. Sie sah klar, daß die Grundsätze der französischen Revolution, die sich als Kaiserreich konstituirt hatte, unausweichlich den preußischen und alle andern feudalen Throne untergraben würden, wenn man ihnen nicht einen Damm entgegenstellen würde.

Die Kriegspartei in Berlin, an deren Spitze die Königin und Prinz Ludwig standen, war maßlos in ihren Schmähungen gegen dieses Bündniß mit Frankreich. Doch hatten ihre Vorstellungen keinen Erfolg.

Die Besitznahme von Hannover durch Preußen gab diesem Königreiche einen Gebietszuwachs von vierzehn tausend achthundert Quadratmeilen (etwa zwei Mal die Größe des Staates Massaschusetts) und vermehrte die Bevölkerung um etwa eine Million. Die Politik Preußens war aber so wankelmüthig, daß „ehrliche Freundschaft zwischen Preußen und Frankreich unmöglich geworden war. Preußen wurde als eine verdächtige Macht betrachtet, deren hohle Freundschaft aufgehört hatte, von irgend einem Werthe zu sein".*)

England war sehr aufgebracht. Die französischen Häfen wurden sogleich in Blokadezustand erklärt und alle Schiffe dieser Nation, welche sich in brittischen Häfen befanden, mit Beschlag belegt.

---
*) Bignon. Histoire de France, t. V., p. 223.

„Ein Ministerialbeschluß," schreibt Alison, „erfolgte bald darauf, welcher zur Wegnahme aller, unter preußischer Flagge segelnden Schiffe ermächtigte und die Wirkung dieser Maßregeln war eine so gewaltige, daß die preußische Flagge von den Meeren verschwand und noch vor Ablauf weniger Wochen hatten vierhundert preußische Kauffahrteischiffe ihren Weg in die Häfen Großbrittaniens gefunden."[*]

Die Königin Louise und Prinz Ludwig verwandten noch immer allen ihren Einfluß darauf, Preußen mit England, Rußland und Oestreich gegen die Grundsätze der französischen Revolution, welche nun auf den kaiserlichen Fahnen weithin durch Europa getragen wurden, zusammenwirken zu machen. Plötzlich machte nun Preußen eine Frontveränderung, entsagte dem Bündniß mit Frankreich und begann die Feindseligkeiten gegen das französische Kaiserreich mit Energie. Wir geben die Gründe für diesen Wechsel, wie Alison sie angiebt:

„1. Frankreich hätte die Verfassung des deutschen Reiches umgestürzt und durch die Bildung des Rheinbundes, der kürzlich entstanden war, Deutschland in Wirklichkeit dem französischen Kaiserreiche tributpflichtig gemacht.

„2. Die Königin und Prinz Ludwig appellirten nicht umsonst an den patriotischen Geist der Nation. Die Bewohner dieses Königreiches, hellsehender und intelligenter als fast irgend welche andere, ferner ebenso enthusiastisch und tapfer, erblickten den Abgrund, in den sie zu stürzen im Begriffe waren, deutlich. Ein Schrei der Entrüstung erhob sich in allen Ständen. Die jungen Offiziere verlangten laut in den Kamf geführt zu werden, die ältern sprachen vom Ruhme Friedrichs und von Roßbach. Ein unwiderstehlicher Strom riß die ganze Nation mit sich fort.

„3. Aber alle diese Ursachen zur Beschwerde, so ernstlich sie

---

[*] Alison, Bd. II., S. 425.

auch waren, schwanden in Nichts, wenn man sie mit dem Unwillen verglich, welcher entstand, als der preußische Gesandte in Paris, Lucchesius, entdeckte, daß Frankreich im Begriffe stehe mit England in Unterhandlungen über die Rückerstattung Hannovers an seinen angestammten Herrn zu treten.

„Daß Napoleon ferner sich gegenüber Rußland verpflichtet habe, Preußen zu verhindern den König von Schweden irgend eines Theiles seiner deutschen Besitzungen zu berauben, während er doch immerhin das berliner Kabinet aufforderte sich für den Verlust Hannovers durch Pommern zu entschädigen; und daß derselbe endlich, während er noch Gefühle der Freundschaft und der Zuneigung gegen Friedrich Wilhelm zur Schau stellte, sich anheischig gemacht habe, der Wiederherstellung des Königreiches Polen mit Einschluß von polnisch Preußen zu Gunsten des Großfürsten Konstantin, nichts in den Weg zu legen."

Der König von Preußen durch solche unerträgliche Beleidigungen auf's höchste erbittert und begierig die Stellung, die er in der Achtung Europas verloren hatte, wieder zu gewinnen, brachte seine Armeen auf den Kriegsfuß, sandte Herrn v. Krusemark nach St. Petersburg und Herrn Jakobi nach London, um eine Aussöhnung mit diesen Mächten anzubahnen. Er eröffnete ferner die Elbschifffahrt; legte seine Zwistigkeiten mit dem Könige von Schweden bei und ließ seine Armee in der Richtung von Leipzig aufmarschiren.

Die Strömung der allgemeinen Entrüstung in Berlin wurde unwiderstehlich. Die Kriegspartei überwältigte jeden Widerstand. In dem allgemeinen Aufruhr wurde die noch immer vorhandene leise Stimme der Vernunft, welche bei Beginn eines so großartigen Unternehmens zur Vorsicht und zur genügenden Vorbereitung rieth, überschrieen.

Prinz Ludwig und seine Genossen prahlten offen, daß Preußen, stark in der Erinnerung an den großen Friedrich und in der Mannszucht, welche er seinen Nachfolgern vermacht hatte, fähig sei den Eroberer Europas allein niederzustrecken.

Kriegerische und patriotische Gesänge ertönten unter donnerndem Beifall in den Theatern, und die Königin hob die allgemeine Begeisterung auf die höchste Stufe, als sie ihre schöne Gestalt zu Pferde, an der Spitze und in der Uniform des Gardehusaren-Regimentes in den Straßen Berlins zeigte.*)

Die preußischen Armeen rückten zweimalhunderttausend Mann stark, in Sachsen ein. Friedrich Wilhelm zwang den König von Sachsen der Verbündung beizutreten. „Unsere Sache," sagte er, „ist die gemeine Sache aller rechtmäßigen Könige. Alle solchen müssen in dieser Unternehmung helfen."

Der junge Kaiser Alexander von Rußland, begierig die Scharte von Austerlitz auszuwetzen, rückte in Eilmärschen über die polnischen Steppen mit zweimalhunderttausend Veteranen in seinem Gefolge; die unbesiegbare Flotte Englands war an den mittelländischen Küsten und im Kanale versammelt.

Um Mitternacht am 24. September 1806 bestieg Napoleon in den Tuilerien seinen Wagen, um zur Rheinarmee abzureisen. In seiner Abschiedsbotschaft an den Senat sagte er: „In einem so gerechten Kriege, den wir weder durch eine Handlung noch durch eine Aufforderung hervorgerufen haben, dessen wahre Ursache anzugeben unmöglich scheinen dürfte, und in welchem wir die Waffen bloß zur Selbstvertheidigung ergreifen, hängen wir gänzlich von der Unterstützung der Gesetze und des Volkes ab, welches letztere durch die Umstände zu neuen Proben seiner Hingabe und seines Muthes berufen wird."

„Napoleon," sagt Alison, „hatte weder Ehrenhaftigkeit

---

*) Alisons Geschichte Europas Bd. II., S. 428.

noch ritterliches Gefühl in seiner Brust. In seinem ersten Bülletin schrieb er: Die Königin von Preußen ist als Amazone gekleidet, in Dragoneruniform in der Armee, sie schreibt täglich zwanzig Briefe, um die Kriegsflamme anzuschüren. Es kommt uns so vor, als sähen wir Armida, wie sie im Wahnsinn ihren eigenen Palast in Flammen setzt. Auf sie folgt Prinz Ludwig von Preußen; ein junger Prinz voll Tapferkeit und Muth, durch den Parteigeist angetrieben, schmeichelt er sich, er werde in den Wechselfällen des Krieges großen Ruhm einerndten. Dem Beispiele dieser hochgestellten Personen nachfolgend ruft der ganze Hof: „zu den Waffen!" aber wenn der Krieg mit all' seinen Schrecken bis zu denselben gedrungen sein wird, so werden sich alle von der Schuld, die Donner desselben nach den friedlichen Ebenen des Nordens gerufen zu haben, reinzuwaschen suchen. In einem solchen Tone sprach Napoleon von der schönsten Fürstin Europas."

Durch geschickte Führung befand sich die französische Armee, wenige Tage, nachdem sie den Rhein überschritten hatte, im Rücken der Preußen und schnitt ihnen so alle Zufuhr ab. Der Sieg schien nicht länger mehr zweifelhaft. Unter solchen Umständen schrieb Napoleon an Friedrich Wilhelm, wie folgt:

„Sire, ich bin nun im Herzen von Sachsen. Glauben Sie mir, meine Stärke ist der Art, daß Ihre Streitkräfte mir den Sieg nicht lange werden streitig machen können. Warum sollen wir aber so viel Blut vergießen? Was ist der Nutzen davon? Warum sollen wir unsere Unterthanen einander gegenseitig hinschlachten lassen? Ich schätze einen mit dem Leben so vieler meinen Kinder erkauften Sieg nicht hoch. Wenn ich meine kriegerische Laufbahn erst jetzt beginnen würde, und einige Ursache hätte die Wechselfälle des Krieges zu fürchten, so würde eine solche Redeweise ganz und gar nicht am Platze sein. Sire. Ihre Majestät wird geschlagen werden; Sie werden die Ruhe Ihres Lebens und das Leben Ihrer Unterthanen ohne den Schatten eines Vorwandes auf das Spiel gesetzt haben. Jetzt sind Sie noch unbeschädigt und können mit mir auf eine Ihrer Stellung gebührende Weise unterhandeln. Bevor aber ein Monat vergangen sein wird, werden Sie mit mir in einer anderen Lage Unterhandlungen anknüpfen. Ich weiß wohl, daß ich, indem ich auf diese Weise schreibe, die Empfindlichkeit, welche jeder Herrscher hat, reizen mag; allein die Umstände verlangen, daß ich nichts verhehle. Ich bitte Ihre Majestät dringend, in diesem Schreiben nichts anderes als meinen Wunsch, Menschenblut zu schonen, zu erblicken. Sire, mein Bruder, ich bete zu Gott, daß er Sie in seinen hohen und heiligen Schutz nehmen möge. Ihrer Majestät treuer Bruder

Napoleon.

„Da Napoleon," wie Alison schreibt, „die Sachlage so viel günstiger vorfand, als er es hätte erwarten können, so sandte er einen seiner Ordonanzoffiziere mit Friedensvorschlägen an Friedrich Wilhelm, um noch etwas mehr Zeit zur Umgehung seines Gegners zu gewinnen." Was auch die Beweggründe zu diesen Friedensanerbietungen gewesen sein mögen, — der Brief wurde nicht beantwortet. Obgleich das Schreiben einem preußischen Offizier anvertraut wurde, so soll der König es doch erst am Morgen der Schlacht von Jena erhalten haben.

Am Morgen des 14. Oktobers trafen die beiden feindlichen Armeen in den Ebenen von Jena und Auerstädt auf einander. Diese beiden Schlachtfelder waren nur wenige Meilen weit von einander entfernt. Auf beiden Seiten waren die Soldaten gleich tapfer, gleich kriegsgeübt, und beide Armeen wurden von geschickten Feldherrn geleitet. Es wüthete dort eine der gewaltigsten Schlachten, welche je die Welt verwüstet haben. Während acht Stunden wüthete der Kampf mit Aufbietung aller möglichen menschlichen Kraft.

Der preußische Befehlshaber war seines Sieges ungefähr um Mittagszeit schon sicher. Er sandte folgende Depesche an einen seiner Generale:

„Senden Sie alle Ihre verfügbaren Streitkräfte nach dem Angriffspunkte. Wir schlagen in diesem Augenblick den Feind überall; meine Kavallerie hat einige seiner Geschütze erobert."

Wenige Stunden nachher hatte sich die Szene vollständig geändert. Unheil stürmte von allen Seiten auf den preußischen General ein. Folgende, fast wahnsinnige Depesche wurde an die Reserve gesandt:

„Verlieren Sie keinen Augenblick und rücken Sie mit Ihren noch frischen Truppen vor. Ordnen Sie Ihre Kolonnen so, daß die geschlagenen Schaaren in den Zwischenräumen durchpassiren können. Halten Sie sich bereit die Angriffe der feindlichen Kavallerie zu empfangen, welche in der wüthendsten Weise vordringt und die Flüchtlinge zusammenreitet und niedersäbelt, und welche unsere Infantrie, Kavallerie und Artillerie in eine ungeordnete Masse zusammengetrieben hat."

Die Nacht brach herein. Die preußische Armee war vernichtet. Es war keine Schlacht mehr, sondern ein Gemetzel. Alle Ordnung war gebrochen, da die Preußen in der größten Verwirrung von dem Schlachtfelde flohen. Der König entging selbst mit genauer Noth der Gefangenschaft. Im Dunkel der Nacht und fast allein setzte er über Hecken und Zäune, und jagte durch Feld und Wald, um der Gefangenschaft zu entgehen. Prinz Ludwig war in einem der Gefechte, welche der Schlacht vorhergegangen waren, gefallen. Sein Kopf wurde von einem Säbelhiebe gespalten.

Die Preußen verloren an diesem Unglückstage zwanzigtausend Todte und Verwundete, und zwanzigtausend wurden gefangen genommen. Das Genie Napoleons zeigte sich nie größer, als in der Kraft und Geschicklichkeit, mit der er einen geschlagenen Feind verfolgte. In weniger als vierzehn Tagen war der Rest der preußischen Armee gefangen genommen und waren alle preußischen Festungen in den Händen der Franzosen.

Friedrich Wilhelm III. floh an die Grenzen Rußlands, um hinter den Bajonetten der Armee Alexanders Schutz zu suchen.

Preußen war wie vom Blitze getroffen. Die Weltgeschichte bietet kein anderes Beispiel einer Nation von der Größe und Macht, welche so schnell und so vollständig geschlagen wurde. Einen Monat nachdem der Kaiser die Tuilerien verlassen hatte, war Alles zu Ende. Eine Armee von zweimalhunderttausend Mann war entweder getödtet, gefangen oder zersprengt. Festungen, welche man bisher für uneinnehmbar gehalten, waren gezwungen zu kapituliren. Napoleon saß in dem preußischen königlichen Schlosse in Berlin, während seine Armee auf den Straßen und Plätzen der Stadt lagerte. Preußen war wie ein an Hand und Fuß gebundener Gefangener in den Händen Frankreichs.

Nach dem so genannten Rechte der Eroberung gehörte Preußen nun zu Frankreich. Das monarchische Europa hörte diese Nachricht mit Erstaunen und Schrecken.

Wo auch nur die französische Armee erschien, war sie die Verbreiterin der revolutionären Lehren „der Gleichberechtigung aller Menschen." Jeder gemeine Soldat wurde von der Ueberzeugung beseelt, daß Verdienst und nicht Geburt der Paß zu Auszeichnung und Rang sei. Viele der preußischen Offiziere würdigten die mächtige Gewalt, welche diese Lehre von der Gleichberechtigung den französischen Soldaten verlieh.

Einer derselben schrieb einen Brief, welcher aufgefangen wurde: „Die Franzosen werden im Feuer zu überirdischen Geschöpfen, sie dringen mit einem unaussprechlichen Eifer voran, von dem wir in unsern Soldaten keine Spur entdecken können. Was kann man eigentlich mit Bauern, welche von Edelleuten gegen jede Gefahr der Schlachten geführt werden, und welche keinen Antheil an der Ehre oder an der Belohnung haben, ausrichten?"

Der König von Sachsen war, wie schon erwähnt, gezwungen worden, Preußen gegen Frankreich zu helfen. Dieses ist das Schicksal der kleineren Mächte. Unmittelbar nach der Schlacht versammelte der Kaiser die sächsischen Offiziere in einem der Säle der Universität Jena.

„Ich weiß nicht," sagte er zu denselben, „warum ich mit Ihrem Könige Krieg führe. Er ist ein weiser, friedliebender und achtungswerther Fürst. Ich wünsche Ihr Land von der erniedrigenden Abhängigkeit von Preußen befreit zu sehen. Warum sollten die Sachsen und Franzosen ohne Grund zu Feindseligkeiten gegen einander kämpfen? Ich für meinen Theil bin bereit Ihnen ein Pfand meiner friedlichen Gesinnung zu geben, indem ich sie alle freigebe, und indem ich Sachsen schone. Alles was ich von Ihnen verlange ist, daß sie ferner nicht mehr die Waffen gegen Frankreich tragen."

Die Offiziere reisten unter Dankbezeugungen nach Dresden ab und Sachsen zog sich sogleich von der Verbindung zurück. Aber den Armeen Rußlands, welche zweimalhunderttausend Mann stark noch immer vorrückten, mußte noch begegnet werden.

Kurz nachdem er Sachsen von dem preußischen Bündniß abwendig gemacht, und für sich selbst zum Verbündeten gewonnen hatte, erhielt Napoleon von dem Könige von Preußen eine Antwort auf die vergeblichen Friedensvorschläge, welche er vor der Schlacht bei Jena gemacht hatte, und welche der unglückliche Monarch nach diesem Unglück gerne als den einzigen Lichtstrahl, der auf sein sinkendes Glück fiel, annahm.*)

Der Kaiser erwiderte darauf, daß er keine Zeit hätte um über endgültige Friedensbedingungen zu unterhandeln; daß der Feldzug kaum erst begonnen hätte und daß er dessen Ende erwarten müsse. Er schloß jedoch mit dem entwaffneten, gebundenen und gänzlich seiner Gnade anheimgegebenen Feinde einen Waffenstillstand.

Die französische Armee drang sodann trotz der Dezemberstürme gegen die Ufer der Weichsel vor. Dort bezog sie Winterquartiere. Am 7. Februar 1807 wurde die fürchterliche Schlacht bei Eylau geschlagen. Unmittelbar nach diesem Siege schrieb der französische Kaiser in folgender Weise an den König von Preußen:

„Ich wünsche dem Unglück Ihrer Familie ein Ende zu machen und die preußische Monarchie so rasch wie möglich wieder herzustellen. Seine Mittelmacht ist für die Ruhe Europas nothwendig. Ich wünsche Frieden mit Rußland, und, vorausgesetzt, daß das Kabinet von St. Petersburg keine Absichten auf die Türkei habe, sehe ich kein Hinderniß zur Erlangung desselben. Friede mit England ist für alle Nationen nicht minder wichtig. Ich werde ohne Verzug einen Bevollmächtigten nach Memel senden, um Theil an einer Konferenz zwischen Frankreich, Schweden, England, und der Türkei zu nehmen. Da aber ein solcher Kongreß mehrere Jahre dauern dürfte, was für den gegenwärtigen Zustand Preußens nicht passend wäre, so wird Ihre Majestät, davon bin ich überzeugt, der Meinung sein, daß ich den einfachsten Weg eingeschlagen habe, und den, welcher am ehesten geeignet ist, das Glück Ihrer Unterthanen zu sichern. Jedenfalls ersuche ich Ihre Majestät meinem aufrichtigen

---

*) Alison. Bd II., S. 455.

Wunsche, freundschaftliche Beziehungen wieder zwischen Rußland und England herbeizuführen, Glauben beizumessen."

Diese Eröffnungen wurden von den Alliirten entschieden verworfen. Der König von Schweden schrieb an den König von Preußen:

„Ich bin der Meinung, daß man eine öffentliche Erklärung zu Gunsten der gerechten Sache der Bourbonen abgeben sollte, indem man deren Sache, welche offenbar diejenige aller bestehenden Regierungen ist, zu der seinigen macht. Meine Ansicht über diesen Gegenstand steht fest und ist unwandelbar."*)

In Beziehung auf diese Friedensvorschläge des Kaisers der Franzosen, sagt Alison, daß der russische Heerführer Friedrich Wilhelm ernstlich gerathen habe, nicht zu unterhandeln. Er behauptete, daß Napoleon dadurch, daß er nach einer so zweifelhaften Schlacht, wie die von Eylau war, Vorschläge zu einem Waffenstillstand mache, den besten Beweis liefere, daß es nicht im Interesse der Verbündeten liege, ihn zu gewähren. Da Napoleon auf solche Weise in seinen Bestrebungen, dem Kriege durch Unterhandlungen ein Ende zu machen verhindert wurde, sammelte er seine Kräfte von Neuem, um mit dem Schwerte einen Frieden zu erobern.

Kaum hatte der Schnee des Winters zu schmelzen angefangen, als die französische Armee ihren Marsch von den Ufern der Weichsel nordwärts nach den Ufern des Niemens antrat. Ein zehntägiger Feldzug, welcher mit dem großen französischen Siege bei Friedland endigte, sicherte die folgenden Resultate.

Die Franzosen nahmen hundertundzwanzig Geschütze, sieben Fahnen, und sechszigtausend Russen wurden getödtet, verwundet oder zu Gefangenen gemacht. Sie nahmen der

---

*) Memoiren eines Staatsmannes (Fürst Hardenberg). Bd. IX., S. 396.

feindlichen Armee alle ihre Magazine, Hospitäler, Ambulancen weg, eroberten die Festung Königsberg mit dreihundert Schiffen, welche mit allen Arten von Kriegsvorräthen und hunderttausend Musketen, von England den Russen gesendet, beladen im Hafen lagen.*)

Friedrich Wilhelm befand sich zur Zeit dieser fürchterlichen Niederlage der russischen Waffen bei Alexander. Es erfolgte die Zusammenkunft zwischen dem Kaiser von Frankreich und dem Kaiser von Rußland zu Tilsit.

„Frankreich," sagt Alison, „hatte von Rußland nichts zu verlangen, außer, daß es seine Häfen gegen England verschließe. Rußland hatte von Frankreich nichts zu fordern, als daß dasselbe seine Armeen aus Polen zurückziehe und dem Kaiser gestatte seinen lange gehegten Absichten einer Eroberung der Türkei Folge zu geben.**)

Die zwei Kaiser kamen schnell über die Friedensbedingungen überein. Der arme König von Preußen wurde bei diesen Verträgen ganz übergangen.

Der König von Preußen mit seiner schönen und unglücklichen Gemahlin und die beiderseitigen Bevollmächtigten, — Talleyrand von Seiten Frankreichs und Marschall Kalkreuth von Seiten Preußens —.erschienen zwei Tage später in Tilsit. Aber sie konnten wenig helfen, denn die Freundschaft der beiden Kaiser war so weit gediehen, daß sie nicht nur beständig mit einander speisten und die Abende bei einander zubrachten, sondern daß auch die Morgenzusammenkünfte, während welcher die Schicksale der Welt entschieden wurden, von denselben persönlich geleitet wurden.***)

„Wäre die Königin von Preußen früher bei unsern Kon-

---

*) Bignow Histoire de France depuis le 18 Brumaire. T. VI., pag. 311.
**) Alison Bd. II., S. 541.
***) Memoiren Savary's, Herzogs von Rovigo. Bd. III., S. 77.

ferenzen erschienen," sagt Napolcon, „so dürfte dies großen Einfluß auf unsere Unterhandlungen geübt haben; aber glücklicher Weise erschien sie erst, nachdem alles fest entschieden war. Sowie sie ankam, machte ich ihr einen Besuch. Sie war sehr schön, aber schon etwas über die Blüthezeit der Jugend hinaus. Sie empfing mich in Verzweiflung und rief aus: „Gerechtigkeit! Gerechtigkeit! indem sie sich laut klagend nach hinten beugte. Ich konnte sie endlich bewegen, sich zu setzen, aber dessenungeachtet fuhr sie in ihren leidenschaftlichen Vorstellungen fort.

„Preußen" sagte sie, „war in Bezug auf seine Macht verblendet. Es wagte, einen Helden zu bekämpfen, sich dem Geschicke Frankreichs zu widersetzen und dessen glückliche Freundschaft zu vernachlässigen. Es wurde für seine Thorheit hart bestraft. Der Ruhm Friedrichs des Großen, der Glanz, den sein Name auf unsere Waffen warf, hatte das Herz Preußens übermüthig gemacht. Dies war unser Verderben."

„Magdeburg," fährt der Kaiser fort, „war der Gegenstand ihrer flehentlichen Bitten; und als Napoleon vor dem Essen ihr eine Rose anbot, weigerte sie sich erst, sie anzunehmen, aber unmittelbar darauf nahm sie dieselbe lächelnd an und fügte bei: „Wenigstens mit Magdeburg."

„Ich muß Ihrer Majestät die Bemerkung machen, erwiderte der Kaiser, daß ich es bin, der giebt, und Sie bloß zu empfangen haben."

„Die Königin von Preußen, fährt Napoleon fort, besaß ohne Zweifel große Talente, bedeutende Gelehrsamkeit und merkwürdige Geschäftskenntniß. Sie war fünfzehn Jahre lang der eigentliche Souverän. Wirklich leitete sie, trotz meiner Geschicklichkeit und meinen größeren Anstrengungen beständig die Unterhaltung, und kehrte nach Belieben auf ihren Gegenstand zurück, aber mit so viel Feinheit und

Zartgefühl, daß es unmöglich war, sich beleidigt zu fühlen.*)

Die Königin von Preußen war durch die Friedensbedingungen, welche ihr Gemahl zu unterzeichnen gezwungen war, bitter enttäuscht. Die Verluste Preußens durch diesen Vertrag waren ungeheuer. Friedrich Wilhelm erhielt ungefähr die Hälfte seines Königreiches zurück. Der Theil, den Preußen Polen entrissen hatte, wurde zu einem selbstständigen polnischen Staate, das Herzogthum Warschau gemacht. Die Provinzen Preußens, welche auf dem linken Elbufer lagen, bildeten das Königreich Westphalen. Das Königreich Preußen wurde von neun Millionen Einwohnern auf ungefähr fünf Millionen heruntergebracht. Seine Einkünfte von vierundzwanzig Millionen Thalern wurden auf vierzehn Millionen vermindert. Die Festungen, welche ihm an der Oder oder in Schlesien noch gelassen wurden, blieben als Unterpfänder für die Bezahlung der Kriegssteuer in den Händen der Franzosen.**)

„Gleichzeitig wurden, schreibt Alison, den Ländern zwischen dem Rheine und dem Niemen, welche der Schauplatz des Krieges gewesen waren, ungeheure Kontributionen auferlegt, welche zu der erstaunlichen und wenn es nicht durch authentische Dokumente bewiesen wäre, der unglaublichen Summe von zwanzig Millionen Pfund Sterling anstiegen.

Diese verderbliche Brandschatzung lähmte die Kräfte Preußens vollständig und machte es ihm für die nächsten fünf Jahre vollständig unmöglich sich aus dem eisernen

---

*) Napoleon auf St. Helena von John S. C. Abbott. Seite 271 und 272.
**) Bignon. Histoire de la France. T. VI., p. 85.

Netze, in dem es durch die andauernde Besetzung seiner Festungen durch französische Truppen gehalten wurde, zu befreien.*)

---

*) Alison. Bd. II., S. 647.

Kapitel 7.

Friedrich Wilhelm III. und die neue Verbindung.

Friedrich Wilhelm von Preußen scheint, obgleich von mittelmäßigen Fähigkeiten, doch ein ehrenwerther und humaner Mann gewesen zu sein. Die folgende Proklamation, welche er an die Bewohner der verlornen Provinzen erließ, gewann ihm die Hochachtung jedes edeldenkenden Herzens in Europa:

„Theure Bewohner treuer Provinzen, Distrikte und Städte. Meine Waffen waren unglücklich; als ich an die äußersten Grenzen meines Reiches getrieben war, schloß mein mächtiger Verbündeter einen Waffenstillstand und unterzeichnete einen Friedensvertrag. Es blieb mir keine Wahl, als seinem Beispiele zu folgen. Dieser Friede legt mir die schmerzlichsten Opfer auf. Die Unterpfänder von Verträgen, die gegenseitigen Bande von Liebe und Pflicht, die Früchte von Menschenaltern von Arbeit sind zerstört. Alle meine Anstrengungen (und sie waren sehr ernstlich) schlugen fehl. Das Schicksal will es so. Ein Vater muß seine Kinder verlassen. Ich entbinde Euch hiermit aller Pflichten gegen mich und mein Haus. Meine heißesten Gebete für Eure Wohlfahrt werden Euch immer in Euern Verhältnissen zu Eurem neuen Fürsten begleiten. Seid für ihn, was Ihr für mich waret. Weder Gewalt noch Schicksal wird jemals das Andenken an Euch aus meinem Herzen reißen."*)

---
*) Scott's Napoleon.

Der Kummer der unglücklichen Königin von Preußen bedrückte ihren Geist so sehr, daß sie bald in's Grab sank, nur neun und dreißig Jahre alt. Sie hatte vor allem Andern zum Kriege gerathen und sie konnte das Unheil, das sie auf solche Weise über ihr Land und ihr Haus gebracht hatte, nicht ertragen. Ihr Leben war wirklich ein trauriges und kummervolles. Ihre Tugenden waren ihr eigen, ihre Fehler, die Fehler ihrer Erziehung und ihrer Zeit.

Das Reich Friedrichs des Großen hatte allem Anscheine nach einen unheilbaren Schlag erhalten; aber der König, Friedrich Wilhelm III., richtete sich, statt in Verzweiflung zu versinken, in edler Weise zu kräftigen Anstrengungen auf, um den Reichthum und die Hälfsquellen seines verkleinerten Reiches zu entwickeln. Das Unheil, welches Preußen befallen hatte, verwandelte sich am Ende in Segen. Ein neues Zeitalter der Freiheit und Gleichheit brach für das Königreich an, welches bis dahin durch absolute Macht regiert worden war.

Der berühmte Baron Stein, hatte in der Zurückgezogenheit seiner Besitzungen über die großen Fragen, die Europa jetzt bewegten, nachgedacht. Sein freisinniger Geist war der tiefen Ueberzeugung geworden, daß politische Reformen eine Sache der Nothwendigkeit seien. Als er zum Minister des Innern ernannt wurde, erließ er eine Verordnung, welche den Bauern und Bürgern das bisher bloß dem Adel gehörende Recht verlieh, Grundeigenthum zu besitzen. Dem Adel wurde dagegen gestattet, sich bei Handels- und gewerblichen Unternehmungen zu betheiligen, ohne sich zu erniedrigen. Jede Art von Leibeigenschaft und Lehenspflichten wurde für immer abgeschafft. Die Einwohner von Städten durften sich Räthe wählen, welche alle örtlichen und Gemeindeangelegenheiten ordnen sollten. So führten die Unglücksfälle, welche Preußen betroffen hatten, dasselbe dazu, sein feudales System aufzuheben und mit der Einführung republikanischer Reformen kräftig voranzugehen.*)

General Scharnhorst wurde zum Kriegsminister ernannt. „In diesem Manne," sagt Alison, „verbanden sich ein tadelloses Leben und freundliche Manieren mit dem reinsten Patriotismus und dem gesundesten Urtheil. Hohe Gaben wurden nicht durch Stolz entstellt."

General Scharnhorst eröffnete, indem er dem bewundernswerthen Beispiele des Barons von Stein folgte, den gemeinen Soldaten den Weg zu den höhern Offiziersstellen in der Armee, von denen sie bisher ausgeschlossen gewesen waren. Er schaffte diese entwürdigenden körperlichen Züchtigungen ab, unter denen die Soldaten zu Grunde gegangen waren. Er schaffte ferner diese verhaßten Ausnahmen ab, welche, indem sie die aristokratischen Klassen von den Lasten des Königsdienstes befreite, dieselben um so schwerer auf diejenigen drücken ließen, welche nicht ausgenommen waren.

Durch die Verträge mit Frankreich war festgesetzt worden, daß Preußen keine größere Armee als zwei und vierzigtausend Mann unterhalten solle. Der Vertrag wurde dem Buchstaben nach erfüllt, während man dem eigentlichen Geiste desselben auswich, indem man nie mehr als die bestimmte Zahl auf ein Mal unter die Waffen rief. Die jungen Rekruten wurden, wenn sie vollständig eingeübt waren, nach Hause geschickt und andere nahmen ihre Stellen ein; auf solche Weise fanden sich bald, während nur vierzigtausend Mann auf den Listen standen, mehrals zweimalhunderttausend in den Waffen trefflich geübte Männer vor.

Im Jahre 1812 begann Napoleon seinen unglückseligen Feldzug nach Moskau. In der zweiten Hälfte des Dezember kamen die ersten Nachrichten über das ungeheure Unglück,

---

*) Memoiren eines Staatsmannes. (Fürst Hardenberg), Bd. IX., S. 460.

welches die französischen Armeen betroffen hatte, nach Berlin. Die Gegner des Bündnisses mit Frankreich, welche in Preußen noch zahlreich waren, verlangten laut eine allgemeine Erhebung und einen Angriff auf die in der Unordnung und der Hülflosigkeit ihres Rückzuges sich befindenden Franzosen; aber der König und sein gewandter Minister Hardenberg blieben ihren Vertragsverpflichtungen getreu. Man war in Paris in Folge der frühern Wankelmüthigkeit Preußens in großer Unruhe, aber Angereau, der französische Gesandte in Berlin schrieb der französischen Regierung, daß Frankreich keine Ursache habe besorgt zu sein, das berliner Kabinet werde an der französischen Allianz festhalten.*)

Die Gegner Frankreichs blieben aber in ihren Bemühungen, die Politik der Regierung zu ändern und mit Rußland in ein Bündniß zu treten, unermüdlich. Einer der preußischen Generäle, von York, schloß verrätherischer Weise einen Vertrag mit einem russischen Generale, den russischen Truppen beim Verfolgen der Franzosen nicht entgegen zu treten.

Er entschuldigte sich für diese Handlung der Treulosigkeit, daß er erklärte, die Franzosen seien so vollständig geschlagen und seine eigenen Streitkräfte so schwach, daß er sein Armeekorps bloß auf diese Weise vor völliger Vernichtung hätte retten können. In einer Depesche an den König von Preußen berichtete er:

„Jetzt oder nie ist für Ihre Majestät die Zeit angebrochen in der Sie sich von dem Joche eines Verbündeten, dessen Absichten gegen Preußen in undurchdringliches Dunkel gehüllt sind und die größten Bedenken rechtfertigen, frei machen können. Diese Betrachtung hat mich geleitet: Gebe Gott, daß es zum Heile des Landes sein möge.**)

„Niemals," schreibt Alison, „wurde ein Fürst durch einen

---

*) Angereau an Berthier, 22. Dez. 1812.
**) Baron Fair, Feldzug von 1814, Bd. II., S. 209.

Schritt von Seiten eines seiner Offiziere mehr in Verlegenheit gebracht, als es der König von Preußen bei dieser Gelegenheit war. Seine ersten Worte waren: „Das ist genug, daß einen der Schlag rühre." Durchdrungen von der Heiligkeit der mit Frankreich geschlossenen Verträge, und im Gefühle, wie jeder Mann von Ehre es sein mußte, daß die Verpflichtung, dieselben unverletzt zu erhalten durch die Unglücksfälle der kaiserlichen Armee, nur um so bindender sei, sah er klar, daß die Bewegung in seinem Lande eine solche sei, daß wahrscheinlich das Volk über kurz oder lang die Angelegenheit selbst in die Hand nehmen, und, möge die Regierung wollen oder nicht, sich den Russen anschließen werde, sobald sie in das preußische Gebiet vorrückten.*) In diesen Verlegenheiten blieb der König seinen Vertragsverbindlichkeiten getreu. General von York wurde arretirt. Sein Kommando von fünfzehntausend Mann wurde dem General Kleist übertragen, der Befehl bekam, sein Kontingent so rasch als möglich der sich zurückziehenden französischen Armee zu Hülfe zu führen. Gleichzeitig legte Fürst Hardenberg dem französischen Gesandten in Berlin mit Einwilligung des Königs einen Entwurf vor, um das Bündniß zwischen Frankreich und Preußen durch eine Heirath des königlichen Prinzen mit einer Prinzessin der französischen kaiserlichen Familie zu befestigen. Friedrich Wilhelm verpflichtete sich unter diesen Umständen das preußische, im Dienste Frankreichs stehende Kontingent auf sechszigtausend Mann zu erhöhen.**)

Friedrich Wilhelm schrieb an den französischen Minister, den Herzog von Bassano, unterm 12. Januar 1813:

„Sagen Sie dem Kaiser, daß, was Geldopfer anbelangt, dieselben nicht mehr in meiner Macht stehen; aber daß ich,

---

*) Alison, Bd. IV., S. 40.
**) Baron Fair, Feldzug von 1811, Bd. I., S. 207.

wenn er mir das Geld geben will, fünfzig oder sechszigtausend Mann zu seinem Dienste aufbieten und bewaffnen kann. Ich bin der natürliche Verbündete Frankreichs. Durch eine Veränderung meines politischen Systems würde ich bloß meine Stellung gefährden und dem Kaiser Grund geben, mich als Feind zu behandeln. Ich weiß, daß es Thoren giebt, welche Frankreich als niedergeworfen betrachten, aber wir werden dasselbe bald mit einer neuen Armee von dreimalhunderttausend Mann im Felde sehen, die ebenso glänzend ist, als die frühere."*)

Frühzeitig im Januar 1813 betraten die russischen Armeen in der Verfolgung der flüchtigen Franzosen begriffen, das preußische Gebiet. Sie verbreiteten Proklamationen, in denen sie die Bewohner Preußens aufforderten, sich zu erheben und ihnen im Kriege gegen Frankreich sich beizugesellen. Die Russen nahmen die preußischen Festungen schleunig in Besitz. Am 4. März betrat die Avantgarde der Kosaken Berlin und am 11. wurde Berlin das Hauptquartier der russischen Armee. Noch jetzt blieb der König von Preußen, der sich nach Breslau zurückgezogen hatte, seinen Verpflichtungen getreu.

Den 15. Mai 1813 schrieb der preußische Minister von Hardenberg an den französischen Minister St. Marsan:

„Das System des Königs hat keine Veränderungen erlitten. Weder direkte noch indirekte Eröffnungen sind Rußland gemacht worden. Wenn der Kaiser die Schritte, welche zur Sicherung der Neutralität Schlesiens gemacht worden sind, billigt und Preußen einige finanzielle Hülfe gewähren will, so könnte das Bündniß fester als je geschlossen werden. Nur die Verzweiflung allein könnte Preußen in die Arme Rußlands treiben."**)

---

*) Baron Fair, Bd. I., S. 213.
**) Memoiren eines Staatsmannes, Bd. XII., S. 32.

„Es kann kein Zweifel darüber herrschen," schreibt Alison, „daß diese Versicherungen von Seiten des preußischen Monarchen aufrichtig gemeint waren und daß es allein bei Napoleon stand sich durch Gewährung einiger finanziellen Hülfe das berliner Kabinet als Bundesgenossen zu sichern und so eine Hülfsmacht von sechszigtausend Mann zu gewinnen, welche ihn bei der Vertheidigung der Elblinie unterstützt hätte."*)

Es war aber dem Kaiser klar, daß Preußen von den siegreichen russischen Armeen besetzt, gezwungen sein würde sich dem Bündnisse gegen Frankreich anzuschließen. Er urtheilte richtig. Die franzosenfeindliche Partei gewann, von den russischen Armeen unterstützt, rasch steigenden Einfluß. Sie pflegte geheime Unterhandlungen mit dem russischen General. Zuletzt wurde ein Vertrag, „der Vertrag von Kalisch" genannt, abgeschlossen, und Friedrich Wilhelm wurde mit vieler Mühe dazu bewogen, seine Beistimmung dazu zu geben.

In Folge dieses Vertrages wurde zwischen dem Kaiser von Rußland und dem Könige von Preußen ein Schutz- und Trutzbündniß behufs der Fortsetzung des Krieges gegen Frankreich abgeschlossen. Preußen willigte darein achtzigtausend Mann in's Feld zu führen, die Garnisonen der Festungen nicht inbegriffen. Keine Partei sollte ohne Beistimmung der andern Frieden schließen: beide zusammen sollten Alles aufbieten, was in ihrer Macht stände, um auch Oestreich zum Beitritte zu der Verbindung zu bewegen und England zu veranlassen, daß es Preußen finanzielle Hülfe leiste. Der Kaiser von Rußland verpflichtete sich, die Waffen nicht eher niederzulegen, als bis alle Besitzungen, welche Preußen im Feldzuge von Auerstädt und Jena entrissen worden waren, zurückerstattet sein würden. Der Ver-

---

*) Alison, Bd. IV., S. 45.

trag sollte vor Frankreich zwei Monate lang geheim gehalten werden, während welcher Zeit man ihn heimlich England, Oestreich und Schweden mittheilen würde.*)

„Friedrich Wilhelm," schreibt Alison, „der nur mit der größten Schwierigkeit dahin gebracht wurde, diesem Vertrage beizutreten, sah klar ein, daß seine politische Existenz von da an vom Erfolge Rußlands im deutschen Kriege abhängig sei. Seine ersten Worte, nachdem er dies Bündniß genehmigt hatte, waren: „Nun, meine Herren, handelt es sich um Leben und Tod." Man gab sich daher große Mühe diesen Vertrag vor dem französischen Gesandten geheim zu halten; aber trotz aller Anstrengungen wurde dessen Vorhandensein ruchbar und man hielt es daher nicht mehr für nothwendig, sich noch länger zu verstellen. Die französische Regierung, die von diesen Thatsachen in Kenntniß gesetzt wurde, antwortete dem preußischen Minister:

„So lange das Kriegsglück uns günstig war, blieb Ihr Hof seinen Verpflichtungen getreu. Aber kaum hatte die frühzeitige Strenge des Winters unsere Armeen nach dem Niemen zurückgebracht, als der Abfall des Generals von York, den ernstesten Verdacht rege machte. Seine Majestät, der Kaiser von Frankreich, zieht einen offenen Feind einem Alliirten vor, der in jedem Augenblicke ihn zu verlassen bereit ist. Eine Macht, deren Verträge nur so lange als bindend angesehen werden, als sie für nützlich galten, kann weder von Nutzen sein, noch geachtet werden. Die Hand der Vorsehung ist in den Ereignissen des letzten Winters offenbar. Sie hat sie veranlaßt, um die wahren Freunde der Menschen von den falschen zu unterscheiden. Herr Baron, Seine Majestät kann sich Ihre Lage als Soldat

---

*) Martin, Sammlung von Staatsverträgen, Sept., III., S. 234.

und Ehrenmann, bei der Nothwendigkeit der Unterzeichnung eines solchen Vertrages denken."*)

Der Kaiser von Frankreich sagte, als er auf St. Helena darüber sprach:

„Der König von Preußen ist als Privatmann ein guter, redlicher und ehrenwerther Mann; aber in seiner politischen Eigenschaft war er unausweichlich gezwungen, der Nothwendigkeit nachzugeben. Man war immer Herr über ihn, wenn man die Macht auf seine Seite und die Hand zum Schlage gehoben hatte."**)

Friedrich Wilhelm erließ eine Proklamation, in der er seinen Unterthanen verkündete, daß, wenn sie freiwillig zu den Waffen eilen würden, er ihnen zum Lohne eine Verfassung geben und ihnen viele bürgerlichen Rechte sichern würde.***) Allgemeine Begeisterung durchdrang die ganze Nation. In dem furchtbaren Kampfe der nun erfolgte, spielte die preußische Armee eine bedeutende Rolle.

Bei Waterloo war es die Erscheinung Blüchers auf dem Felde mit fünf und sechszigtausend Preußen, spät am Tage, welche den Verbündeten den Sieg sicherte, welcher das französische Kaiserreich umstürzte und die alte R e g i e r u n g der Bourbonen wieder herstellte.

„Es ist beinahe sicher," sagt General Jomini, „daß Napoleon Herr des Schlachtfeldes geblieben wäre, wenn nicht fünfundsechszigtausend Preußen in seinem Rücken erschienen wären."

Die preußische Armee kehrte triumphirend nach Berlin zurück, und nun verlangte das Volk die versprochene Ver=

---

*) Baron Jain, Bd. I., S. 260.
**) Las Casas, II., 365.
***) „Das war ein riesiger Kampf, denn seine Feinde hatten durch Täuschung ihrer Unterthanen mittelst falscher Versprechen von Freiheit, ganze Nationen gegen ihn erhoben." — Napiers Halbinselkrieg, Bd. IV., S. 250.

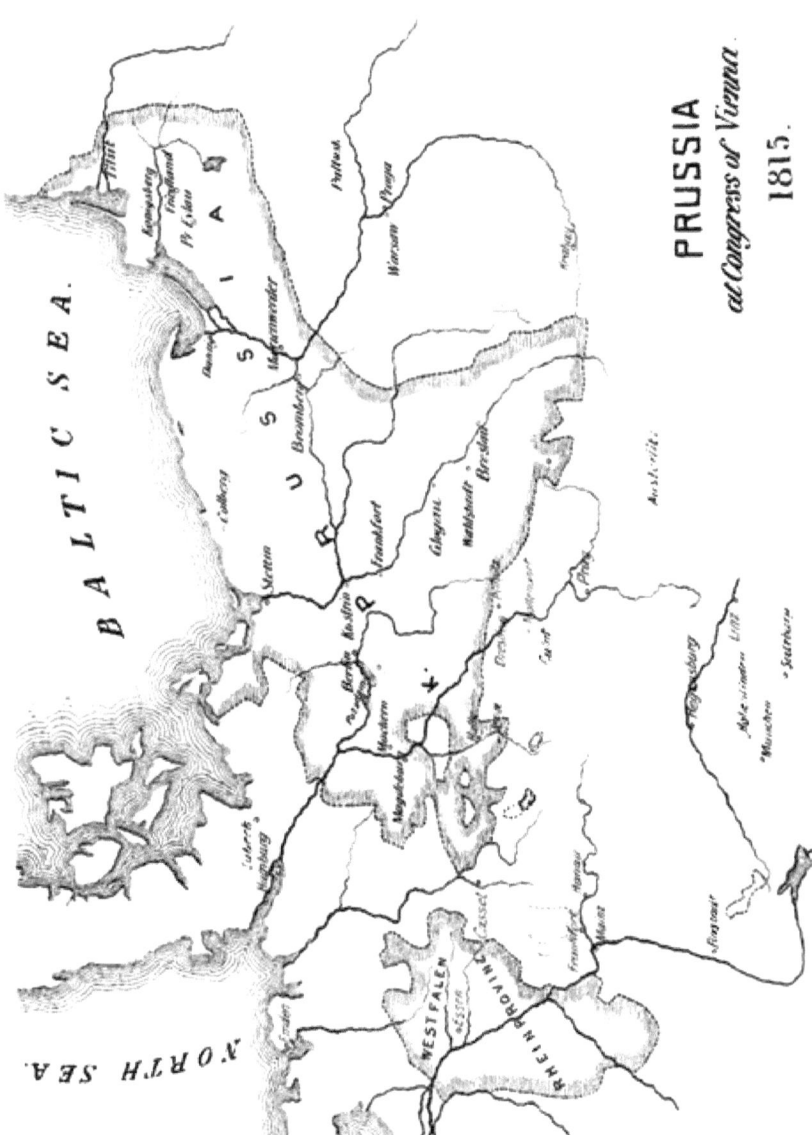

faſſung; aber der Kaiſer von Oeſtreich widerſetzte ſich dagegen.

Er ſagte: „Ich kann es nicht zugeben, daß freiſinnige Verfaſſungen ſo nahe bei meinem Throne entſtehen. Sie werden unter meinen Unterthanen Unzufriedenheit erregen. Ich werde daher die Verleihung einer Verfaſſung als eine Kriegserklärung gegen mich anſehen."

Der Kaiſer von Rußland erließ ebenfalls gebieteriſche Vorſtellungen und ſo kam der König ſeinem Verſprechen nicht nach, da er es nicht hätte erfüllen können, ohne ſein Königreich in einen verheerenden und hoffnungsloſen Krieg zu verwickeln.

Als ſich die Verbündeten in Wien verſammelten, um Europa unter ſich zu vertheilen, waren ſie gegen Preußen nicht großmüthig. Obgleich das Königreich beträchtlich vergrößert wurde, ſo gaben dennoch die Verträge von 1815 ſeinem unregelmäßigen Gebiete keine Abrundung. Das Königreich war in zwei ſehr ungleiche Theile getheilt, — den öſtlichen und den weſtlichen, — welche von den deutſchen Staaten Heſſen, Hannover und Braunſchweig getrennt wurden. Bei einer Bevölkerung, die bloß einen Drittheil derjenigen Frankreichs ausmachte, hatte Preußen eine ſiebenhundert Meilen längere Grenze zu bewachen. Ein äußerſter Zipfel Preußens reichte bis an die Mauern der franzöſiſchen Feſtung Thionville, an der Moſel, weit im Weſten des Rheines, während das andere Ende durch den Memel und Niemen begränzt wurde. Es gab in Wirklichkeit drei Preußen — eines in Polen, eines in Deutſchland und eines am Rheine.*)

Nach dieſen heftigen Erſchütterungen, erfreute ſich das erſchöpfte Europa vieler Jahre der Ruhe. In Preußen ereignete ſich nichts, das einer beſonderen Erwähnung in der

---

*) Encyclopædia americana.

Geschichte würdig wäre. Im Jahre 1840 starb Friedrich Wilhelm III. im sechsundsechszigsten Altersjahre. Seine Regierung war eine lange, im Beginne außerordentlich unglückliche gewesen, und obgleich er bei deren Schlusse Preußen scheinbar gedeihend und glücklich hinterließ, so schlummerte doch schon der Funke der mahnenden Revolution unter der Asche der Oberfläche.

Der Szepter ging auf den Sohn des Königs Friedrich Wilhelm IV. über. Zur Ueberraschung und Bestürzung des Königs und des Hofes nahm der preußische Landtag zur Zeit der Krönung und mit einer Stimmenmehrheit von neunzig gegen fünf, einen Antrag an, in Folge dessen der König ersucht wurde, ein neues Gesetz für die Organisation der Provinziallandtage zu gewähren, nach welchem **die Nationalvertretung durch das Volk gewählt werden solle** in Uebereinstimmung mit der königlichen Erklärung von 1815, welche bis jetzt noch nicht zur Erfüllung gekommen war.

Nach einem langwierigen Aufschub, erklärte der König, daß er nie in eine allgemeine Volksvertretung willigen werde, daß er aber einen Weg einschlagen würde, der in Uebereinstimmung mit historischem Fortschritte und dem deutschen Volkscharakter angemessen wäre.*)

Republikanische Grundsätze drangen nun in allen Richtungen im Königreich Preußen durch. Man verlangte laut, daß die Censur der Presse aufgehoben werde, daß ein allgemeines Parlament des Reiches berufen werde und daß die Verhandlungen öffentlich sein sollen. Diese Gährung der Freiheitsideen war besonders fühlbar in den Rheinprovinzen. Es fand nun ein beständiges andauerndes Ringen während Jahren statt — ohne revolutionäre Gewalt von Seiten des

---

*) Jahrbücher der Geschichte. Bd. XXIII., S. 422.

Volkes für Reformen, von Seiten des Hofes, um dem Fortschritte der liberalen Ideen einen Zügel anzulegen.

Endlich war im Jahre 1847 dies Verlangen nach einer repräsentativen Regierung so laut und allgemein geworden, daß das königliche Kabinet nicht länger Widerstand wagen durfte. Am 3. Februar wurde ein Befehl erlassen, der eine allgemeine Versammlung der Stände Preußens zusammenberief. Dies war ein großer Schritt auf dem Wege der Befreiung des Volkes. Doch machte sich der Geist des Hofes noch in der Eröffnungsrede des Königs geltend.

„Ich habe die Versammlung berufen", sagte der König, „um mich selbst mit den Bedürfnissen des Volkes bekannt zu machen. Aber die Regierungsform wird in ihrem Wesen noch nicht geändert werden. Die absolute Monarchie hat sich bloß in eine **Rath holende** verwandelt. Ich halte es nicht für im Interesse meines Volkes, eine vollständige repräsentative Regierungsform anzunehmen. Ich betrachte es als meine Pflicht, dem gleichmachenden und neuerungssüchtigen Geiste des Zeitalters Widerstand zu leisten. Ich werde niemals gestatten, daß eine Verfassung zwischen mich und die Pflicht, die ich meinem Volke schuldig bin, trete. Ich werde der Herrschaft von Majoritäten niemals nachgeben, und ich werde bis aufs Aeußerste den verderblichen demokratischen Absichten, welche eine Schande und eine Gefahr unserer Zeit sind, widerstreben.*)

Natürlicher Weise folgte auf diese kühnen Erklärungen eine stürmische Verhandlung. Die Versammlung zählte dreihundert und dreiundfünfzig Mitglieder. Sogar in dieser Körperschaft war die königliche Partei, — d. h. die Partei, welche zu Gunsten einer absoluten Regierung war, — so stark, daß eine Abstimmung zu Gunsten einer Verfassung nur eine Majorität von dreiundfünfzig Stimmen aufwies.

---

*) Geschichtliche Jahrbücher. Bd. XXX., S. 325.

Deutschland bestand aus einer Verbindung einer großen Anzahl von Staaten, Königreichen, Kurfürstenthümern, Herzogthümern und Fürstenthümern. Jeder Staat war in der Ordnung seiner eigenen Angelegenheiten unabhängig, aber zu einem Schutz- oder Trutzbündniß mit dem ganzen Bunde verpflichtet. Oestreich hatte lange Zeit in dieser Verbindung die Hegemoine gehabt. Obgleich die Krone Deutschlands durch Wahl vergeben wurde, war sie doch lange Zeit in der kaiserlichen Familie von Oestreich fast erblich gewesen und Preußen war über dieses Vorherrschen Oestreichs außerordentlich eifersüchtig geworden.

Es war in Deutschland sowohl, als in Italien eine Partei entstanden, welche nach Einheit strebte. Deutschland enthielt eine Einwohnerzahl von vierzig Millionen und hatte zweitausend mit Mauern versehene Städte. Man versicherte, daß durch Einheit, wie die, welche in Frankreich oder Rußland bestand, Deutschland zur leitenden Macht Europas werden könnte. Es waren viele hervorragende Köpfe in Preußen dieser Einigung günstig, und sie hofften durch diplomatische Ränke die Krone des vereinigten Deutschlands für den König von Preußen zu sichern.

Am 18. März 1848 erließ Friedrich Wilhelm IV. eine Proklamation, in welcher er sagte:

„Vor allem verlangen wir, daß Deutschand aus einem Staatenbunde zu einem B u n d e s s t a a t e werde. Wir verlangen ein allgemeines Militärsystem für Deutschland; und wir werden uns bestreben, dasselbe nach dem Muster, unter welchem unsere preußischen Armeen so unsterbliche Lorbeeren im Unabhängigkeitskriege erfochten haben, auszubilden. Wir verlangen, daß die deutsche Armee sich unter einer Bundesfahne sammle, und wir hoffen einen Bundesfeldherrn an ihrer Spitze zu sehen ꝛc."

Dieses merkwürdige Aktenstück stellte den König von Preußen an die Spitze der Partei, welche die deutsche Einheit

begünstigte und welche damals als die liberale oder Volks=
partei betrachtet wurde. Oestreich war keineswegs geneigt
seine Suprematie so aufzugeben. Die Ultrademokraten der
freisinnigen Partei betrachteten diese Bewegung des Königs
von Preußen als eine einfache Finte, um eine Macht zu
gewinnen, die er gegen sie selbst in Anwendung bringen
könne.

Am Abend des 19. März 1848, — den Tag nach dem
Erlaß dieser Proklamation versammelte sich eine ungeheure
Volksmenge in der Königsstraße, gegenüber dem Palaste in
Berlin, um dem Herrscher, welcher so offenbar ihre Partei
ergriffen hatte, ihre Dankbarkeit zu bezeugen. Als der
König auf dem Balkon des Schlosses erschien, zitterte das
Firmament unter ihren Beifallsrufen.

Eine Schwadron Kavallerie und eine Infanterieabtheilung
war unter den Fenstern des Palastes aufgestellt, um die
Ordnung zu handhaben. Die Partei der Unzufriedenen
wünschte die Feindseligkeit des Volkes gegen die Regierung
dadurch zu erwecken, daß sie einen Zusammenstoß zwischen
den Bürgern und den königlichen Truppen herbeiführte. In
dieser Absicht wurden mitten in dem Getümmel, das durch
die ungeheure Ansammlung entstanden war, einige Pistolen=
schüsse gegen die Soldaten abgefeuert und ein allzueifriger
Theil fing an Barrikaden zu bauen.

Die Kavallerie rückte, ohne Säbel zu ziehen oder einen
Angriff zu machen, mit ihren Pferden auf der Straße vor
um den Platz frei zu machen. Entweder absichtlich oder zu=
fällig fielen zwei Flintenschüsse aus den Gliedern der Infan=
terie in die zurückweichende Volksmasse. Darauf antwortete
ein allgemeines Feuer auf die Soldaten von Seiten zahl=
reicher Aufrührer, welche in dieser Absicht und dazu vorbe=
reitet, dahin gekommen waren.

Der Aufruhr erwies sich als sehr ernstlich. Die Studi=
renden der Universität, ebenso tapfer als intelligent, waren

an dessen Spitze. Ein Bataillon der Garde verband sich bald mit denselben.

Die Kavallerie zog nun die Säbel und griff den Pöbel ernstlich an. Es erfolgte ein blutiger Kampf; denn die Insurgenten hatten eine große Menge alter Soldaten unter sich, welche ebenso gut in den Waffen geübt waren, als die königlichen Truppen, und die Studenten fochten mit der größten Entschlossenheit. Der Kampf dauerte fort bis nach Einbruch der Nacht, ja noch lange, nachdem es dunkel geworden war beim Lichte brennender Häuser, von denen manche erbrochen, und nach der Plünderung von den Einwohnern in Brand gesteckt wurden.

Der König, durch dieses unglückselige Ereigniß, welches neben viermal so vielen Verwundeten, sechszig Menschen das Leben kostete, aufs tiefste ergriffen, erließ eine Proklamation, welche an „seine geliebten Berliner" gerichtet war, in welcher er sein größtes Bedauern über die vorgefallenen Ereignisse ausdrückte und erklärte, daß der Kampf zufällig entstanden und daß die ersten Schüsse von der Königsstraße aus gefallen seien.*)

Der König war ein vollständiger Absolutist, und sein Kabinet stimmte im Hasse gegen die Volksfreiheit vollkommen mit ihm überein. Die Verständigeren der liberalen Partei sahen ganz klar ein, daß der König bei seinem Streben nach deutscher Einheit bloß seine despotische Gewalt zu befestigen suchte. Er wünsche Kaiser des einigen Deutschlands zu werden, um seinen Szepter mit unumschränkter Gewalt, wie der Sultan der Türkei und der Czar von Rußland, zu handhaben. Auf solche Weise könnte er die Rufe des Volkes nach Verbesserungen leicht zum Schweigen bringen. Aber der König wurde durch die Anzeichen eines höchst furchtbaren Widerstandes gegen seine Ansichten, welche ihm

---

*) Alison, Bd. VIII., S. 413.

dieser Aufruhr andeutete, aufs höchste in Bestürzung versetzt. Es war eine unbedingte Gefahr vorhanden, daß der **Aufruhr in Revolution** übergehen könnte, wenn er nicht sogleich zurückwiche.

Den folgenden Morgen bezeugte der König seine Unterwerfung dadurch, daß er die Resignation seines ganzen Ministeriums annahm, welchem unmittelbar ein neues, aus bekannten freisinnigen Mitgliedern zusammengesetztes, nachfolgte.

Am 20. wurde eine allgemeine Amnestie verkündigt, und alle in Folge des Aufruhres Verhafteten wurden ohne Bürgschaft auf freien Fuß gesetzt; es wurden ferner zwei neue Minister ernannt, welche bekanntermaßen zu den entschiedensten Freisinnigen zählten. Am 22. wurden die Leichname derjenigen, welche am Abend des 18. getödtet worden waren, mit großem Pomp vor dem Palaste in Prozession vorbeigeführt, und der König war gezwungen, sich die Erniedrigung gefallen zu lassen, sein Haupt vor den leblosen Resten derjenigen zu beugen, welche unter den Säbeln seiner Husaren gefallen waren. Gleichzeitig veröffentlichte der König einen Erlaß, der in der Stadt eine Bürgerwehr einführte, und gab den königlichen Truppen den Befehl, die Stadt zu verlassen. Nachdem er in deutscher Uniform durch die Straßen geritten war, wobei er seine heißen Wünsche für deutsche Einheit öfters kundgegeben hatte, erließ er zwei Proklamationen, in denen er öffentlich seine Absicht kund gab, sich selbst an die Spitze der erneuten und vereinten deutschen Nation zu stellen.*)

---

*) Alison Bd. III., S. 413.

Kapitel 8.
Ringen nach Freiheit.

Es ist ein großer Mißgriff zu denken, daß bei den großen Kämpfen, welche die Monarchien Europas bewegt haben, eine deutliche Theilungslinie zwischen dem unterdrückten Volke einerseits, und den despotischen Königen und Höfen andererseits zu finden sei. Die Völker sind unter sich selbst im Gegensatz gewesen und oft war die große Mehrheit zu Gunsten des feudalen Despotismus. Das preußische Volk war so getheilt. Der katholische Theil, welcher sehr zahlreich war und einen großen Theil des Landvolkes in sich begriff, setzte sich der freisinnigen Bewegung mit Heftigkeit entgegen. Die Polen waren zum größten Theile derselben günstig gestimmt. Im Allgemeinen waren die Liberalen, wie man sie nannte, auf die großen Städte beschränkt. Die Bauerschaft war jeder Veränderung entgegen.

Während Preußen sich in diesem Zustande der Erregung befand, trat die neu gewählte Ständeversammlung zusammen, um eine Verfassung zu entwerfen. Der König sagte bei Eröffnung der Versammlung:

„Seine Majestät hat eine wirkliche konstitutionelle Verfassung versprochen und wir sind versammelt, um den Grundstein des Gebäudes zu legen. Wir hoffen, daß das Werk rasch von Statten gehen möge und daß daraus eine Verfassung für **das ganze deutsche Volk** hervorgehe."

Folgendes waren die Hauptgrundsätze der von dem Könige vorgelegten und von der Versammlung angenommenen Verfassung:

1. Jeder Hausvater, der 24 Jahre alt war, war stimmberechtigt für die Wahlen in's Unterhaus.

2. Je fünfhundert Stimmberechtigte konnten einen Wahlmann erwählen.

3. Jeder Hausvater, der dreißig Jahre alt war, war als Abgeordneter wählbar.

4. Von je sechszigtausend Einwohnern sollten zwei Abgeordnete erwählt werden.

Der König versprach auch ihnen Gesetzvorschläge über die Preßfreiheit, über die Freiheit der Person, über Versammlungs- und Petitionsrecht; über die Oeffentlichkeit der Rechtspflege, Rechtsprechung durch Geschworne und gleiche bürgerliche und politische Rechte für jedermann vorzulegen.

Diese Gesetze galten bloß für Preußen und konnten keine andere Staaten Deutschlands binden. Doch dehnte sich die Aufregung in Preußen auf alle andern deutschen Staaten aus.

Die Gesetzgebung sollte aus zwei Häusern bestehen. Das erste, oder der Senat, war aus den Prinzen von Geblüt, aus sechszig vom Könige ernannten Pairs und endlich aus hundert und achtzig vom Volke genannten Mitgliedern zusammengesetzt. Die Würde der sechszig Pairs war erblich. Die andern wurden für acht Jahre gewählt. Kein Gemeiner konnte gewählt werden, der nicht ein Einkommen von zweitausend fünfhundert Thalern besaß.

Die Mitglieder des Unterhauses sollten für vier Jahre gewählt werden und waren keinen Bestimmungen über Eigenthum unterworfen. Diese Verfassung, befriedigte die demokratischen Leiter keineswegs, obgleich sie ein großer Fortschritt war, gegenüber dem Absolutismus früherer Zeiten. Während des ganzen Sommers fanden aufgeregte Versammlungen des Volkes und heftige und aufwiegelnde Debatten statt. Es kamen Pöbelaufläufe in den Straßen Berlins vor und es wurden viele Gewaltthätigkeiten verübt.

Unter diesen Umständen entschloß sich der König zu sehr

energischen Unterdrückungsmaßregeln. Unter dem Vorwande einer allgemeinen Revüe über die königlichen Truppen wurden fünfzigtausend Mann in Potsdam versammelt. General von Wrangel, ein sehr entschiedener Royalist, wurde zum Kommandanten derselben ernannt. Die Revüe fand am 22. September 1848 statt und der General richtete folgenden Tagesbefehl an die Truppen:

„Der König hat mich mit dem höchsten Beweise seines Vertrauens beehrt, indem er mich mit dem Kommando aller seiner Truppen betraute. Ich werde die Ordnung, wenn sie gestört wird, wieder herstellen. Die Truppen sind treu, ihr Schwert ist scharf, ihre Gewehre sind geladen. Nicht gegen Euch, Ihr Männer Berlins wird das gethan, sondern um Euch zu beschützen. Gras wächst in Euren Straßen, Eure Häuser sind leer, Eure Magazine sind voller Waaren, aber die Käufer fehlen. Das muß sich ändern und es wird sich ändern. Ich schwöre es Euch zu und ein Wrangel hat noch niemals sein Wort nicht gehalten."

Die Bürgerwehr, eine Truppe, die etwa unserer Miliz entspricht, sympathisirte mit dem Volke. Obgleich dieß die natürliche Macht war, auf die man sich zur Aufrechterhaltung der Ordnung in der Stadt hätte berufen sollen, so konnte sich der König doch nicht auf sie verlassen. In einer Verhandlung, welche über die Ver••ssung stattfand, wurde durch eine Abstimmung von zweihundert siebenzehn gegen hundert vier und dreißig Stimmen beschlossen, die Worte „von Gottes Gnaden" in dem Titel des Königs wegzulassen. Dies hieß den demokratischen Grundsatz, daß der **Wille des Volkes** der einzige Rechtstitel des Königs auf dem Thron sei, deutlich aussprechen.

Beinahe alle Geschäftszweige waren in Folge dieser Spaltungen und Umtriebe in Verwirrung. Die Hauptfabriken waren geschlossen. Tausende waren ohne Beschäftigung und ohne Brod. Die Ständeversammlung, die vom Volke gewählt war, hatte eine entschiedene Stimmenmehrheit zu Gunsten der Reform. Diese Majorität befehdete den König und den Hof fortwährend, da sie zu ihrer Unterstützung im Nothfalle auf die Bürger und das Volk von Berlin rechnen konnte.

Am 31. Oktober 1848 genehmigte die Ständeversammlung einen Entschluß, daß alle Preußen vor dem Gesetze gleich seien, daß weder Privilegien, noch Titel, noch Rang im Staate mehr gelten sollten und daß der A d e l a b g e s c h a f f t s e i. Thatsächlich wurde die Ständeversammlung von den demokratischen Klubs geleitet, indem dieselben deren Maßregeln durch die Drohungen des Volkes beherrschten. Nicht zufrieden mit der Mehrheit über die sie in der Versammlung schon gebieten konnten, brach der Pöbel von Außen in den Saal ein, in der zugestandenen Absicht, die konservativen Mitglieder einzuschüchtern, wohl versehen mit Stricken, Nägeln und Schlingen, als Vorbereitungen zum kurzweg Hängen.*)

Der König entwickelte nun rasch seine entschiedenen Maßregeln, welche zu nehmen er entschlossen war. Er entließ sein liberales Ministerium und ernannte zum Trotze eine Regierung aus der Zahl der entschiedensten Konservativen.

Es war gewiß, daß ein Zusammenstoß bald erfolgen mußte. Nachdem der König das neue Ministerium eingesetzt hatte, sandte er einen königlichen Befehl an die Ständeversammlung, in welchem er erklärte, daß er in Folge der Unbotmäßigkeit in den Straßen Berlins die Sitzungen nach Brandenburg verlege.

Es erfolgte eine Szene unbeschreiblichen Tumultes. Die monarchische Partei, fünfzig an Zahl, entfernte sich mit dem Präsidenten. Der Rest faßte in einem Zustande der höchsten Aufregung eine Reihe von Beschlüssen und entrüsteten Pro-

---

*) Alison. Bd. VIII., S. 423.

testationen und erklärte sich in Permanenz. Dreißig Mitglieder blieben die ganze Nacht im Hause.

Als am nächsten Morgen die Mitglieder ankamen, fanden sie das Gebäude von königlichen Truppen umgeben, welche den Befehl hatten, Jedermann heraus aber Niemand hinein gehen zu lassen. Die Bürgerwehr ergriff die Partei der Ständeversammlung mit Wärme. Die Majorität, zweihundert fünf und zwanzig an Zahl, welche nach der Entfernung der königlich gesinnten Mitglieder zurückblieb, versammelte sich frühzeitig am nächsten Morgen in dem Saale der Schützengilde. Schon vor Tagesanbruch hatte ein bedeutendes Korps der Bürgerwehr sich wohl bewaffnet in der Umgegend des Saales eingefunden, um die Versammlung zu beschützen.

Der König erließ sogleich eine Proklamation, löste die Bürgerwehr auf und forderte sie auf, die Waffen abzugeben. Der Befehl wurde nicht befolgt. Er wurde mit Ernst wiederholt, dreißigtausend Mann königliche Truppen marschirten in die Stadt und Berlin wurde in Belagerungszustand erklärt. Da die Bürgerwehr nur fünfzehntausend Mann zählte und die königlichen Truppen unvergleichbar besser disziplinirt waren, so löste sich die Bürgerwehr auf und es wurde so ein blutiger Kampf vermieden.

Am nächsten Tage vereinigte sich die Versammlung wiederum im Saale der Schützengilde. Ein Adjutant des Generals Wrangel forderte sie auf als eine ungesetzliche Versammlung auseinander zu gehen. „Niemals, bis wir mit Waffengewalt gezwungen werden", war der Ruf der Versammlung. Der Vizepräsident hatte den Vorsitz. Es trat eine Anzahl Soldaten ein, vier Offiziere hoben ruhig den Stuhl, auf welchem sich der Vizepräsident befand in die Höhe und trugen ihn mitsammt seinem Inhaber auf die Straße. Die Mitglieder folgten in einem Zustande höchster Erbitterung.

Die Versammlung versuchte noch verschiedene Male zusammenzutreten, aber sie wurde von den Soldaten immer wieder ohne Blutvergießen zersprengt. Monate voll von Ränken, Aufregung, Gefahr und Noth verflossen. Das Volk kämpfte in seiner Blindheit oft gegen sein eigenes Interesse. Der Hof rang danach, die despotische Gewalt, welche aus finstern Zeiten zu ihm herabgestiegen war, zurückzubehalten.

Durch alle Staaten Deutschlands hatte ein Kampf zwischen der demokratischen und monarchischen Partei über die Wahl des Kaisers des deutschen Bundes stattgefunden. Die Demokraten wünschten irgend einen hervorragenden Mann wählbar zu machen; die Monarchisten wünschten die Wahl auf einen von königlichem Blute zu beschränken.

Im Parlament zu Frankfurt wurde 1849 mit 258 gegen 211 Stimmen beschlossen, daß die Wahl auf einen der regierenden Souveräne beschränkt sein solle. Es fiel dann der Antrag, dem Könige von Preußen die Kaiserkrone anzutragen. Nach einer eilftägigen aufregenden Verhandlung wurde mit 290 von 558 Stimmen angekündigt, daß der König von Preußen zum Kaiser gewählt sei.

Es war eine Zeit gewesen, in welcher dieses schmeichelhafte Anerbieten mit Freuden angenommen worden wäre, aber die Zeit hatte viele Veränderungen herbeigeführt. Die kaiserliche Krone, wie sie jetzt angeboten wurde, war weit von der Kaiserkrone verschieden, welche man ursprünglich begehrt hatte. Da die Würde auf Wahl hin verliehen wurde, so glich sie eher der Präsidentenwürde Amerikas, oder der Kaiserwürde des alten Roms, als der alten deutschen Krone.

Oestreich hatte sich offen gegen die Vereinigung des ganzen Bundes unter ein Haupt erklärt und es konnte wenig Zweifel obwalten, daß die Annahme der Kaiserkrone durch Friedrich Wilhelm, sogleich einen Krieg mit dieser Macht von Rußland, mit dem sie nun aufs innigste verbunden war, unterstützt, herbeiführen würde. Durch diese Betrachtungen bewogen, beschloß der König die angetragene Ehre abzulehnen."*)

Die neue, von dem allgemeinen Parlamente in Frankfurt entworfene Verfassung wurde von Oestreich, Baiern, Hannover und Sachsen verworfen. Sie wurde jedoch von ein und zwanzig, der kleinern Staaten Norddeutschlands angenommen. Die kleinern Staaten beschlossen eine Gesammtadresse an den König von Preußen zu richten, und in denselben zu dringen, daß er die angebotene Würde annehme.

Ganz Deutschland kam durch diese Verhandlungen in Verwirrung. Es fanden Insurrektionen statt, die bloß durch Waffengewalt unterdrückt wurden. Es war offenbar, daß die Frankfurter Verfassung nicht angenommen werden könne. Die Könige von Preußen, Hannover und Sachsen hielten eine Zusammenkunft und setzten mit großer Klarheit eine Verfassung von einhundertundneunzig Artikeln auf. Nach dieser Uebereinkunft wurde die Kaiserkrone in der preußischen Monarchie erblich erklärt. Die Liberalen nannten dieses zum Hohne „die Verfassung der drei Könige." Weder Oestreich, noch Baiern wollte sie annehmen. So schlug dieser Plan fehl.

Während der König von Preußen auf solche Weise kämpfte, das Uebergewicht in Deutschland zu gewinnen, fuhr der Geist der Revolution fort, sein Königreich in Bewegung zu setzen. Ein neues Abgeordnetenhaus wurde gewählt, in welchem die Demokraten stark vertreten waren. Die Abgeordneten erklärten sich kühnlich gegen die Regierung. Der so hingeworfene Fehdehandschuh wurde vom Hofe aufgenommen. Am 29. April 1849 wurde eine Zirkularnote vom preußischen Kabinet an alle deutsche Staaten gerichtet. In dieser hieß es:

„Preußen verpflichtet sich der revolutionären Bewegung

---

*) Alison, Bd. VIII, S. 431.

entgegenzutreten und verspricht den anderen Regierungen zu
diesem Zwecke bei Zeiten zu Hülfe zu eilen. Die Gefahr
ist eine gemeinsame. Preußen wird seiner Mission, in der
Stunde der Gefahr, wo und in welcher Weise es auch für
nothwendig halten mag, dazwischen zu treten, nicht untreu
werden. Es ist überzeugt, daß der Revolution in Deutsch=
land eine Grenze gesetzt werden muß. Dies kann nicht
durch einfachen passiven Widerstand allein geschehen; es muß
durch thätiges Eingreifen bewerkstelligt werden.*)

So unternahm es der König von Preußen sich selbst an die
Spitze der reformfeindlichen Partei zu stellen; und so wurden
alle Gleichgesinnten durch ganz Deutschland aufgerufen, sich
zu seiner Unterstützung zu sammeln. Er wünschte ein einiges
Deutschland, damit er die Gewalt des Absolutismus zu be=
festigen und um mit dem Gewichte seiner Armeen den Geist
der Revolution zu erdrücken. Die Liberalen wünschten ein
einiges Deutschland, damit die republikanische Freiheit im
Einklang wirken könne, und damit ihr Volk mit den Ver=
einigten Staaten Amerikas in ein übereinstimmendes Verhält=
niß kommen möge.

Der König lud einen Kongreß aller deutschen Fürsten ein,
im Mai 1849 in Berlin zusammenzukommen. Es kamen
zweiundzwanzig der kleineren Fürsten; aber Oestreich, Wür=
temberg und Sachsen lehnten die Einladung ab. Die Ver=
sammlung schlug fehl.

Ein Amerikaner, der zu der Zeit in Berlin war, giebt
folgenden interessanten Bericht über die Szenen, von denen
er Zeuge war. Dies war im Jahre 1848, als Wilhelm
I. noch nicht König, sondern bloß Kronprinz, der Bruder des
Königs war. Wir geben seine Erzählung in seinen Worten,
doch etwas abgekürzt:

„Der König war in diesen Tagen eine armselige Majestät,

---

*) Jährliches Register 1849. S. 849.

Champagnerfritz, wie man ihn nannte, — ein Mann nicht ohne literarische Bildung, von vieler schwulstigen Sentimentalität, und er konnte erstaunlich viel Champagner trinken; aber Champagner und politische Sentimentalität waren sein Fluch und sein Ruin. Es war sowohl für ihn als für sein Land sehr zu bedauern; aber der König wurde nicht geachtet.

Wie viele Tage hatte in Berlin ein Gewitter in der Luft geschwebt. Es war offenbar, daß etwas bevorstand. Die Lesezimmer in der schönsten Straße, unter den Linden, und alle Bierschenken waren voll von aufmerksamen Lesern der Zeitungen, welche über die Tagesereignisse sprachen. Endlich kam die große Neuigkeit.*) — Das Erste, das wir in Berlin hörten war, daß die Regierung in Bereitschaft sei und Soldaten genug habe. Wahrscheinlich kannte sie die Nothwendigkeit, denn die Stadt hatte das Aussehen von unterdrückter Aufregung, und die Stimmung war derart, daß Kavalleriepatrouillen der väterlichen Regierung Nachts die Straßen durchzogen, um Jedermann ruhig halten zu helfen.

Aber der Staunen erregende und plötzliche Erfolg der Revolution in Frankreich, setzte alle gekrönten Häupter Europas in Schrecken, und sie fingen an, dem Volke Zugeständnisse zu machen. Es war kläglich zu sehen, weil es eine Art von bewußtem Raubverhältniß zwischen dem Volke und den Regierenden andeutete. Die Könige erschienen wie Seeräuber, welche überrascht worden waren, und welche in Todesangst über die wahrscheinlichen Folgen ihrer Uebelthaten, den Vorschlag machten, ihren Raub herauszugeben. Sie erklärten sich willig, große Antheile der gestohlenen Freiheitsschätze zurückzuerstatten, und waren sich in diesem Augenblick der Gewalt des Volkes mehr bewußt als ihrer Macht „von

---

*) Die Nachricht von der Revolution in Frankreich von 1848, von der sich schon Gerüchte über ganz Europa verbreitet und ungeheure Aufregung hervorgerufen hatten.

Gottes Gnaden." Champagnerfritz folgte den Uebrigen und versprach gut zu sein; es sollte eine Verfassung verliehen werden und alle neueren Verbesserungen sollten an dem preußischen Staatsgebäude angebracht werden. Es gab in diesen aufregenden Tagen Optimisten, welche dachten, daß Europa durch die alleinige Gewalt der Vernunft republikanisirt werden würde, und daß die Könige bereit seien ihr Unrecht im Guten einzugestehen, und sich zurückzuziehen.

Aber plötzlich gab an einem Samstage in Berlin die reine Kraft des Verstandes nach. Der Schreiber speiste mit einigen befreundeten Studenten in dem alten Belvedere. Während wir noch speisten zeigten sich ernstliche Gesichter und wir erfuhren, daß Unruhen im Anzug seien. Eine Volksmenge hatte sich zu dem königlichen Palaste begeben, um Waffen zu verlangen, und diese waren verweigert worden. Die Revolution brach an, die Fluthwelle hob sogar uns. Wir erhoben uns alle und gingen auf die Straße. Eine große Menge von Männern eilte vom Palaste in die breite Straße. Als sie vorbeizog, wie eine dunkle Wolke, welche alles mit Schatten bedeckt, wurden Thüren und Fenster geschlossen, und Besitzer von Kaufläden beeilten sich, alles fest zuzuriegeln. Vor dem Palaste des Prinzen von Preußen, der gegenwärtigen Majestät König Wilhelm stand ein Wagen, und im Augenblicke, in dem die Menge vorbeidrängte, kam die Prinzessin von Preußen, die gegenwärtige Königin, eine schöne Dame mit ihren Kindern heraus, stieg rasch in den Wagen, welcher eilig zum königlichen Palaste fuhr. Die Volksmenge drängte vorwärts und die Leiter der Revolution wußten, daß die Stunde gekommen war.

Wie wir neugierig die Straßen entlang gingen, sahen wir Männer mit Keulen und Eisenstangen bewaffnet, die offenbar nach einem Stelldichein eilten, berittene Offiziere trabten durch die Straßen, welche von allen Fuhrwerken verlassen waren. Die Leiter wußten nun, daß man keine Zeit ohne

Gefahr verlieren könne, und um drei Uhr erhoben sich Barrikaden in den Hauptstraßen, welche zu der Straße unter den Linden führten. Wir traten in unser Zimmer in der Friedrichsstraße und im gleichen Augenblicke sahen wir vom Fenster aus, daß eine Volksmenge das Material zum Baue einer Barrikade gerade unter denselben herbeigeschleppt hatte. Wir hörten den Schritt von Soldaten, welche gegen die Barrikade vorrückten. Im gleichen Augenblick begann das schiefe Dach des gegenüberliegenden Hauses sich zu heben und wurde endlich von den Eisenstangen der Aufrührer, welche durch die Dachbalken gegen das Feuer der Soldaten in der Straße vollständig beschützt, alle möglichen Arten von tödtlichen Geschossen auf dieselben werfen konnten. Aber die helle Stimme des kommandirenden Offiziers gab laut genug, daß man es in den benachbarten Häusern hören konnte, den Befehl an die Soldaten, auf Jedermann, der sich am Fenster sehen ließe, zu feuern, und er sandte eine Abtheilung in das gegenüberliegende Haus. Die Barrikade war bald angegriffen und genommen. Aber stundenlang ertönten die Sturmglocken, rasselten die scharfen Gewehrsalben und donnerten die dumpfen schweren Kanonenschüsse, die Luft erschütternd. Eine große Schlacht wurde in der Stadt geschlagen. Der Mond schien hell, die weißen Wolken zogen am Himmel entlang; kein anderer Ton wurde gehört, als derjenige der Glocken, der Musketen und der Kanonen.

Am nächsten Tage sah die Stadt aus, wie eine mit Sturm genommene Stadt. Die Soldaten hatten die Barrikaden genommen und hielten die Straßen besetzt. Aber es herrschte ein allgemeines Gefühl, daß das Volk stark genug sei, um den Champagnerfritz kapituliren zu machen, und eine heftige Erbitterung herrschte gegen den Prinzen von Preußen, welcher die Operationen der Nacht angerathen und geleitet hatte. Der König erließ eine Proklamation an seine lieben Berliner. Aber die Todten wurden zum königlichen Palast geschleppt, in den Hof gebracht und seine arme Majestät wurde gezwungen an das Fenster zu kommen und seine Unterthanen, die, wie man ihm einfach sagte, durch ihn ermordet worden waren, anzusehen. Er weinte und gab Versprechungen, und man vernahm, daß sein Bruder ihn scharf tadelte, weil er sein Vorrecht von Gottes Gnaden nicht gewahrt habe. Aber nun wurde eine Art Nationalgarde organisirt und bewaffnet. Dann fand eine feierliche, einem Triumphzug ähnliche Bestattung der Gefallenen statt, und Humboldt war mit im Zuge des leidtragenden Volkes. Man redete eine kurze Zeit vom Champagnerfritz als Kaiser von Deutschland; aber nach der lächerlichen und kurzen Regierung des Erzherzogs Johann, verschied Champagnerfritzens Verstand gänzlich. Robert Blum, der volksthümliche Leiter, war erschossen worden, und der Prinz von Preußen, hielt, als er König wurde, fest an dem Grundsatze, daß er seine Krone Gott verdanke, das er diesem, und nicht dem Volke verantwortlich sei."

Kapitel 9.
König Wilhelm I.

Auf solche Weise dauerten die Unruhen bis zum Jahre 1857; immer auf andere Weise und wesentlich immer dieselben. In diesem Jahre zeigte der König Friedrich Wilhem IV. unzweifelhafte Zeichen des Wahnsinnes: es wurde daher nothwendig, daß er sich von der Regierung zurückziehe. Da er keine Kinder hatte, so wurde sein ältester Bruder Wilhelm zum Regenten ernannt. Wilhelm war in Folge seiner offen erklärten, absolutistischen Gesinnungen und seiner unversöhnlichen Feindschaft gegen volksthümliche Reformen sehr wenig beliebt. Während 4 Jahren regierte der Kronprinz Wilhelm als Regent; dann, nach dem Tode seines Bruders wurde er am 2. Januar 1861 zum Könige gekrönt.

Wilhelm I., der nun auf dem Throne sitzt, war der zweite Sohn Friedrich Wilhelm's III. Er war am 22. März 1797 geboren. Im Jahre 1829 heirathete er die Herzogin Augusta von Sachsen-Weimar. Er hat zwei Kinder; das älteste, der Kronprinz Friedrich Wilhelm Nikolaus Karl wurde den 18. Oktober 1831 geboren und vermählte sich mit der Prinzessin Victoria von England am 25. Januar 1858. Das jüngere Kind, Prinzessin Louise Marie, wurde den 3. Dezember 1838 geboren und heirathete den 20. September 1856 den Großherzog Friedrich von Baden.

Die Krönung des Königs fand in der alten Stadt Königsberg statt. In dieser Stadt, welche an einer der Buchten des baltischen Meeres liegt, ist ein altes, durch seine

Bauart höchst imponirendes Schloß, welches die Stadt übersieht und beherrscht. In der Kapelle dieses ehrwürdigen Gebäudes ging die Krönungsfeierlichkeit vor sich.

Es herrschte bei dieser Gelegenheit keine Begeisterung. Der König, der schon vier und sechszig Jahre alt war, ein strenger und barscher Mann, der sich dessen vollständig bewußt war, daß er von dem Pöbel, den er verachtete, gehaßt werde, machte offenbar keine Anstrengungen, den Beifall des „Hundepacks" zu suchen. Ein Augenzeuge beschreibt die Szene bei der Krönung in malerischer Weise folgendermaßen:

„Ich sah den König zum ersten Mal, als er in Prozession durch die alte Stadt ritt, zwei oder drei Tage vor der Krönung. Er schien ein schöner, würdiger, kräftiger, etwas barscher alter Mann zu sein, mit grauem Haar und grauem Schnurrbart und mit einem Ausdrucke, der, wenn er auch nicht große geistige Kraft andeutete, viel freudige Kraft und den Zauber einer gewissen freimüthigen Männlichkeit hatte. Er ritt gut, — übrigens reiten beinahe alle Könige gut, — und seine Uniform saß ihm gut zu Leibe.

„Gewiß war damals Niemand, der sehr von ihm hätte begeistert sein können; aber Jedermann war geneigt, das Beste von dem Fürsten und von der Sachlage zu halten, das Vergangene zu vergessen und für die Zukunft zu hoffen. Die Art, wie die Krönungszeremonie vor sich ging und die Rede, welche der König bald nach derselben hielt, verursachte einen fürchterlichen Schlag der Enttäuschung; denn in beiden bewies der König, daß er glaube, die Krone sei eine Gabe, nicht seines Volkes, sondern des Himmels.

„Uns schien die Szene in der Kapelle, so prachtvoll und malerisch sie auch angeordnet war, absurd, ja lächerlich. Der König, in einer Tracht herausgeputzt, die an Drury Lane oder Niblo's Garten erinnerte, nahm die Krone von dem Altar, und ohne andere menschliche Hülfe, setzte er sie sich auf's Haupt, um damit anzudeuten, daß er die Krone vom Himmel erhalten habe, nicht von den Menschen; dann setzte er eine andere Krone auf das Haupt seiner Gattin, um zu zeigen, daß s i e ihre Würden von ihm erhalte; hierauf wendete er sich um und schwang ein mächtiges Schwert, als Zeichen seiner Bereitwilligkeit den Staat und das Volk zu vertheidigen. Alles dieses erinnerte mich zu sehr an die k o m i s c h e O p e r um der einfachen Würde des schönen alten Soldaten zu geziemen.

„Er sah in seiner Soldatenuniform und in seiner Pickelhaube viel besser aus, als er in der Straße zu Pferde saß, als wenn er mit seinem Krönungsmantel von karmoisinrothem Sammt und andern theatralischen Insignien des herkömmlichen Königthumes, angethan, in der Schloßkapelle stand, der Mittelpunkt einer Zeremonie von mittelalterlichem Glanze und mehr als mittelalterlicher Langeweile."[*]

Der König ist ein Mann von außerordentlich kräftigem Körperbau. Er hat eine majestätische und gut proportionirte Gestalt und seine fein gemeißelten Gesichtszüge drücken diese unbezähmbare Entschlossenheit aus, welche jede Handlung seines Lebens charakterisirt hat. Bei dieser Gelegenheit war Marschall McMahon, Herzog von Magenta, zugegen. Er war gerade von dem italienischen Feldzuge, wo er seinen Titel und europäischen Ruf gewonnen hatte, zurückgekehrt. Bei der Krönung repräsentirte er das französische Kaiserreich.

Das Volk von Königsberg war sehr begierig, einen Blick auf den kriegerischen Helden werfen zu können, und obgleich sogar von den Preußen nicht erwartet werden konnte, daß sie sich über einen Kriegsruhm erfreuen würden, der auf Kosten anderer Deutschen erworben war, so erinnere ich mich, daß ich mich über die ruhige Gutmüthigkeit verwunderte, mit der das Volk zugestand, daß er die Oestreicher geschla-

---

[*] Justin McCarthy in der Galaxy, für Oktober 1870.

gen habe. Man ärgerte und erzürnte sich freilich ein wenig, als einige Abgeordnete von Posen, dem preußischen Polen, den McMahon zu laut hochleben ließen, als er in seinem Wagen sich vom Palaste entfernte.

Die Preußen verdroß es im Allgemeinen, daß die Polen auf solche Weise ihre Sympathien mit Frankreich und ihre Bewunderung für den französischen General, welcher eine deutsche Armee besiegt hatte, öffentlich und absichtlich anzeigten. Aber außer diesem kleinen Mißklange, der übrigens beiderseits natürlich war, war McMahon bei der Krönung des Königs eine populäre Gestalt; und noch bevor die Zeremonien vorbei waren, war der König selbst nichts weniger, als populär geworden.

Die Fremden liebten ihn meistentheils, weil seine Umgangsformen einfach, frei, herzlich und angenehm waren; und den Fremden konnte natürlich wenig daran liegen, was er bei Annahme seiner Krone sagte und that. Aber die Deutschen dagegen schmerzte seine barsche Verwerfung des Grundsatzes der Volkssouveränität und im Geiste gewisser Furchtsamen fingen an schmerzhafte und verhaßte Erinnerungen wiederum aufzuleben und sich in schreckliche Vorbedeutungen für die Zukunft zu verwandeln.*)

Wilhelm I. hatte eine blutige Geschichte aufzuweisen. Jede Volkserhebung zu Gunsten der Freiheit, sei es nun in Preußen oder in andern Staaten, hatte er eifrig mit dem Schwerte unterdrückt. Mehr wie einmal hatten seine Dragoner das Straßenpflaster Berlins mit dem Blute der Bürger geröthet; und als in Hannover, in Sachsen, in Baden das Volk den Versuch machte, mit Gewalt jene Reformen einzuführen, welche sie auf friedlichem Wege nicht erlangen konnten, so hieben die behelmten Schwadronen des Prinzen Wilhelm dasselbe zusammen und traten es in den Staub.

---

*) Justin McCarthy in der Galaxy, für Oktober 1870.

„Dieser freundliche, gutmüthige, grauhaarige Mann," schreibt Mr. McCarthy, „dessen Lächeln so viel offene Freimüthigkeit, ja sogar eine gewisse einfache Freundlichkeit bezeugte, hatte eine eiserne und blutbefleckte Geschichte hinter sich. Das Blut der Berliner hatte diese Hand, welche nun jedem Kommenden ein so wohlwollendes und aufmunterndes Willkommen bot, geröthet. Die badischen Revolutionäre haßten den gestrengen Fürsten, der sich über die Art der Unterdrückung von Revolutionen, so wenige Gewissensbisse machte, bitterlich.

„Von Köln bis Königsberg, von Hamburg bis Triest hatten alle Deutschen nur zu gute Gründe gehabt, den Prinzen von Preußen, Friedrich Wilhelm als den entschlossendsten und unnachgiebigsten Feind der Volksfreiheit zu betrachten. Während des größten Theiles war das, was er zu thun versprach oder that nicht derart, daß es freie Männer billigen konnten. Er begann sein politisches Leben mit einem allgemeinen Abscheu vor liberalen Grundsätzen und von Alle dem, was an Revolution vom Volke aus erinnern konnte."

König Wilhelm wird von denen, welche ihn kennen, nicht als ein Mann von höheren Geistesfähigkeiten und von vielem Verstande angesehen. Er hat eine verbissene Charakterfestigkeit, welche seine Freunde Entschiedenheit nennen und seine Feinde als Hartnäckigkeit brandmarken. Seine stärkste geistige Entwicklung besteht in einem Festhalten des Despotismus der Vergangenheit, und in einem Abscheu vor Reformen. Im Jahre 1815 war er einer der Fürsten gewesen, die mit den Verbündeten in Paris einzogen, als sie unter eisernen Hufen das erste französische Kaiserreich zu Boden warfen. Seitdem hat er die Niederhaltung des Volkes gewissenhaft als seine göttliche Bestimmung angesehen.

Friedrich Wilhelm IV. war einer der wankelmüthigsten Menschen. Er war gutherzig und suchte das Glück des

Volkes, aber er hatte nicht genügende Charakterfestigkeit, irgend eine klar bestimmte Politik sich zu bezeichnen und durchzuführen. Wilhelm I. ist einer der unbeugsamsten Fürsten, welche je auf einem Throne saßen. Der Hauptgrundsatz seiner Regierung scheint zu sein: **es dürfen keine Neuerungen stattfinden.** Die Politik der Regierung ist es, sich nicht zu beugen und den Forderungen der neueren Zeit entgegenzukommen, sondern eher diese Forderungen zu zwingen, sich der bestehenden Regierung gemäß einzurichten und zu gestalten.

„Wilhelm I.," schreibt McCarthy, „war viele Jahre lang geradezu ein ausgesprochener, stupider, despotischer, alter Feudalist. In einem Ministerrathe seines Bruders warf er einmal sein Schwert auf den Tisch und gelobte, daß er lieber an diese Waffe appelliren, als zustimmen wolle, über ein Volk zu regieren, welches es wage das Recht zu fordern über seine eigenen Steuern abzustimmen."

So wenig anziehend, als der Charakter Wilhelms I. erscheint, so hat er sich doch durch die unbestrittene und fast religiöse Aufrichtigkeit, mit der er seinen unbeugsamen Weg verfolgt, einen gewissen Grad der Achtung verschafft. Die Einfachheit seiner Lebensweise und seines Umganges bekleidete den barschen, unhöflichen Soldaten mit einem gewissen Zauber über die Herzen des Volkes. Der grauhaarige alte Mann konnte oft von Vorübergehenden an einem Fenster seines Palastes sitzend, lesend oder schreibend gesehen werden.

Man erzählt, daß häuslicher Unfrieden die Ruhe des Palastes störe. In dem berühmten Tagebuch Varnhagens von Ense, welches ächt zu sein scheint, und welches auf recht lebhafte Weise das Leben am preußischen Hofe beschreibt, wird berichtet, daß der König und seine Gemahlin Augusta nicht aufs beste mit einander leben. Augusta hat eine radikale Ader in ihrer Natur, und kann einen gewissen Grad von Bewunderung für einige dieser volksthümlichen Leiter in

Deutschland und andern Theilen Europas, welche ihr Gemahl verabscheut und verachtet, nicht verhehlen. Der König Wilhelm ist ein viel zu hartnäckiger Mann, um ein nachgiebiger und angenehmer Lebensgefährte zu sein.

Varnhagen stellt den König als von Natur gutmüthig, aber als stumpf, barsch und außerordentlich starrköpfig dar. Ein Mann, der nichts thun wird, das er für Unrecht hält, und welcher das, was er für Recht hält durchführt, erfolge daraus, was wolle. Er gleicht jenen gewissenhaften Inquisitoren, welche zu Gott beten, sie zu stärken, damit sie die Knochen der Ketzer auf der Folter brechen und dieselben den Flammen überliefern können.

Nach den Enthüllungen Varnhagens, denen niemals widersprochen wurde, scheint es nicht, daß der Berliner Hof in neuerer Zeit ein Muster der Sittenreinheit gewesen sei. Humboldt war ein beständiger Gast an diesem Hofe. Aus seinen Tagebüchern ist es ersichtlich, wie gründlich er die meisten dieser königlichen Persönlichkeiten verachtete, von denen er begünstigt wurde. Sein Leben am Hofe muß ihm oft beinahe überlästig geworden sein. Die folgende Anekdote wirft ein Licht auf den Charakter, oder wenigstens auf den Ruf des Hofes:

„Der frühere König von Hannover war ein rauher, grober und ungebildeter Mann. Sein Ruf für Brutalität war der Art, daß das Volk ihn allgemein des Mordes eines seiner Diener anklagte.

Er redete einmal Humboldt im Palaste des verstorbenen Königs von Preußen an, und fragte ihn mit seiner gewöhnten Barschheit, woher es komme, daß der Hof immerfort von Gelehrten und liederlichen Personen überlaufen sei. Humboldt antwortete: Vielleicht ladet der König die Gelehrten meinetwegen ein und die liederlichen Personen Ihnen zu Gefallen."*)

Nach der Krönung wurde der König jeden Monat weniger beliebt. Er war in beständigen Händeln mit seinen Kammern begriffen, unterdrückte die Zeitungen und verfolgte jeden, der es wagte, zu Gunsten von Verbesserungen zu sprechen. Graf Bismarck, von dem wir später sprechen werden, stimmte mit dem Könige in seiner Feindschaft gegen eine konstitutionelle Regierung und in seiner Aufrechthaltung des Absolutismus vollständig überein. Er wurde in den Rath des Königs berufen und wurde als Macht hinter dem Throne stärker als der Thron selbst.

„Es giebt," schreibt McCarthy, „wahrscheinlich keine öffentliche Persönlichkeit in Europa, die so wenig beliebt war, als der König von Preußen, mit Ausnahme seines Ministers, des Grafen von Bismarck." In England war es beinahe ein Glaubensartikel, den König für einen blutigen, alten Tyrannen zu halten. Der Haß, den man gegen den König fühlte, erstreckte sich gegen die Mitglieder seiner Familie, und in England herrschte allgemein die Meinung, daß die Prinzessin Viktoria, die Gemahlin des Sohnes des Königs, einen stumpfsinnigen, rohen Trunkenbold zum Gatten habe. Es ist wunderbar, wie schnell eine durchaus irrige Vorstellung, sobald etwas mit der Volksstimmung übereinstimmendes darin enthalten ist, die öffentliche Meinung in England mit sich reißt.

Im Juli 1861 schoß ein fanatischer Kerl zwei Pistolenschüsse auf den König ab, als derselbe in einem der besuchtesten Spaziergänge Baden-Badens, bloß von einem seines Gefolges begleitet, lustwandelte. Beide Kugeln fehlten glücklicher Weise den König. Dieser Vorfall veranlaßte, daß viele Delegationen ihm ihre Aufwartung machten, um ihm ihre

---

*) Galaxy für November 1870.

Glückwünsche für sein glückliches Entrinnen aus der Todes-
gefahr darzubringen.

Ein Amerikaner, der zu dieser Zeit in Baden-Baden war, begleitete eine englische Delegation, welche ein Beglück-
wünschungsschreiben an den König überreichen wollten. Er beschreibt die Audienz in folgender Weise:

„Am bestimmten Tage und zur bestimmten Stunde ver-
sammelten wir uns einige fünfzehn bis zwanzig Mann im untern Stocke des Miethhauses, welches der König bewohnte. Es war daselbst als das M e s m e r s c h e H a u s bekannt, von dem Namen seines Eigenthümers Herrn Mes-
mers.

„Wir waren alle in vollem Abendanzuge. Der Sprecher der Delegation sagte, während er uns musterte: „Meine Herren, ziehen Sie Ihre Handschuh aus." So lernte ich ein wenig von der Etiquette kennen, — nämlich, daß man die Handschuh auszuziehen hat, wenn man vor einen König, wenigstens vor den König von Preußen tritt. — Als die Handschuhe ausgezogen waren, wurden wir in den oberen Stock geführt und Sr. Majestät vorgestellt. Der erste Eindruck, den Se. Majestät auf mich machte, war der eines sehr schlecht gekleideten Mannes. Sein schwarzer Frack und seine gestreiften Beinkleider sahen so aus, als ob sie in einer Trödelbude und noch dazu nicht in einer der besseren gekauft worden wären.

„Der nächste Eindruck, den Se. Majestät auf mich machte, war, daß seine Sitten nicht besser, d. h. eleganter oder an-
muthiger, als seine Kleidung seien. Er erinnerte mich an eine militärische Puppe. Alle seine Bewegungen waren steif und ruckweise. Wenn er vorwärts ging, so war es wie das Kommando: „vorwärts marsch." Wenn er sich umwen-
dete, so drehte er sich auf dem Absatze. Seine massiven Gesichtszüge und seine gewaltige Gestalt entbehrte einer ge-
wissen Würde nicht; aber dieses war im besten Falle eine

unbeholfene Würde — wie die eines Aschyleischen Schauspielers in Masken und Kothurn.

Die Antwort des Königs auf die Adresse, — wahrscheinlich die nämliche, welche er an jede Delegation gerichtet hatte, — war kurz und gut abgefaßt. Einen Ausdruck merkten sich einige von uns zu dieser Zeit, und wir hatten Grund uns noch daran zu erinnern. „Ich bin überzeugt," sagte er, „daß die Vorsehung mich zu einem bestimmten Zwecke bewahrt hat." Als aber jeder einzelne von uns persönlich vorgestellt worden war, so zeigte sich seine Unbeholfenheit von Neuem.*)

Mit scharfer Unterscheidungskraft schreibt Herr McCarthy: „Ich glaube nicht, daß der Charakter des Königs sich irgend wie verändert hat. Er war ein stumpfer, ehrlicher, fanatischer, militärischer Pedant, als er seine Kanonen im Jahre 1848 gegen die deutsche Freiheit richtete. Er war ein stumpfer, ehrlicher, fanatischer, militärischer Pedant, als er die Fahne Preußens gegen Oestreich im Jahre 1866 und gegen Frankreich im Jahre 1870 entfaltete.

Der wackere, alte Mann ist nur dann glücklich, wenn er thut, was er für recht hält; aber es geht ihm sowohl der Verstand als das Gefühl ab, welche die Menschen befähigen, Recht vom Unrecht, Despotismus von Gerechtigkeit, nothwendige Entschiedenheit, von stumpfsinniger Hartnäckigkeit zu unterscheiden. Wäre nicht der Krieg und die großen völkerrechtlichen Fragen gewesen, welche sich erhoben und sofortige Entscheidung verlangten, so würde König Wilhelm fortgefahren haben, Parlamente aufzulösen und Zeitungen zu bestrafen. Taxen ohne Beistimmung der Abgeordneten des Volkes zu erheben und den Polizeiminister von Berlin zu machen. Die Kraft, welche durch den Widerstand gegen die Franzosen so populär wurde, würde sicherlich sonst bei der

---

*) Herr Karl Benson in der Galaxy für November 1870.

Unterdrückung der Preußen Beschäftigung gefunden haben. Ich sehe nichts an König Wilhelm zu bewundern, als seinen Muth und seine Ehrlichkeit.

Er mag seinen vollen Dank einärndten für alle Dienste, welche er Deutschland geleistet hat, aber ich kann mich nicht zu der Höhe persönlicher Bewunderung für ihm erheben. Es ist in der That schwer ihn ohne ein augenblickliches Gefühl wirklicher Ehrfurcht anzusehen. Der schöne Kopf, sein Gesicht mit seinen edlen Umrissen, und sein freies, freundliches Lächeln; die stattliche, würdige Gestalt, welche die Last der siebenzig Jahre weder zu beugen noch zu schwächen vermocht hat, — machen, daß der König, wie einer der alten Recken vom Hofe Karls des Großen, aussieht. Er ist trotz seiner Jahre das schönste Exemplar eines Fürsten, das gegenwärtig in Europa zu sehen ist.

Aber dennoch kann ich aus dem kräftigen König Wilhelm keinen Helden machen, obschon er persönlich militärische Tapferkeit genug hat, um irgend einem Helden des Nibelungenliedes zu genügen. Er würde, auch wenn er könnte, der Freiheit niemals einen Dienst leisten. Er kann die Elemente und ersten Grundsätze der Volksfreiheit nicht fassen. Ihm ist das Volk immer ein Kind, welches am Gängelbande geführt, geleitet, und, wenn es je lärmend oder unartig wird, tüchtig die Ruthe fühlen und in den Winkel geschickt werden muß.

König Wilhelm ist durchaus nicht grausam, d. h. er würde mit Willen keinem Menschen ein Leides thun und er ist in der That eher gutherzig und menschlich, als anders. Er ist der gemeinen Gehässigkeiten, und niedern Grausamkeit Friedrichs des Großen, dessen Bildsäule so nahe an seinem Palaste steht, eben so vollständig unfähig, als der wilden Brutalitäten und des schamlosen Benehmens des Vaters von Friedrich.

Er ist in der That einfach ein stumpfer, alter Militär=

pedant, der durch und durch von den Ueberlieferungen der vergangenen feudalen Zeit Deutschlands durchdrungen ist; sein höchstes Verdienst ist die Thatsache, daß er sein Wort hält, und daß er ein stiller, kräftiger Mann ist, der nicht lügen kann. Sein edelstes Glück ist der glückliche Zufall, der ihn zum Feldherrn in den Schlachten seines Landes machte, statt es ihm frei zu lassen gegen die Bemühungen seines Landes für Freiheit zu kämpfen und sie vielleicht für die Zeit zu unterdrücken.

Der gütige Himmel hat ihm gestattet zum Kämpfer und Repräsentanten der deutschen Einheit zu werden. Dieser Einheit, welche Deutschlands unmittelbare und höchste Nothwendigkeit ist, und welche die Verschiebung jeder andern Anforderung und jeden andern Wunsches gebietend, erheischt. Und diese Rolle hat er wie ein Mann, ein Soldat und ein König gespielt.

Aber man kann kaum erwarten, daß man die ganze Vergangenheit vergessen, — daß man vergesse, was Humboldt und Varnhagen von Ense schrieben, was Jakobi und Waldeck sprachen, was König Wilhelm im Jahre 1848 that, und was er 1861 sagte. Und wenn wir dies nicht vergessen, und noch viel Aehnliches mehr, so können wir kaum umhin, anzuerkennen, daß, wenn nicht die glücklichen Umstände eingetreten wären, welche ihm gestatteten, sich als den besten Freund der deutschen Einheit zu erweisen, er sich wahrscheinlich als der schlimmste Feind der deutschen Freiheit erwiesen haben dürfte.

Kapitel 10.

Die Hauptstützen des Thrones.

Der Kronprinz Friedrich Wilhelm, der Sohn des Königs, wird nicht als ein Mann von großer Gewandtheit oder von ausgezeichnet ehrenwerthem Charakter angesehen. Er ist jetzt (1870) neun und dreißig Jahre alt, da er im Jahre 1831 geboren wurde. Er kommandirt das Zentrum der Armee in Frankreich. Da er ziemlich viel vom Kriege schon gesehen hat und es ihm weder an Muth noch an Thatkraft fehlt, so steht er als militairischer Befehlshaber ziemlich hoch. Da derselbe ferner die älteste Tochter der Königin Viktoria, — welche auf solche Weise wahrscheinlich bald Königin von Preußen wird, — geheirathet hat, so dürfte es dem brittischen Hofe schwer fallen, irgend welche kräftige Mittel gegen die ehrgeizigen Pläne des preußischen Reiches zu ergreifen.

Der hervorragendste Militair in Preußen ist Prinz Friedrich Karl, 42 Jahre alt und Oberkommandant des preußischen Heeres. Friedrich Karl ist der Neffe des Königs, der Sohn des Prinzen Karl, des Bruders des Königs.

Schon im zehnten Jahre trat Friedrich Karl in die Armee ein. Man hielt es für wichtig, daß jeder Prinz vom Hause Hohenzollern in den Kriegswissenschaften durchaus geübt sei, damit er im Nothfalle fähig sei, das Schwert in Vertheidigung seines Landes zu ziehen.

Er soll schon in diesen frühen Jahren ein leidenschaftlicher Bewunderer der Heldenthaten Friedrichs des Großen gewesen sein. Mit großem Enthusiasmus studirte er die Geschichte des siebenjährigen Krieges und machte sich mit allen strategischen und taktischen Bewegungen dieses berühmten Kampfes durchaus bekannt. Seine angeborene Vorliebe für das Kriegswesen befähigte ihn, rasche Fortschritte in seinen Studien zu machen und sein kriegerisches Genie fiel seinen Lehrern und Kameraden frühzeitig auf.

Schon in seinem zwanzigsten Jahre, im Jahre 1848, bei dem ersten Einfalle in Schleswig-Holstein, wurde er dem Stabe des Oberkommandanten der preußischen Armee, General von Wrangel, zugetheilt. Sei tollkühner Muth begeisterte die Truppen in hohem Maße und trug viel zu seinem Rufe bei.

Als im Jahre 1849 sein Oheim, jetzt König Wilhelm I., nach Baden gesendet wurde, um mit seinen Dragonern einen Volksaufstand zu unterdrücken, so begleitete ihn Prinz Friedrich Karl dort hin und leistete in den blutigen Kämpfen, welche nun folgten, wichtige Dienste. Während der darauf folgenden fünfzehn Friedensjahre widmete sich Prinz Friedrich Karl mit erneutem Eifer seinen kriegswissenschaftlichen Studien, machte sich mit jedem Dienstzweige vertraut, besonders aber richtete er seine Aufmerksamkeit auf die Organisation und Bewegung großer Armeen.

Beim zweiten Einfalle in Schleswig-Holstein 1863, — auf den wir später zurückkommen werden, — war Friedrich Karl mit dem Kommando einer preußischen Division betraut. Beim Angriffe auf Düppel, eines der furchtbarsten dänischen Festungswerke, ergriff Friedrich Karl, nachdem der Sturm zweimal mit großem Blutvergießen abgeschlagen worden war, die Fahne der königlichen Garden und führte den dritten Sturm, der erfolgreich war, persönlich an.

Beim Anfange des Krieges zwischen Preußen und Oestreich, im Jahre 1866, kommandirte Prinz Friedrich Karl die erste Division der preußischen Armee. Am 23. Juni überschritt er die Grenze und in dem Befehl an seine Truppen zum Angriffe auf die Oestreicher, redete er sie auf die folgende, für den barschen und ungebildeten Soldaten charakteristische Weise an:

„Mögen eure Herzen zu Gott und eure Fäuste auf den Feind schlagen." Eine Reihe von Siegen, die beinahe ihres Gleichen suchten, erfolgte. So glorreich auch dieser Feldzug war, der mit der vollständigen Niederlage der Oestreicher bei Sadowa endete, so enthüllte er dennoch dem Adlerauge des Prinzen Friedrich Karl einige ernstliche Fehler in der Organisation der preußischen Armee. Er veröffentlichte bald darauf eine Schrift über diesen Gegenstand, welche durch ganz Deutschland großes Aufsehen erregte.

Baron von Moltke ist ein anderer Preuße, welchen die bewegten Zeiten auf eine hervorragende Weise der Welt vor Augen gebracht haben. Der Baron war den 26. Oktober 1800 in Mecklenburg geboren. Er diente in seiner Jugend in der dänischen Armee. Im Jahre 1822 trat er in die preußische Armee als Unterlieutenant ein. Seine hervorragenden militairischen Fähigkeiten machten ihn bald bemerkbar und sicherten ihm rasches Vorrücken im Range.

Im Jahre 1835 ging er nach Konstantinopel, um die türkische Armee zu organisiren. In dem Feldzuge, der gegen den Vicekönig von Egypten erfolgte, zeichnete er sich bedeutend aus und kehrte mit neuen Ehren gekrönt nach Preußen zurück. Im Jahre 1858 wurde er Stabschef und im Jahre 1864 nahm er in ausgezeichneter Weise an dem Kriege Theil, welcher Schleswig-Holstein von Dänemark trennte. Bald darauf veröffentlichte er einige militairwissenschaftliche Werke, welche in mehrere Sprachen übersetzt wurden und einen weiten Leserkreis fanden.

Aber das größte Feld für praktische Verwendung seines Genies bot sich ihm während des Feldzuges 1866. Es heißt, daß er nicht allein beständig im Besitze von Nachrichten über jede Bewegung der Armee gewesen sei, sondern daß er nie auch nur einen Augenblick in Verlegenheit gewesen sei, auf welche Weise er den Operationen seines Gegners entgegentreten müsse, um aus denselben für sich selbst Nutzen zu ziehen.

Sein Charakter ist felsenfest; und wenn er einmal den Plan zu einer strategischen Bewegung gemacht hat, so kann nichts ihn von der Ausführung desselben abhalten, so lange als er moralisch von seinem Rechte überzeugt ist und sich eine Aussicht auf Erfolg darbietet. Trotz seiner vorgerückten Jahre, denn er ist schon über siebzig, soll er noch sehr kräftig sein und schreckt vor den Strapazen eines Feldzuges nicht zurück.*)

Aber bei weitem der merkwürdigste Mann, den diese neuern Bewegungen auf eine weithin sichtbare Höhe gehoben, ist Graf Otto Eduard Ludwig von Bismarck. Er war zu Schönhausen am 1. April 1815 geboren, seine Eltern waren reich und von alter Familie, Otto war der jüngste von sechs Kindern. Als er nur ein Jahr alt war, zog sein Vater nach Pommern, wo er zu Kniephof, etwa 5 Meilen von Naugard östlich, einige Rittergüter geerbt hatte. Hier blieb Otto bei seinen Eltern, bis er sechs Jahre alt war.

Das Landhaus zu Kniephof war einfach aber geräumig und schön gelegen. Sein schöner Garten, die umgebenden Gehölze und Wiesen gaben ihm eine gewisse Berühmtheit. Im Jahre 1821 wurde der sechsjährige Otto nach Berlin gesandt und in die berühmte Schule des Professor Plaman gegeben. Hier blieb er sechs Jahre, bis 1827, dann trat er in das Gymnasium. Sein älterer Bruder war eine Klasse über ihm. Ihre Eltern brachten gewöhnlich den Winter in Berlin zu und so erfreuten sich die Knaben auch des häuslichen Lebens, da sie dann bei denselben wohnten.

Die beiden Knaben wurden den besten Hauslehrern an-

---

*) Der große europäische Konflikt, von G. W. Bible, S. 55.

vertraut und Otto erlangte, neben dem, daß er eine tüchtige klassische Bildung erhielt, eine solche Kenntniß der englischen und französischen Sprache, daß er beide richtig und geläufig gebrauchte. Man sparte keine Ausgabe bei ihrer Erziehung, da die Mutter eine ausgezeichnete Dame war, gleich hervorragend durch ihre Schönheit, wie durch ihre geistigen Gaben. Sie schien den merkwürdigen Charakter und die Fähigkeiten Otto's schon frühzeitig bemerkt zu haben und sie drückte daher den Wunsch aus, daß derselbe sich der diplomatischen Laufbahn widmen möge. Der Vater Otto's war ein witziger und freundlicher Mann, der die Welt leicht nahm und der weder durch Bildung noch Verstand besonders bemerkbar war.

Im Jahre 1830 wurde Otto, als er seinen fünfzehnten Geburtstag erreicht hatte, in der Dreifaltigkeitskirche in Berlin konfirmirt. Zwei Jahre später, 1832, bestand er seine Maturitätsprüfung am Gymnasium und begann das Studium der Rechte. Dr. Bonnell, der Direktor des Gymnasiums, sprach in folgenden Ausdrücken von Otto, während derselbe noch unter seiner Obhut stand:

„Meine Aufmerksamkeit wurde gleich am Tage seines Eintritts auf den jungen Bismarck gezogen; bei dieser Gelegenheit sitzen die Knaben im Schulzimmer so auf ihren Schulbänken, daß der Lehrer die neuen Ankömmlinge während der Schuleröffnung aufmerksam übersehen konnte. Otto von Bismarck saß, wie ich mich noch deutlich erinnere, mit sichtbarer Spannung, ein freundliches Knabengesicht mit hellen Augen, freundlich und wohlgemuth unter seinen Kameraden, so daß ich denken mußte: „das ist ein hübscher Junge, ich will ihn im Auge behalten."

„Er kam im Frühjahr 1831 in mein Haus, wo er sich in meiner bescheidenen Haushaltung auf eine höchst freundliche und vertrauliche Weise benahm. Er war in jeder Hinsicht musterhaft und verließ uns nur selten des Abends. Wenn ich bisweilen abwesend war, so führte er freundliche und unschuldige Gespräche mit meiner Gemahlin und bewies eine große Neigung zu häuslichem Leben. Er gewann unsere Herzen und wir begegneten seiner Zuneigung mit Liebe und Sorgfalt, so daß, als er uns verließ, sein Vater die Erklärung abgab, daß sein Sohn noch niemals so glücklich gewesen sei, als mit uns."*)

Er wird jetzt als ein ruhiger, zurückhaltender, manierlicher junger Mann geschildert, der sehr pünktlich in der Beobachtung und Forderung derjenigen Höflichkeit war, welche die Etiquette erheischte. Ein vortreffliches Gedächtniß half ihm beim Studium der Sprachen. Er war ein großer Liebhaber von Pferden und Hunden. Obgleich kein Freund von Kraftspielen, war er ein guter Fechter, ein trefflicher Schwimmer und anmuthiger Tänzer. Er war rasch aufgeschossen; war mager, schlank mit blassem Gesichte, doch erfreute er sich einer guten Gesundheit. Auf der Universität wurde er mit Lothrop Mitlei bekannt, der seither so berühmt geworden ist.

Otto hatte gewünscht die Universität zu Heidelberg zu beziehen. Seine Mutter widersetzte sich dem, aus Furcht, er möchte die ihr verhaßte Gewohnheit des Biertrinkens annehmen. Deßwegen bezog er die Hochschule zu Göttingen. Hier gab er sich mit großer Sorglosigkeit der Zerstreuung hin. Sein kräftiger Körperbau befähigte ihn Ausschweifungen, denen andere erlegen wären, zu ertragen. Er focht ein Duell, in dem er eine leichte Wunde davon trug, bald darauf hatte er vier Herausforderungen auf dem Halse. Bei seinem lustigen Leben in Göttingen hatte er keine Zeit die Kollegien zu besuchen.**)

Als er in den Ferien nach Hause kam bekümmerte sich seine Mutter sehr über seine Kleidung und seine veränderten

---

*) Leben Bismarck's von Johann Georg Ludwig Hesekiel. S. 115.
**) Ebendaselbst. S. 127.

Sitten. Die Monate sogenannter Vergnügungen verstrichen und Bismarck wurde dem Namen nach ein Advokat, der sein Büreau in Berlin eröffnete. Er war ein gut aussehender Mann, von majestätischem Körperbau und höflichem Betragen.

Während des Winters von 1835 und 36 wohnte der junge Bismarck einem Hofballe bei. Da traf er den Prinzen Wilhelm, den Sohn König Wilhelm III. zum ersten Male. Als Bismarck nebst einem andern ebenso stattlichen Advokaten dem unmittelbaren Thronerben vorgestellt wurde, so sagte Wilhelm, indem er die beiden vor ihm stehenden stattlichen Gestalten musterte: „Es scheint mir, daß die Justiz ihre Jünger nach dem für die Garden gültigen Maßstabe aussucht." Dies war die erste Zusammenkunft des zukünftigen Monarchen mit seinem zukünftigen berühmten Staats-Minister.

Im Jahre 1836 wurde Bismarck als ein Attaché der Gesandtschaft an den Hof nach Aachen gesandt. Auch hier versenkte er sich wieder in alle die modischen Zerstreuungen der alten Kaiserstadt. Er kam bei Gelagen mit Engländern und Franzosen zusammen und, da er beide Sprachen geläufig sprach, so wurde er sehr begünstigt und machte mehrere Ausflüge nach Belgien, Frankreich und der Rheinprovinz. Im Jahre 1837 wurde er nach dem königlichen Ministerium zu Potsdam versetzt. Das Jahr darauf trat er bei den Gardejägern ein, um seiner Militärpflicht Genüge zu leisten. Er war ein wilder Bursche und sein unvorsichtiger Vater hatte seine Güter so verwaltet, daß die Familie von finanziellem Ruin bedroht war.

Die Söhne baten ihren Vater ihnen die Bewirthschaftung der pommerschen Güter zu gestatten. Dem Ansuchen wurde entsprochen und die Eltern zogen sich nach Schönhausen zurück, um dort den Abend ihrer Tage zuzubringen. Die Mutter, deren Gesundheit schwach war, starb bald im November 1839. Im Sommer dieses Jahres war es, daß Bismarck die Bewirthschaftung seiner pommerschen Güter begann. Er war damals dreiundzwanzig Jahre alt und an übermäßige Ausgaben gewöhnt; nun drückte ihn bitterer Mangel. So widmete er sich für einige Zeit, vom Mangel bedrängt, der Sorge um die verwilderten Besitzungen mit Fleiß und Umsicht.

Aber die Veränderung in dieser Lebensweise drückte ihn zu Boden, er wurde tief schwermüthig. Mit zurückkehrendem Wohlstand kehrte auch seine Sorglosigkeit zurück. Sein Lobredner und Biograph sagt von ihm:

„Trotz seines wilden Lebens und seiner wilden Handlungen hatte er immer mehr das Bewußtsein des Alleinseins, und der gleiche Bismarck, der sich lustigen Gelagen mit den Offizieren der benachbarten Garnisonen hingegeben hatte, versank, wenn er allein war, in die bittersten und peinlichsten Träumereien. Er litt an jenem Lebensüberdruß, welcher bisweilen bei den kühnsten Offizieren so gewöhnlich ist, und welchen man Lieutenants-Melancholie nennt. Je weniger er in seinem wilden Leben wahres Vergnügen hatte, desto toller wurde er, und schließlich kam er bei älteren Herren und Damen in einen sehr schlimmen Ruf, denn sie sagten dem moralischen und finanziellen Ruin des „tollen Bismarck" voraus.*)

Die zwei Brüder theilten die pommerschen Güter unter sich so, daß Kniephof und seine Umgebung auf den Antheil von Otto fiel.

Es ereigneten sich merkwürdige Szenen zu Kniephof, als der jugendliche Eigenthümer, von schwermüthigen Gedanken gequält, tollkühn durch die Felder jagte, um die Zeit todtzuschlagen, bald einsam, bald in Gesellschaft heiterer Genossen

---

*) Leben Bismarck's von Hesekiel. S. 133.

und Gäste, so daß der Kniephof weit und breit im Lande berüchtigt wurde.

Merkwürdige Geschichten wurden im Lande über die nächtlichen Gelage, bei welchen Niemand den „tollen Bismarck" beim Leeren der großen, mit Porter und Champagner gefüllten Becher überbieten konnte. Erzählungen wilder Art wurden von schaudernden Damen von Ohr zu Ohr geflüstert. Bei jedem wilden Abenteuer, bei jeder ausgelassenen Lustbarkeit wurden ein Dutzend neue Fabeln laut, bisweilen von komischem, bisweilen von schrecklichem Inhalte, bis man endlich glaubte, es spucke in dem kleinen Landhause zu Kniephof. Aber die Geister müssen von beträchtlich starken Nerven gewesen sein; denn die Gäste, wenn sie mit Nachtmützen von Porter oder Champagner schlummerten, wurden sie oft von den Pistolenschüssen geweckt, deren Kugeln über ihre Köpfe wegpfiffen und den Kalkbewurf der Zimmerdecken auf sie herabfallen machten.*)

Bismarck war natürlicher Weise in seinen vielen einsamen Stunden ruhelos und unglücklich. Vergeblich suchte sein gestörter Geist Ruhe im Lesen, dann versuchte er das Reisen und besuchte Frankreich und England.

Sein Vater starb im Jahre 1845 und Bismarck erhielt neben seinem bisherigen Besitze, das Gut zu Schönhausen. Hier schlug er seinen Wohnsitz in Zukunft auf. Es wurden ihm dort einige örtliche Aemter von geringer Wichtigkeit übertragen.

Im Hause eines Freundes traf Bismarck eine Dame, Johanna von Puttkammer, und verliebte sich tief in dieselbe. Aber sein Ruf war ein solcher, daß die Verwandten der jungen Dame bei einem Gedanken an eine Verbindung mit einem solchem Wüstling schauderten. Johanna dagegen erwiderte die Liebe und endlich gaben die Eltern, obwohl wider-

---

*) Leben Bismarck's von Hesekiel. S. 134.

strebend, ihre Beistimmung zu der Vereinigung. Sie wurden im Juli 1847 vermählt. Auf seiner Hochzeitsreise besuchte Bismarck die Schweiz und Italien. Zu Venedig traf er den König Friedrich Wilhelm IV. und wurde von ihm zum Diner eingeladen, bei den sie lange Zeit über deutsche Politik sprachen. Bismarck hatte schon eine starke Abneigung gegen den Fortschritt der Demokratie eingesogen und war ernstlich zu Gunsten der Bewahrung der Kronvorrechte. Seine Ansichten, welche er bei dieser Unterredung äußerte, erregten offenbar das Wohlgefallen des Königs in hohem Grade. Hier wurde auch wahrscheinlich der Grund zu der königlichen Gunst gelegt, mit welcher Friedrich Wilhelm IV. später seinen berühmten Unterthanen überschüttete.

Der Lobredner Bismarcks erzählt uns, daß Liberalismus der gefährlichste Feind gegen die Macht des Thrones war, den Bismarck kannte und er wies demselben kühn die Stirne. Dann ließ die Demokratie darüber einige Bemerkungen fallen, auch diesem Feinde trat er mit der größten Entschiedenheit entgegen. Liberalismus, Demokratie, die feindliche Eifersucht Oestreichs, der Neid fremder Nationen, — das waren ihm die Feinde der preußischen Souveränität, auch hat Bismarck mit gleichem Muthe und gleicher Festigkeit, mit ebenso viel Einsicht als Erfolg, offen und ehrlich gegen diese gekämpft.

Als im Jahre 1847 Friedrich Wilhelm durch die allgemeine Volkserhebung gezwungen zu einer Verfassung die manche Reformen gewährte, seine Zustimmung gab, war der alte Adel mißvergnügt. Sie hingen an dem Absolutismus ihrer frühern Könige. Während der Debatten über diese Frage trat Bismarck als Landtagsabgeordneter zuerst als Redner auf. Er legte seinen Protest gegen die Verfassung und gegen jede Nachgiebigkeit an den Geist der Freiheit ein. Seine Bemerkungen wurden so wenig gewürdigt, daß seine Stimme durch Zischen und Schreien erstickt wurde.

Die ganze liberale Presse fiel nun mit der äußersten Wildheit über Bismarck her. Mit großer Kaltblütigkeit bekannte er sich offen als Freund des feudalen Absolutismus und als Feind der „Volksrechte." So, sagt sein Biograph, befand er sich in offenem Kampfe mit dem Liberalismus. Er äußerte seine Meinungen in Einklang mit der ihm angeborenen natürlichen Freimüthigkeit.

In einer längeren Rede im Jahre 1847 sagte er: „Wem steht das Recht zu eine authentische Erklärung abzugeben? Nach meiner Ansicht, dem Könige allein. Die preußischen Herrscher besitzen ihre Krone nicht von Volkes Gnaden, sondern von Gottes Gnaden, — eine in Wirklichkeit unbedingte Krone von deren Rechten sie dem Volke freiwillig einige abgetreten haben."

So nahm Bismarck seine Stellung mit immer steigender Kühnheit und Geschicklichkeit; er unterstützte die Oberherrlichkeit der Krone und bekämpfte die Volksrechte. Der Sommer 1848 war fürchterlich durch seine Bedrohungen gegen den Absolutismus des preußischen Thrones; Bismarck wurde als der kühnste und geschickteste Advokat des Königthumes anerkannt. Sein Muth wankte niemals, daher wurde er auch von den Vertretern der Reformen ebenso sehr gehaßt, wie er vom Hofe geschätzt wurde.

Eines Abends war er in einem Bierlokale, welches von denjenigen, die mit ihm in der Politik sympathisirten, besucht wurde.

Er hatte gerade seinen Sitz eingenommen, als am nächsten Tische eine besonders beleidigende Bemerkung gegen ein Mitglied der königlichen Familie fiel. Bismarck erhob sich sogleich und, indem er an den Sprecher sich wandte, donnerte er ihm zu:

„Packen Sie sich aus dem Hause! Wenn Sie nicht fort sind, wenn ich dies Bier getrunken habe, so werde ich dies Glas an Ihrem Kopfe zerschmettern."

Darauf entstand eine gewaltige Bewegung und großes Geschrei in allen Richtungen. Ohne davon im mindesten Notiz zu nehmen, trank Bismarck sein Glas aus, und schmetterte den Humpen dann mit solcher Gewalt auf den Schädel des Beleidigers, daß das Glas in Stücken flog und der Mann heulend vor Schmerz zu Boden stürzte. Es erfolgte tiefe Stille darauf, während welcher man Bismarcks Stimme vernahm, der in ganz ruhigem Tone, als ob nichts vorgefallen wäre, fragte:

„Kellner, was habe ich für dies Glas zu bezahlen?"*)

Im Frühjahr 1851 wurde Bismarck vom König Friedrich Wilhelm IV. zum Gesandten beim Bundestage in Frankfurt am Main ernannt. Man erzählt sich folgende Anekdote von ihm, welche, wenn sie auch nicht vollständig wahr ist, doch den Mann sicherlich charakterisirt: „Er besuchte eines Tages den vorsitzenden Gesandten, Grafen Thun. Dieser empfing ihn mit einer unhöflichen Vertraulichkeit und fuhr fort, seine Cigarre zu rauchen, ohne ihm auch nur einen Stuhl anzubieten. Bismarck zog kaltblütig seine Cigarrentasche hervor, nahm eine Cigarre und sagte in gleichmütigem Tone: „Darf ich Eure Excellenz um etwas Feuer bitten." Se. Excellenz reichte im höchsten Grade erstaunt das verlangte Feuer hin. Bismarck rauchte sodann einige tüchtige Züge, nahm dann den unangebotenen Stuhl in der kaltblütigsten Weise von der Welt und fing das Gespräch an.

In einem Briefe Bismarcks an seine Gemahlin von Frankfurt unterm 3. Juli 1851 finden wir folgende Ergüsse:

„Ich ging vorgestern nach Wiesbaden, zu . . . . . . und mit einem Gemisch von Traurigkeit und Erfahrung gingen wir umher, um uns diese Szene früherer Thorheiten anzusehen. Möchte Gott dies Gefäß mit seinem starken und

---

*) Leben Bismarcks, S. 202.

reinem Weine füllen, in welchem früher der Champagner zwanzigjähriger Jugend nutzlos brauste und nichts als Ekel zurückließ. Wo sind nun …… und Fräulein ……? Wie viele sind schon beerdigt, mit denen ich früher scherzte, trank und spielte! Wie mancher Umschwung hat in meinen Weltanschauungen in diesen vierzehn Jahren stattgefunden! Wie kleinlich sind viele Dinge, welche mir damals groß erschienen! Wie vieles ist mir jetzt ehrwürdig, das ich damals verlachte!"

Während des Sommers 1855 besuchte Bismarck die Ausstellung in Paris. Dort war er der Gast des preußischen Gesandten, des Grafen Hatzfeld und wurde dem französischen Kaiser zum ersten Male vorgestellt. Im Frühjahr besuchte er Paris und hatte eine spezielle politische Zusammenkunft mit dem Kaiser, worauf er Dänemark und Schweden besuchte. Gewisse zufällige Bemerkungen in seinen Briefen fangen nun an zu zeigen, wie die Idee einer Vergrößerung der Macht Preußens immer mehr in seinem Geiste Wurzel faßte und denselben beschäftigt. In einer offenbar offiziellen Mittheilung vom 12. Mai 1859 finden wir folgende Ausdrücke:

„Ich gehe vielleicht zu weit, wenn ich es als meine Meinung ausspreche, daß wir jede zu rechtfertigende Gelegenheit ergreifen sollten, um eine für Preußen nothwendige Revision unserer Beziehungen zu den kleinern deutschen Staaten zu erlangen. Ich denke, daß wir freiwillig den Handschuh aufnehmen und es als kein Unglück betrachten sollten, wenn eine Mehrheit in Frankfurt einen Beschluß fassen sollte, den wir als eine willkürliche Aenderung in dem Zwecke des Bundes und als eine Verletzung seiner Verträge betrachten könnten. Je weniger die Verletzung zu mißverstehen ist, desto besser. Ich sehe in unserer Stellung am Bundestage einen Mangel Preußens, welchen wir früher oder später durch Feuer und Schwert werden heilen müssen.

Die Italiener waren bestrebt sich dem östreichischen Joche zu entziehen und die italienische Einheit herbeizuführen. Ohne Hülfe konnten die getrennten Staaten Italiens keineswegs der mächtigen östreichischen Monarchie Widerstand leisten. Frankreich war die einzige Nation, auf welche die Italiener rechnen konnten. Preußen hatte sich verpflichtet sich mit Oestreich zu vereinigen im Falle Frankreich den Italienern zu Hülfe marschiren sollte. In Anspielung auf diesen Gegenstand schrieb Bismarck unterm 22. August 1860 von St. Petersburg, wie folgt:

„Nach den Zeitungsnachrichten haben wir uns mündlich verpflichtet Oestreich unter allen Umständen zu Hülfe zu ziehen, wenn es von Frankreich in Italien a n g e g r i f f e n werden sollte. Sollte Oestreich es für nothwendig halten offensiv zu handeln, so müßte unsere Zustimmung dazu eingeholt werden, wenn man auf unsre Mitwirkung rechnen wollte. Wenn es Sicherheit hat, daß wir für Venedig Krieg führen werden, so wird es wohl wissen, wie es den Angriff Frankreichs herausfordern kann.

„Es ist die Politik des Wiener Kabinets, die Sachlage in Italien so schlimm wie möglich zu machen, besonders seit der Expedition Garibaldi's, so daß, wenn Napoleon es für nöthig halten sollte, sich gegen die italienische Revolution zu erklären, die Bewegungen zur Wiederherstellung des frühern Zustandes von allen Seiten beginnen würden.

„Irgend ein allgemeines Gerücht kommt mir zu Ohren, daß die Zeitungen einen systematischen Krieg gegen mich führen. Man sagt, daß ich öffentlich russisch-französische Anmaßungen in Bezug auf eine Abtretung der Rheinprovinz gegen eine näher gelegene Entschädigung bevorwortet habe. Ich verspreche demjenigen tausend Friedrichsd'or auszubezahlen, der beweisen kann, daß jemals von irgend Jemanden mir solche französisch-russische Vorschläge kundgegeben worden sind."*)

Die Edinburg Review charakterisirte Bismarck in folgender Weise: „Sein Privatleben ist rein, Niemand hat ihn je angeklagt, seine hohe Stellung zu finanziellen Vortheilen benutzt zu haben; aber die dunklern Schatten fehlen nicht an der Seite dieser Tugenden. Er vergißt eine Geringschätzung niemals und verfolgt Leute, welche ihn verletzt haben mit der unwürdigsten Bosheit. Sein kräftiger Wille artet häufig in sinnlose Hartnäckigkeit aus. Er wird von seinen Untergebenen gefürchtet, aber wir haben niemals gehört, daß Jemand ihn liebte. Er kann das gerade Gegentheil der Wahrheit mit erstaunlicher Kaltblütigkeit vorbringen. Er lacht über die Thoren, welche seine schönen Worte für baare Münze nehmen. Seine Menschenverachtung ist tief."**)

Herr Friedrich Kapp erzählt in einem Artikel der „New York Nation" vom Oktober 1870 über eine Unterredung mit Bismarck den folgenden Vorfall:

Als der östreichische Gesandte eine Behauptung Bismarck's etwas ungläubig aufnahm, sagte dieser wenige Wochen vor dem Ausbruche des Krieges von 1866 zu ihm: „Ich behaupte niemals etwas Falsches, wenn ich es vermeiden kann. In Ihrem Falle ist dies nicht nothwendig, deßwegen habe ich überhaupt keinen Vortheil davon, wenn ich Sie täusche und Sie können mir auf's Wort glauben."

---

*) Leben Bismarck's. S. 272.
**) Edinburg Review. Bd. XXX., S. 457.

Kapitel 11.

Schleswig-Holstein.

Frühzeitig im Jahre 1859 wurde Bismarck zum Gesandten nach Rußland ernannt. Seine Arbeiten waren nicht beschwerlich; er konnte einen großen Theil seiner Zeit der Erziehung seiner drei Kinder, einer Tochter und zweier Söhne, widmen. Am 2. Juli, noch bevor seine Familie zu ihm gekommen war, schrieb er an seine Gemahlin: „Vor einer halben Stunde erweckte mich ein Kurier mit Nachrichten von Krieg und Frieden. Unsere Politik gleitet nach und nach in das östreichische Geleise. Wenn wir einen Schuß am Rheine thun, so ist der Krieg in Italien vorbei. Statt desselben werden wir einen preußisch-französischen Krieg sehen, in welchem Oestreich, wenigstens sofern es sein eigenes Interesse betrifft, beistehen wird, nachdem wir die Last von seinen Schultern genommen haben. Daß wir eine sehr siegreiche Rolle spielen dürften, ist kaum zu erwarten.

„Sei es nun, wie Gott wolle! Hier unten ist alles eine Frage der Zeit; Nationen und Männer, Thorheit und Weisheit, Krieg und Frieden, — sie kommen gleich Wogen und verschwinden wie diese; der Ozean bleibt. Auf dieser Erde ist nichts als Heuchelei und Gaukelei; und ob dieser Fleischklumpen vom Fieber verzehrt oder durch eine Kugel zerstört wird, fallen muß er doch einmal. Die Verschiedenheit zwischen einem Preußen und Oestreicher wird so gering sein, daß es schwierig sein dürfte, sie zu unterscheiden. Thoren und Weise sehen als Skelette einander sehr gleich.

So verlieren wir den spezifischen Patriotismus; aber es wäre Thorheit ihn in die Ewigkeit hinüberzutragen."

Daß Bismarck auch warmes menschliches Mitgefühl hat, zeigt folgender Auszug aus einem Beileidsbriefe, an einen Freund, welcher ein Mädchen verloren hatte.

„Eine größere Sorge könnte Sie schwerlich betroffen haben. Ein so liebliches und fröhlich aufwachsendes Kind zu verlieren und mit demselben alle Hoffnungen, welche bestimmt waren, die Freuden Ihres Greisenalters zu bilden, zu begraben. Trauer wird Sie, so lange Sie in dieser Welt leben, nicht verlassen. Ich hege tiefschmerzendes Mitgefühl mit Ihnen. In der mächtigen Hand Gottes sind wir hülflos und wir können nichts thun, als uns in Demuth unter seinen Willen beugen.

„Wie verschwinden alle die kleinen Sorgen und Mühsale, die unser tägliches Leben betreffen vor der eisernen Erscheinung des wahren Unglückes. Wir sollten nicht von dieser Welt abhängig sein, noch sie als unsere Heimath betrachten. Noch zwanzig oder dreißig Jahre und wir haben beide die Sorgen dieser Welt verlassen. Unsre Kinder werden in unsre gegenwärtigen Stellungen gerückt sein und werden mit Erstaunen entdecken, daß das so heiter begonnene Leben nun bergunter geht."

Den 22. Mai 1862 wurde Bismarck zum Gesandten nach Paris ernannt. Es scheint, daß sich während seines kurzen dortigen Aufenthaltes nichts von Wichtigkeit zugetragen habe. Er wurde nun als der Leiter der aristokratischen oder sogenannten Junkerpartei betrachtet. Niemand war in Vertheidigung der Adels- und Kronvorrechte kühner und geschickter. Zur großen Entrüstung der Demokratie ernannte der König Bismarck im Herbste 1863 zum ersten Minister. Sein Biograph, der seine politischen Ansichten vollständig theilt, schreibt:

„Als Bismarck ungefähr Mitte September 1862 in

Berlin anlangte, fand er die Fortschrittspartei, fast siegesgewiß sich entgegen, vorwärts stürmend, wie ein Schlachtroß mit schweren Sporen und Schwerdt, alles vor sich her in Staub tretend, jeden Tag neue Skandale erregend und in solcher Weise handelnd, daß die klügern Führer dieser Partei ihre weisen Häupter schüttelten. Neben dieser Fortschrittspartei und theilweise von ihr geleitet und im Schlepptau derselben war die liberale Partei, mit Ausnahme einer geringen Minderheit, von fast noch größerer Abneigung gegen Bismarck beseelt, als sie die Fortschrittsmänner hegten."

Da er sich zu Gunsten der italienischen Einheit, welche Ostreich schwächen mußte, erklärt hatte, so wurde die Feindschaft dieser Macht aufs heftigste gegen ihn entflammt. Deßwegen trat er in freundlichere Beziehungen mit Frankreich. Sein großes Ziel schien nun zu sein, alle Parteien, die aristokratische sowohl, wie die demokratische, zu einigen, um Oestreich die Leitung der deutschen Angelegenheiten zu entwinden und diese Preußen zuzuwenden. Er sah klar ein, daß diese große That nicht ohne Krieg vollbracht werden könne und sagte öfters: „Die über Alles wichtigen Tagesfragen können nicht durch Reden und Abstimmungen entschieden werden, sondern durch Eisen und Blut."*)

Bismarck beklagte es bitter, daß die meisten deutschen Staaten mit Ostreich sympathisirten und Preußen feindlich gesinnt waren. Eine der ersten Handlungen seiner Staatsverwaltung war der Abschluß eines Bündnisses mit Rußland, um die polnische Revolution zu unterdrücken.

Bei der Thronbesteigung Wilhelms I. bestand Preußen aus einem Gebiete von 24,464 Quadratmeilen, also war es ungefähr halb so groß wie der Staat New-York, mit einer Bevölkerung von ein wenig mehr als 18 Millionen. Das

---

*) Bismarcks Leben, S. 340.

Königreich bestand aus acht Provinzen von denen zwei, Preußen und Posen nicht zum deutschen Bunde gehörten.*)

Nordwestlich an Preußen angrenzend waren zwei kleine Herzogthümer, Schleswig und Holstein. Im Nordwesten durch das deutsche, im Nordosten durch das baltische Meer begrenzt, mit dem Elbstrom im Süden boten sie dem Handel ungewöhnliche Vortheile dar. Ihre vereinigte Bevölkerung war etwa eine Million.

Diese Herzogthümer gehörten zum Theil zum Reiche des Königs von Dänemark, obgleich sie ein von dem der Krone verschiedenes Erbfolgegesetz besaßen. Für einige Zeit waren beide Herzogthümer unter einem Regenten, Herzog Friedrich, dessen Titel erblich war. Nach dem Tode Friedrichs VII. von Dänemark, machte sein Thronfolger, Christian IX. Ansprüche auf die Herzogswürde der zwei Herzogthümer. Andererseits machte auch der regierende Herzog Friedrich Ansprüche darauf. Obgleich die zwei Herzogthümer untrennbar vereinigt waren, so gehörte eines derselben, Schleswig, zum deutschen Bunde, und das andere, Holstein, nicht: aber da eines zum Bunde gehörte, so wurde der bestrittene Anspruch auf das Herzogthum eine deutsche Frage. Die Bewohner der Fürstenthümer waren mit offenbar großer Einmüthigkeit zu Gunsten Herzog Friedrichs und den Ansprüchen Dänemarks entgegen. In Hinsicht auf diese Schwierigkeiten hatte die dänische Regierung am 2. Mai 1862 einen Vertrag geschlossen, an welchem Oestreich, Preußen, Frankreich, Rußland und England theilnahmen, indem sie die Einheit des dänischen Gebietes garantirten. So wurde ganz Europa in den Streit hinein verwickelt.

England war in seiner Thätigkeit etwas gehemmt. Die Tochter Viktorias hatte den Kronprinzen von Preußen geheirathet und war auf solche Weise bestimmt, Königin dieses

---

*) Amerikanische jährliche Encyclopädie, 1867.

Landes zu werden. Der älteste Sohn Viktorias, der Prinz von Wales, hatte eine Tochter des Königs von Dänemark geheirathet und so war diese dänische Prinzessin die voraussichtliche zukünftige Königin von England. Diese nahe Verwandtschaft zwischen dem brittischen Hofe mit Dänemark sowohl, als mit Preußen, hemmte den Hof von St. James gar sehr in seinen Handlungen.

Preußen und Oestreich als Mitglieder des deutschen Bundes, nahmen sich der Ansprüche Friedrichs auf die Herzogthümer an. Trotz ihrer Vertragsverbindlichkeiten, gaben diese Mächte ihre Kriegsmacht dazu her, die Herzogthümer dem Könige von Dänemark zu entreißen. England durch seine Verbindungen mit beiden sich bekriegenden Höfen gehindert, hielt sich fern. Keine der geringern Mächte wagte es, dazwischen zu treten. So wurde nach kurzem Kampfe, Schleswig und Holstein Dänemark aus den Händen gewunden und unabhängig von der dänischen Krone erklärt. Dieses war Bismarcks erster Schritt in seiner höchst schlauen und erfolgreichen Intrigue. Es erschienen alsogleich drei neue Prätendenten, welche die Herzogthümer in Folge von Erbberechtigung verlangten. Diese waren der Herzog von Oldenburg, der Prinz von Hessen und, zur Ueberraschung von ganz Europa, König Wilhelm I. von Preußen. Wenn man den Herzog Friedrich und den König von Dänemark mit einschließt, so waren fünf Prätendenten vorhanden.

Ganz Europa war zu dieser Zeit in einem Zustande großer Bewegung. Polen war in Aufruhr. Augenscheinlich stand auch ein Kampf mit Oestreich über die Oberherrschaft in Deutschland bevor. Italien hatte mit Frankreichs Hülfe zu Solferino triumphirt, und da es so fast vollständige Einheit erreicht hatte, sammelte es seine Kräfte zur Eroberung der päpstlichen Staaten und für die Befreiung von Venedig; Frankreich forderte laut seine alte Rheingrenzen.

Unter diesen Umständen ergriff der französische Kaiser die

merkwürdige Maßregel und adressirte folgendes Cirkular an alle gekrönten Häupter Europas. Es war datirt,

Tuilerienpalast, 4. November 1863.

„Angesichts der Ereignisse, welche jeden Tag auftauchen und Wichtigkeit erlangen, halte ich es für unumgänglich nothwendig, mich selbst ohne Rückhalt gegenüber den Souveränen, welchen die Geschicke der Völker anvertraut sind, auszusprechen.

„Wenn jemals durch ernstliche Erschütterungen die Grundlagen der Staaten verrückt und deren Grenzen verändert worden sind, so müssen feierliche Verhandlungen stattfinden, um neue Elemente zu ordnen und die vollzogenen Veränderungen durch Revision der Verträge zu konsekriren. Dies war der Zweck des westphälischen Friedens im siebzehnten Jahrhundert und des Wiener Vertrages im Jahre 1815. Auf dieser letztern Grundlage ruht nun das politische Gebäude Europas; und doch werden sie alle gewahr, wie es von allen Seiten zusammenstürzt.

„Wenn wir die Lage der verschiedenen Länder aufmerksam betrachten so ist es unmöglich, nicht zuzugeben, daß die Wiener Verträge beinahe in allen ihren Punkten vernichtet, verändert, mißverstanden oder bedroht sind; daher haben wir Pflichten ohne Gesetze, Rechte ohne Titel und Ansprüche ohne Einschränkung. Die Gefahr ist um so furchtbarer, weil die Verbesserungen, welche uns die Civilisation gebracht hat, und welche die Nationen durch Vereinigung ihrer Interessen zusammen verbunden haben, den Krieg um so zerstörender machen würden.

„Dies ist ein Gegenstand für ernstes Nachdenken. Laßt uns nicht abwarten, bevor wir uns über die einzuschlagende Richtung entscheiden, daß plötzliche und unvorhergesehene Ereignisse unser Urtheil stören und uns gegen unseren eigenen Willen in entgegengesetzter Richtung fortreißen.

„Ich schlage Ihnen deßwegen vor die Gegenwart und Zukunft in einem Kongresse zu reguliren und festzustellen.

„Durch die Vorsehung und den Willen des französischen Volkes zum Throne berufen, aber in der Schule der Widerwärtigkeiten erzogen, ist es mir vielleicht weniger gestattet, als irgend einem andern die Rechte der Fürsten und die gesetzlichen Ansprüche des Volkes zu erkennen.

„Deßhalb bin ich bereit, ohne irgend ein vorbedachtes System, den Geist der Mäßigung und Gerechtigkeit zu einem internationalen Kongresse zu bringen — die gewöhnliche Gabe Derjenigen, welche durch manche Prüfungen gegangen sind.

„Wenn ich bei einer solchen Eröffnung die Initiative ergreife, so gebe ich keinem Antriebe der Eitelkeit nach; aber da ich der Souverän bin, dem man am ehesten ehrgeizige Pläne zuschreibt, so liegt es mir am Herzen, durch diesen offenen und loyalen Schritt zu beweisen, daß es mein einziges Ziel ist, ohne Erschütterung zu einem allgemeinen europäischen Frieden zu gelangen. Wenn dieser Vorschlag günstig aufgenommen wird, so bitte ich Sie, Paris als Zusammenkunftsplatz anzunehmen.

„Falls die Frankreich befreundeten und mit ihm verbündeten Fürsten es für angemessen halten sollten, durch ihre Gegenwart das Gewicht der Verhandlungen zu erhöhen, so werde ich stolz darauf sein, demselben meine herzliche Gastfreundschaft anzubieten. Europa dürfte vielleicht einigen Vortheil darin finden, wenn es sieht, daß die Hauptstadt, von der aus das Signal für Umwälzungen so häufig gegeben worden ist, der Sitz von Konferenzen wird, welche bestimmt sind, die Grundlage eines allgemeinen Friedens zu legen.

„Ich ergreife die Gelegenheit 2c.
Napoleon."

In der Rede, welche der Kaiser den folgenden Tag bei der Eröffnung der Kammern hielt, sagte er:

„Die Verträge von 1815 haben zu bestehen aufgehört. Die Gewalt der Ereignisse hat dieselben umgestürzt, oder sie geht darauf aus sie fast überall umzuwerfen. Sie sind in Griechenland, in Belgien, in Frankreich, in Italien und an der Donau gebrochen worden. Deutschland ist in Bewegung um sie zu ändern, England hat sie durch Abtretung der jonischen Inseln ebenfalls geändert und Rußland tritt sie in Warschau unter die Füße.

„Mitten unter diesen auf einander folgenden Verletzungen des Grundvertrages für Europa, sind die heftigen Leidenschaften erregt. Sowohl im Süden, als im Norden verlangen mächtige Interessen eine Lösung. Was könnte demnach besser begründet oder dienlicher sein, als die Mächte Europas zu einem Kongresse, in welchem die Selbstsucht und die Widerstandslust vor einem allgemeinen Schiedsgerichte zurücktreten. Was könnte den Ideen der Zeit, den Wünschen der Mehrheit angemessener sein, als daß man zu dem Gewissen und dem Verstande der Staatsmänner eines jeden Landes spreche und ihnen sage:

„Haben nicht Vorurtheile und Bitterkeit uns lange genug von einander entfernt gehalten und lange genug gedauert? Soll die eifersüchtige Rivalität der Großmächte beständig den Fortschritt der Zivilisation hemmen? Sollten wir immer noch gegenseitiges Mißtrauen durch übermäßige Bewaffnung unterhalten? Müssen unsere kostbarsten Hülfsquellen beständig durch eitle Schaustellung unserer Streitkräfte erschöpft werden? Müssen wir einen Zustand der Dinge, der weder Frieden mit seiner Sicherheit, noch Krieg mit seinen Glücksfällen ist, auf ewig aufrecht erhalten?

„Laßt uns dem Geiste des Umsturzes der extremen Parteien nicht länger dadurch eine scheinbare Wichtigkeit beimessen, daß wir uns auf engherzige Berechnungen gestützt, den gegründeten Bestrebungen der Völker widersetzen. Laßt uns den Muth haben einen krankhaften und zweifelhaften

Zustand der Dinge durch eine feste und geregelte Sachlage zu ersetzen, auch wenn es uns Opfer kosten sollte. Laßt uns vorurtheilsfrei zusammentreten ohne ausschließenden Ehrgeiz, beseelt durch den einzigen Gedanken, für die Zukunft eine Ordnung der Dinge, welche auf die wohlverstandenen Interessen der Souveräne sowohl als der Völker gegründet ist.

„Auf diese Berufung, ich bin glücklich es zu glauben, werden Alle hören. Ein Abschlag würde geheime und lichtscheue Absichten verrathen. Aber sogar in dem Falle, daß der Vorschlag nicht überall ein geneigtes Ohr finden dürfte, würde er den ungeheuren Vortheil sichern, daß wir Europa gezeigt haben, wo die Gefahr ist, und wo sich Sicherheit findet. Es stehen zwei Wege offen; der eine führt durch Versöhnung und Friede zum Fortschritte; der andere früher oder später verhängnißvoll zum Kriege in Folge der hartnäckigen Beibehaltung einer Richtung, welche uns zum Untergang leitet.

„Dies ist die Sprache, meine Herren, welche ich an Europa zu richten gedenke. Von Euch gebilligt, von der öffentlichen Zustimmung geheiligt, muß sie gehört werden, da ich im Namen Frankreichs spreche."

Die Adresse des Kaisers der Franzosen wurde an alle gekrönten Häupter Europas gesandt, — fünfzehn an Zahl. — England lehnte den Vorschlag ab. In einem Schreiben des Grafen Russel vom 28. November 1863 wurde behauptet:

Da wir die Wahrscheinlichkeit dieser wohlthätigen Folgen, welche der Kaiser der Franzosen sich versprach, als er einen Kongreß in Vorschlag brachte, nicht einzusehen im Stande sind, so fühlt die Regierung Ihrer Majestät, indem sie nach reiflicher Ueberlegung ihrer eigenen, starken Ueberzeugung folgt, sich unfähig Ihrer kaiserlichen Majestät Einladung anzunehmen.*)

Oestreich folgte dem Beispiele Englands; es nahm ohne den Vorschlag bestimmt abzulehnen, denselben nicht an. Der Kaiser behauptete, daß die Verträge von 1815 von Oestreich noch immer als das Völkerrecht Europas betrachtet würden und stellte verschiedene Fragen, und nahm merkwürdiger Weise an, daß es von Frankreich und nicht von dem Kongresse abhänge, zu entscheiden, welche Maßregeln berathen werden sollten.

Alexander von Rußland gab dem Vorschlage seine herzliche Beistimmung. In seiner Antwort sagte er: „Es ist mein heißester Wunsch meinem Volke die Opfer zu ersparen, welche seine Vaterlandsliebe annehmen würde, in Folge welcher aber sein Glück Schaden leidet. Nichts könnte dieses mehr befördern, als eine allgemeine Beilegung der Fragen, welche Europa in Bewegung setzten. Ein ehrliches Verständniß unter den Fürsten selbst hat mir immer wünschbar geschienen. Ich würde mich glücklich fühlen, wenn die Vorschläge Ihrer Majestät dahin führen würden."

Alle anderen gekrönten Häupter nahmen den Vorschlag mit großer Herzlichkeit an. Viktor Emanuel von Italien schrieb: „Ich stimme dem Vorschlage Ihrer Majestät mit Vergnügen bei. Meine und meines Volkes Beihülfe zur Verwirklichung dieses Planes wird einen großen Fortschritt in der Weltgeschichte bezeichnen."

Ludwig I. von Portugal, welcher eine der Töchter Viktor

---

*) Die Aufnahme des Vorschlages des Kaisers in England war allgemein eine ungünstige. England konnte vom Kongresse keine Gebietsvergrößerung erwarten, sondern bloß den Verlust seiner europäischen Besitzungen, besonders Gibraltar's und Malta's. Die Presse rieth fast einstimmig von Theilnahme an dem Kongresse ab. Amerikanische jährliche Encyllopädie 1863. S. 390.

Emanuels geheirathet hatte, schrieb: „Ein Kongreß vor einem Kriege, in der Absicht den Krieg zu vermeiden, ist in meinen Augen ein edler Gedanke des Fortschrittes. Was auch der Ausgang sein mag, der Ruhm, die Grundlagen zu diesem neuen und höchst weisen Grundsatze gelegt zu haben, wird Frankreich gehören."

Der jugendliche König von Griechenland, Georg I., der der zweite Sohn des Königs von Dänemark, und demnach Bruder der Prinzessin von Wales war, schrieb: „Dieser Aufruf zur Versöhnung, welchen Ihre Majestät gerade jetzt im Interesse der europäischen Ordnung erlassen hat, ist von zu großmüthigen und zu hohen Ansichten eingegeben worden, als daß er nicht in mir die höchst bestimmende Aufnahme finden sollte. Der edle Gedanke, welcher darin herrscht, könnte nur durch die offene Sprache und die richtigen Betrachtungen, mit denen Ihre Majestät Ihren Vorschlag begleitet hat, ausgesprochen werden."

Die Könige von Belgien, der Niederlande, von Dänemark, Baiern, Sachsen, Würtemberg und Hannover sprachen in ähnlichem Sinne ihre Zustimmung zu dem Kongresse aus. Der Papst war mit seiner Annahme sogleich bei der Hand, selbst der Sultan billigte den Plan und sagte, er würde gerne den Kongreß persönlich besuchen, wenn andere Souveräne das nämliche thun würden. Die Schweiz antwortete: „Wir können dafür die Eröffnungen, welche Ihrer Majestät zu machen geruhte, nur mit Eifer annehmen."

Es wurde als wesentlich betrachtet, daß der Kongreß ein allgemeiner sei, und daß sich alle leitenden Mächte vereinigen sollten. Wenn irgend eine derselben nicht beitreten sollte, so würde sie sich auch durch die Beschlüsse des Kongresses nicht für gebunden halten; so vereitelte der Abschlag zweier Mächte wie England und Oestreich die Maßregel.

Nachdem alle Antworten eingelangt waren, so erließ der französische Minister Drouye de L'huys im Namen der französischen Regierung ein anderes Rundschreiben an die europäischen Höfe mit einer Uebersicht der Antworten, und gab folgendes Resultat derselben an:

„Der Abschlag Englands hat unglücklicher Weise das erste Resultat, auf das wir in Folge des kaiserlichen Aufrufes an Europa gehofft hatten, unmöglich gemacht. Es bleibt noch die zweite Voraussetzung — der b e s ch r ä n k t e Kongreß, dessen in's Leben treten hängt von dem Willen der Souveräne ab. Nach der Abweisung von Seiten des brittischen Kabinets dürften wir denken unsere Pflicht erfüllt zu haben, und von nun an bloß unser eigenes Gutdünken und unsere eigenen Sonderinteressen zu Rathe ziehen; wir ziehen es aber vor, die günstigen Gesinnungen, welche gegen uns sich zu erkennen gegeben haben, anzuerkennen und die Souveräne, welche unsere Absichten zu den Ihrigen gemacht haben, zu erinnern, daß wir bereit sind mit denselben auf dem Wege eines freien und offenen Einverständnisses voran zu gehen."

Der Kaiser von Frankreich war durch diese Erfolge bedeutend in seinen Hoffnungen getäuscht worden. In einem Schreiben, das er bald darauf an den Erzbischof von Rouen richtete, vom 14. Juni 1864, schrieb er:

„Sie haben Recht, wenn Sie sagen, daß die Ehren der Welt schwere Bürden sind, welche uns die Vorsehung aufladet. So frage ich mich öfters, ob das Glück nicht eben so viele Leiden erregt, als das Unglück. Aber in beiden Fällen ist der Glaube unsere Stütze — religiöser Glaube und politischer Glaube, d. h. Vertrauen auf Gott und das Bewußtsein einer zu erfüllenden Mission."

Unterdeß hatte Bismarck den Kronadvokaten Preußens in Berlin die Frage über die Gesetzmäßigkeit der Ansprüche Preußens auf die Herzogthümer Schleswig und Holstein vorgelegt. Nach mehreren Konferenzen, entschieden diese Rechtsgelehrten, daß der König von Dänemark der rechtmäßige Erbe g e w e s e n s e i, aber daß die Herzogthümer j e t z t Kraft des Eroberungsrechtes Oestreich und Preußen gehörten.

Diese sonderbare Entscheidung wurde, wie man sagt, durch diplomatische Geschicklichkeit Bismarcks hervorgerufen. Bis zu dieser Zeit hatte Oestreich niemals irgend einen Anspruch auf die Herzogthümer gemacht. Franz Joseph war ebenso überrascht als erfreut, wie er hörte, daß die eine Hälfte der Oberherrlichkeit über die Herzogthümer ihm zufiele. Da aber dieselben weit von Oestreich entfernt und folglich von geringem Werthe für dieses Kaiserreich waren, so setzte Bismarck voraus, Franz Joseph würde gegen eine Entschädigung seinen Antheil an der Oberherrlichkeit abtreten. Preußen bot demnach Oestreich sechszig Millionen Thaler für das Aufgeben seines Rechtstitels.

Oestreich weigerte sich. Es wollte bloß darein willigen, daß Preußen einstweilen Schleswig und Oestreich Holstein behalten solle. Man traf dieses Uebereinkommen in der sogenannten Zusammenkunft zu Gastein im August 1865. Sowohl Frankreich als England bewiesen in diplomatischen Noten ihr Mißfallen diesem Arrangement. Oestreich ernannte den Marschall von Gablenz zum Gouverneur seiner neu erworbenen Provinz Holstein; Preußen den General von Manteufel zum Gouverneur von Schleswig. Die Herzogthümer waren mit dieser Anordnung sehr unzufrieden. Eine große Majorität des Volkes in beiden Herzogthümern sandte Denkschriften an den Bundestag, in denen sie gegen die Trennung protestirte und die Anerkennung des Herzog Friedrichs verlangte. Diese Vorstellungen des Volkes waren ohne Erfolg.

Da Graf Bismarck auf solche Weise Schleswig der preußischen Krone erworben hatte, wandte er seine Aufmerksamkeit auf die Erwerbung Holsteins. Die Bewegung in anderen Theilen Europas begünstigten seinen Plan. Die preußische Armee wurde auf den Kriegsfuß gebracht, Unterhandlungen mit Viktor Emanuel von Italien wurden angebahnt, welche dahin gingen, daß während Preußen Oestreich vom Norden angreife, Italien dasselbe im Süden überfallen solle. Venedig sollte ihm entwunden und mit Italien vereinigt werden. „Wenn Ihr uns Holstein gewinnen helft" sagte Preußen, „werden wir Euch Venedig gewinnen helfen."

Nachdem dergestalt alle Anordnungen getroffen waren, verlangte Bismarck die Uebergabe Holsteins; der Grund, den er für diese Forderung angab, lautete wie folgt:

„König Wilhelm I. empfindet es mit Mißvergnügen, unter dem Schutze Oestreichs revolutionäre und allen Thronen feindliche Tendenzen sich entwickeln zu sehen. Er erklärt daher, daß freundschaftliche Beziehungen zwischen Oestreich und Preußen nicht länger mehr bestehen können."

Dieser auffallenden Erklärung, daß Oestreich dem Holsteinischen Volke zu viele Freiheit gestatte, folgte bald eine andere, in welcher erklärt wurde, die Ruhe Preußens erfordere es, daß die Regierung die Einverleibung beider Herzogthümer, die von allen Gesichtspunkten so wünschbar sei, mit Festigkeit verfolge.

Doch war dies noch nicht eine direkte Kriegserklärung. Oestreich fragte bei Preußen an, ob es im Sinne habe den Gasteiner Vertrag zu brechen.

„Nein", war die bezeichnende Antwort, „wenn wir übrigens diese Absicht hätten, so würden wir Ihnen sagen, wir haben sie nicht."

Es scheint eingestandener Maßen ein Grundsatz der europäischen Diplomatie zu sein, daß die Offenheit eine Tugend sei, die man bei dem Verkehr der Kabinete nicht erwarten dürfe. In einem Briefe Bismarks, datirt Frankfurt, den 18. Mai 1851 schreibt er:

„Ich mache große Fortschritte in der Kunst Nichts mit vielen Worten zu sagen. Ich schreibe Berichte von vielen Seiten, welche sich so glatt und rund lesen lassen, wie Leitartikel; und wenn Manteuffel, nachdem er sie gelesen hat, sagen kann, was darin enthalten ist, so kann er mehr als ich."*)

---

*) Leben Bismarck's. S. 228.

Kapitel 12.

Die Befreiung Italiens.

Um diese Kabinetsintriguen und großartigen militairischen Bewegungen, welche vor Kurzem die Aufmerksamkeit der ganzen zivilisirten Welt auf sich gezogen haben, zu verstehen, ist es nothwendig einen kurzen Rückblick auf die Befreiung Italiens durch die vereinigten Armeen von Frankreich und Sardinien zu geben.

Durch die Verträge von 1815 wurden die konstitutionellen Königreiche in Italien, welche mit Hülfe des französischen Kaiserreiches auf Grundlage der Gleichberechtigung aller Menschen errichtet worden waren, gestürzt. Italien wurde in kleine Staaten zerstückelt, über welche despotische Regierungen gesetzt wurden. So vertheilt, wurden die meisten Staaten einfach östreichische Provinzen, und die großen Armeen Oestreichs, immer zum thätigen Einschreiten bereit, wachten mit Adleraugen, um jede Volkserhebung auf der Apenninischen Halbinsel zu unterdrücken. Die Könige, Herzoge und Fürsten, welche die Verbündeten über diese kleinen Staaten gesetzt hatten, waren die Hüter des östreichischen Despotismus.

Nach der Wiederherstellung des Kaiserreiches in Frankreich, wurde das Italienische Volk von dem Wunsche, seine frühere Freiheit wiederzuerlangen überall erregt. Viktor Emanuel war König von Sardinien, Graf Cavour sein erster Minister. Sie wandten sich an den neugewählten Kaiser von Frankreich, um zu erfahren ob Frankreich Sardinien gegen Oestreich unterstützen würde, wenn ersteres das Werk volksthümlicher Reformen in seinem eigenen Reiche beginnen sollte. Das Versprechen wurde sogleich gegeben.

Sardinien begann dem Volke Freiheiten zu verleihen. Es wurden Schulen errichtet, aristokratische Vorrechte abgeschafft, Glaubensfreiheit proklamirt und die Preßfreiheit bloß durch Gesetze über Verläumdung beschränkt. Oestreich protestirte kräftig dagegen und sammelte eine Armee von zweihundert und fünfzig tausend Mann an der sardinischen Grenze. Diese sardinischen Verbesserungen erregten im despotischen Oestreich Mißbehagen.

Der französische Gesandte in Oestreich benachrichtigte den Wiener Hof mit einer sehr bezeichnenden diplomatischen Redensart: „daß Frankreich einen Einfall östreichischer Truppen in Sardinien nicht gleichgültig mitansehen könne."

Gegen Ende April 1859 überschritten die östreichischen Truppen den Tessin und begannen einen Eilmarsch gegen Turin, die Hauptstadt Sardiniens. Der Kaiser von Frankreich erließ sogleich eine Proklamation, datirt Tuilerien, 3. März 1859, in welcher folgende Worte standen:

„Oestreich erklärt durch den Einmarsch seiner Truppen in das Gebiet unseres Verbündeten, des Königs von Sardinien, uns den Krieg. Es verletzt auf solche Weise Verträge und Rechte und bedroht auch unsre Grenzen. Wir müssen uns darüber Rechenschaft geben, was der Grund eines solchen plötzlichen Einfalls sein kann. Hat Oestreich die Sachen auf den Punkt gebracht, daß es entweder bis an die Alpen herrschen muß, oder daß Italien bis an die Küsten des adriatischen Meeres frei werden muß?

„Die natürlichen Verbündeten Frankreichs waren immer diejenigen, welche das Loos der Menschheit zu verbessern suchten. Wenn dasselbe das Schwert zieht, so thut es dies nicht um zu unterjochen, sondern um zu befreien. Der

Zweck dieses Krieges ist demnach Italien sich selbst zurück und nicht demselben bloß einen andern Herrn zu geben."

Zweihunderttausend Mann französische Truppen wurden sogleich in die sardinischen Ebenen geworfen. Das französische Volk billigte diese Maßregel einmüthig. Herr Thiers, der Leiter der Opposition im gesetzgebenden Körper, verdammte sie strenge. Er erklärte, daß eine hellsehende Politik verlange, daß Italien in kleine Staaten zerstückelt bleibe, und nicht, daß ein starkes Königreich von 25 Millionen Einwohnern an den Grenzen Frankreichs sich bilde. Er drang darauf, daß Frankreich mithelfe die Verträge von 1815 aufrecht zu erhalten. Aber die Stimme des französischen Volkes war beinahe einmüthig mit der Regierung.

Nach einer Reihe blutiger Kämpfe wurden die Ostreicher aus Sardinien vertrieben. Auf den Ebenen von Magenta und Solferino erlitten sie zwei andere fürchterliche Niederlagen, welche die Lombardei befreiten. Ganz Italien erhob sich nun gegen seine östreichischen Unterdrücker. Die Herzogthümer Toscana, Parma, Modena verjagten die östreichischen Herrscher aus ihren Gebieten. Aus allen Theilen Italiens strömte die junge Mannschaft zu den befreienden Fahnen Frankreichs und Sardiniens.

Das ganze dynastische Europa war in Aufruhr; der Geist der französischen Revolution von 1789 schien aus seinem Grabe erstanden zu sein um die feudalen Throne von Neuem zu bedrohen. Ungarn griff zu den Waffen, Polen stieß Kriegsgeschrei der Freiheit aus; Irland verlangte laut und ungestüm Befreiung von der englischen Herrschaft, welche es so tief bedrückt hatte.

In größter Eile wurde eine Verbindung gegen Frankreich und das neuerstandene Italien gebildet. Es war nicht nur der Wunsch sondern auch die Absicht Frankreichs und Sardiniens Venedig zu befreien. So würde ganz Italien, frei vom Joche der Oestreicher, Herr seiner eigenen Geschicke geworden sein und würde sich solche Einrichtungen haben geben können, wie es sie anzunehmen passend gefunden hätte.

England hat sich immer eher mit dem Mächtigen verbunden als mit den Befürwortern der Volksfreiheit. Wenn die 25 Millionen Italiens, mit Hülfe der französischen Armeen befreit, in ein Königreich oder in einen Staatsverband und unter der Fahne der Abschaffung der Aristokratie und gleicher Rechte für Alle vereinigt wurden, so wären Frankreich und Italien gleichsam eins geworden. Dies würde durch ganz Europa die Prinzipien der Reform in staunenswerther Weise verstärkt haben.

Unter diesen Umständen traten England und Preußen in eine Verbindung und benachrichtigten Sardinien und Frankreich, daß, wenn sie irgend einen Versuch machen würden Venedig zu befreien, sich die ganze Militairmacht Englands und Preußens mit derjenigen Oestreichs verbinden würde, um den Angriff abzuschlagen.

Dies war eine furchtbare Drohung. Es waren Anzeichen vorhanden, daß andere leitende nördliche Dynastien auch mit England und Preußen kooperiren würden. Dies würde sicherlich zu einem Einfall in Frankreich über den Rhein führen. Ganz Europa würde so in einen der fürchterlichsten Kriege, von denen die Welt je Zeuge gewesen wäre, gestürzt worden sein.

So hielten die Befreiungsarmeen Sardiniens und Frankreichs auf ihrem Siegeslaufe inne. Die armen Venetianer wurden zu ihrem größten Verdruß, fester als je an Händen und Füßen gebunden, in östreichischen Ketten belassen. Der Friede von Villafranca, welcher ganz Italien, mit Ausnahme von Venedig, von der östreichischen Herrschaft frei machte, läutete denjenigen Völkern, welche nicht bloß in Venedig, sondern auch in Ungarn und Polen und verschiedenen andern Theilen Europas im Begriffe waren sich zu erheben und ihre Ketten zu brechen, das Grabesgeläute.

Es ist etwas Rührendes in den Bitten, in welchen der edle Kossuth immer von Neuem das brittische Kabinet anflehte, und immer umsonst anflehte, nicht gegen Venedig und zu Gunsten von Oestreich dazwischen zu treten. Die Sympathien des englischen Volkes waren ganz offen auf Seite Kossuths. In seiner berühmten Rede in der London Tavern, am 20. Mai 1859, bei welcher der Lord Mayor den Vorsitz führte, sagte der beredte Ungar:

„Nun, mein Herr, erinnere ich mich nicht irgend eine offizielle oder halb offizielle Erklärung gehört zu haben, daß, wenn Ihre Regierung nicht neutral bleiben sollte, sie die Partei Sardiniens und Frankreichs gegen Oestreich ergreifen würde; aber manche Erklärungen habe ich gehört, welche mich mit Nothwendigkeit zu dem Schlusse führen, daß die Alternative entweder in Neutralität oder in der Unterstützung Oestreichs bestehe. Man sagt uns, daß, wenn eine französische Flotte sich im adriatischen Meere zeigen sollte, die Interessen Englands es erforderten, sich ihr zu widersetzen; daß, wenn Triest angegriffen würde, es im Interesse Englands liegen dürfte, dasselbe zu vertheidigen; daß es im Interesse Englands liegen dürfte, ebenfalls Venedig zu vertheidigen. Gegen was? — Natürlich gegen das große Unglück, vom östreichischen Joche befreit zu werden.

„Ich liebe mein Vaterland mehr als mich selbst, — mehr als irgend etwas auf Erden. Von dieser Liebe beseelt bitte ich bloß um eine Wohlthat von England, und die ist, daß es Oestreich nicht unterstütze. England hat sich zu Gunsten der Freiheit nicht eingemischt, möge es sich auch zu Gunsten des schlimmsten Despotismus nicht einmischen, — zu Gunsten Oestreichs."

Das Kabinet von St. James gab diesem Hülferuf keine Folge. England vereinigte sich mit Preußen, um Oestreich bei der Festhaltung Venedigs behülflich zu sein. So ließ man die Venetianer und Ungarn in ihren Ketten seufzen.

England ebensowohl, als die andern feudalen Monarchien, hatte große Furcht vor irgend einer republikanischen Bewegung. Ein großer Theil der Republikaner hoffte, daß durch einen Kompromiß, in Folge dessen die monarchischen Formen beibehalten würden, diese Feindseligkeit gewissermaßen entwaffnet werden könne und daß sich unter diesen Formen der Geist republikanischer Gleichheit befestigen könne ohne die bewaffnete Feindschaft Europas hervorzurufen.

Pater Gavazzi, einer der berühmtesten Vorkämpfer für die Befreiung Italiens, sagt in einem Briefe, den er am 4. August 1860 schrieb, um das englische Kabinet zu beeinflussen:

„Wir fechten zu dem alleinigen Zwecke, ganz Italien unter dem konstitutionellen Szepter Viktor Emanuels zu einigen. Die Engländer mögen die Idee verbannen, daß die gegenwärtige Bewegung eine republikanische Grundlage habe, da die heißesten Vertheidiger der Republik ihre Ansichten der großen Sache unserer Unabhängigkeit, Einheit und unserer konstitutionellen Freiheiten aufgeopfert haben. Seien Sie versichert, daß, wenn keine fremde Macht bei unsern Kämpfen dazwischen tritt, wir dahin gelangen werden, unserm theuern Viktor Emanuel in der Hauptstadt als König von Italien die Krone aufzusetzen."

Dies war der Stand der Dinge, als Bismarck, welcher England bei der Verhütung der Befreiung Venedigs unterstützt hatte, plötzlich seine Politik änderte. Er hatte seit Jahren seine Pläne, Deutschland in ein großes Kaiserreich mit dem Könige von Preußen an dessen Spitze, zu einigen, zur Reife gebracht. Bei dieser Unternehmung war Oestreich Bismarcks einziger Gegner. Bismarck hatte die außerordentlichsten Vorbereitungen zum Kriege gegen Oestreich getroffen, indem er eine ungeheure Armee aufbot, ihr die möglichst vollkommene Organisation und Mannszucht gab, und sie mit den verheerendsten Waffen ausrüstete.

Doch war Oestreich auch dann noch eine nicht zu verachtende Militairmacht. Bei seinem Uebergewicht in Deutschland konnte es eine bedeutend größere Macht in's Feld führen als Preußen, obgleich dieses energische, kleine Königreich jeden waffenfähigen Mann unter die Fahnen gerufen hatte. Bismarck sandte deßwegen einen vertrauten Gesandten an Viktor Emanuel um ihn zu benachrichtigen, daß Preußen bereit sei, Oestreich vom Norden aus anzugreifen, um den Besitz der Elbherzogthümer zu erhalten; daß dieses Italien eine treffliche Gelegenheit liefern würde, Venedig, durch Mitwirkung und einen Angriff vom Süden her, Oestreich zu entreißen.

Italien ergriff die Gelegenheit mit Eifer, obgleich es gut wußte, daß es Preußen keinen Dank schulde, da dasselbe in diesem Bündniß nur sein eigenes Interesse zu Rathe ziehe. So wurde der große, für Oestreich so verhängnißvolle deutsche Krieg eröffnet.

Die „London Times" vom 2. Dez. 1866 enthielt den folgenden sehr gerechten Tribut für den Kaiser der Franzosen für die Befreiung Italiens:

„Die Italiener müssen in dem Kaiser der Franzosen ihren größten, unermüdlichsten und edelmüthigsten Wohlthäter erblicken. Den Italienern war der Kaiser immer im Herzen derselbe Louis Napoleon, der vor fünf und dreißig Jahren die Waffen für Italien und gegen die zeitliche Macht des Papstes ergriffen hatte. Es scheint, daß ein Gelübde, das er am Sterbebette seines Bruders, welcher in seinen Armen zu Froli sein Leben aushauchte, leistete, Napoleons Geist durch sein ganzes Leben erfüllte und ihn zwar langsam, aber sicher gegen sein Ziel losgehen machte. Bei allen andern Maßregeln und in seiner innern und äußern Politik hatte der Kaiser Freunde und Gegner; aber das italienische Spiel wurde von ihm auf eigene Faust gespielt und auch gewonnen.

Herr Thiers war, wie wir schon erwähnten, der Hülfe, welche die kaiserliche Regierung Italien bei der Befreiung vom Joche Oestreichs und der Bildung eines einigen Königreiches leistete, bitter entgegen. In seiner berühmten Rede vor dem gesetzgebenden Körper am 18. März 1867, sagte er:

„Was mich anbelangt, so habe ich, wenn hervorragende Italiener mir von Einheit sprachen, denselben immer geantwortet: Nein, nein, niemals! Ich werde niemals meine Stimme dazu geben. Und wenn zu der Zeit, als diese Frage auftauchte, ich die Ehre gehabt hätte die Geschicke Frankreichs in meinen Händen zu halten, so würde ich nicht darein gewilligt haben. Ich möchte Ihnen sogar sagen, daß in Folge dieser Frage, die warme und aufrichtige Freundschaft, welche zwischen Herrn Cavour und mir bestand, unterbrochen worden ist."*)

Die kaiserliche Regierung war beharrlich und unwandelbar in ihrer Billigung der italienischen und deutschen Einheit. Ohne Frankreichs Hülfe würde Italien unmöglich das Joch Oestreichs abgeschüttelt haben und einig geworden sein. Und nichts würde für Frankreich leichter gewesen sein, als durch Vereinigung seiner Armeen mit denen Oestreichs zur Zurückwerfung der vordringenden Preußen nach ihrem heimathlichen Brandenburg, die Einigung Deutschlands zu verhindern. Herr Thiers sagt mit Wahrheit, daß Frankreich die Einheit Italiens **geschaffen** und diejenige Deutschland's **gestattet** habe.

---

*) „Je vous dirai même sur cette question que l'amitié très-sincère et très-vive, qui existait entre M. Cavour et moi, a été interrompue." — Moniteur, 16 mars 1867.

Kapitel 13.

Der deutsche Krieg.

Oestreich, welches gerade aus einem unglücklichen Kriege mit dem von Frankreich unterstützten Italien hervorgegangen war und nun von Preußen, welches von dem kürzlich geeinigten Italien unterstützt war, mit dem Krieg bedroht wurde, hatte eine stehende Armee von neunmalhunderttausend Mann zur Verfügung. Preußen konnte nach der Mobilmachung seiner ganzen Kriegsmacht sechsmalhunderttausend Mann ins Feld stellen. Unter der italienischen Fahne standen viermalhundert und fünfzigtausend Mann. So konnten Preußen und Italien vereint über eine Million Mann aufbieten, um Oestreich von vorn und hinten zu überfallen.

Oestreich mußte seine Streitmacht theilen, um diesem doppelten Angriffe die Spitze zu bieten; es bedurfte ferner starker Besatzungen, um die Ungarn nieder zu halten, welche auf dem Punkte zu sein schienen sich zu erheben. Ein Aufstand in Ungarn würde sicherlich auch zu einer Insurrektion in Polen geführt haben, dies aber hätte die Armee Rußlands ins Feld gerufen, und auf solche Weise war ganz Europa mit Krieg bedroht.

Im Angesicht dieses fürchterlichen Kriegsbrandes, der nun Europa bedrohte und den abzuwehren der Kaiser der Franzosen einen Kongreß vorgeschlagen hatte, zeigte England Bedauern, daß es friedlichen Eröffnungen kein Gehör geschenkt hatte.

Lord Cowley wurde in aller Eile mit einer Depesche des Lord Clarendon an Kaiser Napoleon abgesandt, welche anzeigte, daß England seine Ablehnung des vorgeschlagenen Kongresses zurückziehe und nun bereit sei mit Frankreich in dieser Maßregel Hand in Hand zu gehen. Die Antwort, welche der Kaiser der Franzosen gab, lautete, nach dem Berichte des Lord Cowley an das brittische Kabinet, folgendermaßen:

„Im Jahre 1859 verweigerte England mir bei der Befreiung Italiens beizustehen, und zwang mich durch seine Verbündung mit Deutschland mitten in dem unvollendeten Werke innezuhalten.

„Als ich im Jahre 1864 einen Kongreß vorschlug in der Absicht, die endlosen Verwicklungen, welche, wie ich vorher sah aus dem dänischen Kriege entstehen würden, zu verhüten, war es wiederum England, das meinem Plane sich entgegensetzte und sein Möglichstes that, um ihn mißlingen zu machen.

„Jetzt wünscht dasselbe Frieden, selbst zum Preise eines Kongresses, den es damals verwarf. Ich versichere jedoch Ihre Majestät, daß ich bereit bin, alles zu thun, was ich kann, um einen Krieg zu verhüten; aber da die günstigste Gelegenheit dazu verstrichen ist so kann ich nicht mehr länger die Verantwortlichkeit für das, was geschehen könnte auf mich nehmen".

Herr Thiers hatte in seiner höchst beredten Ansprache im gesetzgebenden Körper gegen die Befreiung Italiens gesagt:

„Kein Souverän sollte freiwillig an seinen Grenzen einen Staat von fünfundzwanzig Millionen Einwohner gründen. Dadurch, daß wir einen solchen Fehler begangen haben, haben wir weder die Wohlfahrt Frankreichs, noch die Italiens, noch diejenige Europas gefördert.

„Die ehrgeizigen Wünsche Preußens, ganz Deutschland

unter einem Szepter zu vereinigen, erregten entweder Herrn Thiers Befürchtungen aufs Neue, oder boten ihm eine neue, günstige Gelegenheit dar, die kaiserliche Regierung anzugreifen. Er vereinigte sich in seiner Opposition mit den Demokraten, in der Hoffnung, auf den Ruinen des Kaiserreiches den Thron der Orleans wieder aufzurichten, andererseits hofften die Demokraten auf diesen Ruinen eine Republik zu errichten.

Mit gewaltiger Energie verdammte Herr Thiers die Regierung, da sie des größten aller möglichen Mißgriffe schuldig sei, indem sie die Bildung eines einigen Deutschlands zugebe. Mit großem Aufwand von Beredtsamkeit rief er Frankreich auf, alle seine militairischen Kräfte aufzubieten um den ehrgeizigen Uebergriffen Preußens zu widerstehen.

Es ist klar, daß wenn Frankreich damals die von Thiers befürwortete Politik befolgt hätte, Preußen hätte überwältigt werden können. Verhältnißmäßig schwach, wie Preußen damals war, hätte Frankreich, von Oestreich unterstützt, mit der größten Leichtigkeit die Preußen über den Rhein zurücktreiben und seine alten Grenzen wieder gewinnen können. So würde die entsetzliche Erniedrigung, welche Frankreich jetzt zu Boden drückt, abgewendet worden sein, und das vom Rheine beschützte Kaiserreich hätte einem Einfalle der Deutschen Trotz bieten können.

Aber indem Frankreich diesen Weg einschlug, so würde es seinen zugestandenermaßen heiligsten Grundsatze; den Völkern jeder Nationalität zu gestatten sich unter einer Regierung zu vereinigen, untreu geworden sein. Es würde ebenfalls gezwungen worden sein, seine Soldaten frisch von den Feldern von Magenta und Solferino weg auszusenden, um gegen die Einigung Italiens zu kämpfen, und Oestreich zur Behauptung seiner Herrschaft über Venedig, behülflich zu sein. So weigerte sich das Kaiserreich, seinen Grundsätzen untreu zu werden und statt derselben die Lehre der politischen Zweckdienlichkeit anzunehmen.

Daher wiederholte trotz der dringendsten Reden des Herrn Thiers die kaiserliche Regierung ihre Anerkennung der Nationalitäten von Neuem aufs Nachdrücklichste.

Diese Lehre war vom Kaiser Napoleon I. auf St. Helena in folgenden Worten aufgestellt worden:

„Einer meiner großen Pläne", sagte Napoleon zu Las=korsas am 11. November 1816, „war die Wiedervereinigung und Concentration jener geographischen Nationen, welche durch Revolutionen und durch die Politik getrennt und zer= stückelt worden sind. Es sind in Europa über dreißig Millionen Franzosen, fünfzehn Millionen Spanier, fünf= zehn Millionen Italiener und dreißig Millionen Deutsche; und meine Absicht war es, jedes dieser verschiedenen Völker zu einer Nation zu einigen. Es würde etwas Edles gewesen sein mit solchem Gefolge und mit dem Segen der zukünfti= gen Menschenalter auf die Nachwelt überzugehen. Ich fühlte mich selbst dieses Ruhmes werth.

„Bei einem solchen Zustande der Dinge wäre es möglich gewesen in jedem Lande ein einheitliches Gesetzbuch, Einheit der Prinzipien, Meinungen, Gefühle, Ansichten und In= teressen zu befestigen. Dann vielleicht hätte man daran denken können, mit Hülfe allgemeiner Verbreitung geistiger Bildung, auf die große europäische Familie den amerikani= schen Kongreß oder die Amphityonen des alten Griechen= landes anzuwenden. Welche Aussicht auf Macht, Größe, Glück und Wohlstand würde da nicht erschienen sein!

„Die Konzentration von dreißig bis vierzig Millionen Franzosen war vollendet und vollkommen, diejenige von fünfzehn Millionen Spaniern war nahezu vollendet. Drei oder vier Jahre würden die Spanier zu tiefem Frieden und glänzendem Wohlstand zurückgeführt haben. Sie würden eine zusammenhängende Nation geworden sein, und ich würde ihre Dankbarkeit wohl verdient haben, denn ich würde sie von der Tyrannei, unter der sie jetzt seufzen, und von den schrecklichen Bürgerkriegen, welche sie erwarten, befreit haben.

„Was die fünfzehn Millionen Italiener betrifft, so war deren Zentralisation schon weit vorgerückt, sie bedurfte bloß der Reife. Das Volk gewöhnte sich von Tag zu Tag mehr an die Einheit der Prinzipien und der Gesetzgebung, und ebenso an die Einheit in Gedanken und Gefühlen, — diesen sichern und untrüglichen Kitt menschlicher Centralisation. Die Vereinigung von Parma, Toscana und Rom waren in meinem Geiste bloß zeitweilige Maßregeln, welche den Zweck hatten, die nationale Erziehung der Italiener zu gewährleisten und zu befördern.

„Der ganze Süden Europas würde bald in Rücksicht auf geographische Lage, auf Ansichten, Meinungen, Gefühle und Interessen einig geworden sein. Die Zentralisirung der Deutschen müßte mehr allmählig ins Leben gerufen werden, und deßhalb habe ich nicht mehr gethan, als daß ich deren ungeheuerlich verwickeltes Staatsgebäude vereinfacht habe. Woher kommt es, daß kein deutscher Fürst bis jetzt sich eine richtige Idee von dem Geiste seiner Nation gebildet und davon Nutzen gezogen hat? Gewiß, wenn der Himmel mich zu einem Fürsten Deutschlands gemacht hätte, ich würde unfehlbar die dreißig Millionen Deutsche vereinigt regiert haben.

„Jedenfalls wird diese Zentralisation sicher früher oder später durch die Gewalt der Ereignisse zu Stande gebracht werden. Der Impuls ist gegeben und ich denke, daß seit meinem Sturze und der Zerstörung meines Systemes kein großes Gleichgewicht in Europa festgestellt werden kann, wenn nicht durch die Zentralisation und Verbündung der verschiedenen Nationalitäten. Der Herrscher, der im ersten großen Kampfe aufrichtig die Sache des Volkes ergreift, wird sich selbst

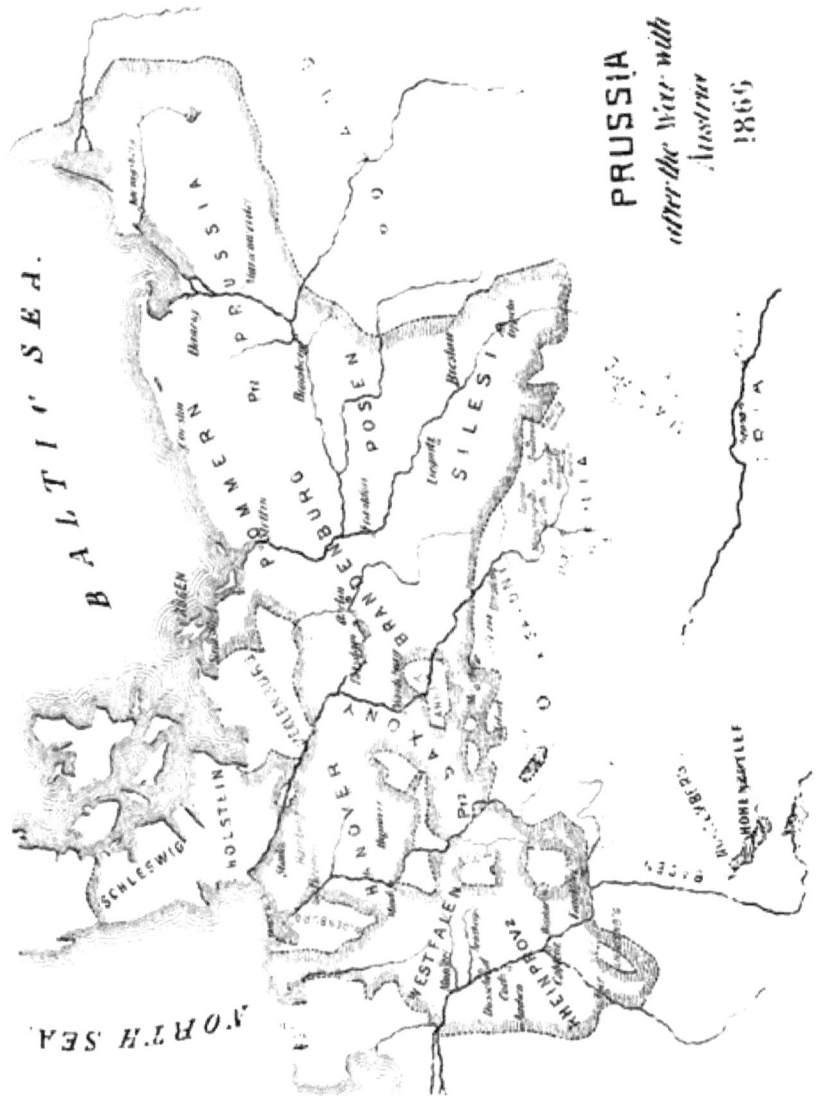

an der Spitze von ganz Europa finden, und mag thun, was ihm gefällt.*)

In Befürwortung dieser Ansichten hatte Frankreich geholfen die Italiener vom Joche Oestreichs zu befreien und die italienische Einheit zu befördern. Der Kaiser hatte ebenfalls in einem Bericht an den gesetzgebenden Körper mitgetheilt, daß Frankreich weder das Recht noch den Wunsch hätte sich in die Bestrebungen zu mischen, welche die Einheit Deutschlands bezweckten. Diese Ansichten wurden von der Oppositionspartei, welche aus den vereinigten Legitimisten und Republikanern bestand, kräftig bekämpft.

Im deutschen Kriege blieb Frankreich neutral. Die feindlichen Armeen waren bald in Bewegung. Zwei Millionen Menschen stürmten auf Linien, die sich hunderte von Meilen ausdehnten mit den furchtbarsten Waffen der neuern Kriegskunst gegen einander los. Europa schaute erstarrt dem Trauerspiele zu. Das Genie Bismarcks wurde bei dieser Gelegenheit sichtbar. Seit Jahren hatte er sich auf den Kampf, den seine Maßregeln, wie er wohl wußte, herbeiführen mußten, vorbereitet. Die preußische Armee war auf der höchsten Stufe der Kriegstüchtigkeit; alles Kriegsmaterial war im Ueberflusse und auf den richtigen Punkten vorhanden, und die Infanterie war mit Waffen ausgerüstet, welche ein solches Schnellfeuern erlaubten, daß im wirklichen Kriege ein Preuße so viele Kugeln versenden konnte als drei Oestreicher.

Der Krieg wurde mit der gewöhnlichen beiderseitigen Berufung auf Gottes Hülfe am 8. Juni 1866 erklärt, und mit der gewöhnlichen Erklärung, daß jede Partei das Schwert bloß zur Vertheidigung der Gerechtigkeit und Freiheit gezogen habe. Auf ein gegebenes Zeichen drangen die preußischen Armeen von Norden her gleichzeitig und ungestüm in

---

*) Abbotts Napoleon auf St. Helena. S. 272 — 274.

das östreichische Gebiet ein. Zu gleicher Zeit fielen die Italiener in Divisionen, deren Gesammtstärke viermalhunderttausend Mann betrug, vom Süden her in Venedig ein.

Die Schilderung der Schlachten würde den Leser ermüden. Die Angriffe und die Zurückweisung derselben, die furchtbaren Szenen des Blutbades, des Brandes, des Elendes, welche darauf folgten. Während vierzig Tagen tobte dieser Kriegssturm mit kaum augenblicklicher Unterbrechung. Das Schauspiel war ein solches, wie es die Welt kaum je vorher gesehen hatte. Die Mannszucht der Armee, ihre Zahl und die mörderischen Waffen, welche sie führten, sicherten Resultate, welche nie vorher in so kurzer Zeit erreicht worden waren.

Der Vormarsch der preußischen Armeen war beinahe so widerstandslos, als der Sturm eines Wirbelwindes oder einer Schneelawine. Ihr Weg führte über rauchende Ruinen, durch Blutlachen, sowie sie die Feinde, die immer verzweifelt kämpften, vor sich her trieben. Mit ihrer vorzüglichen Organisation und mit dem fürchterlichen Zündnadelgewehr bewaffnet, überzogen sie Königreiche, Herzogthümer und Fürstenthümer, fast so schnell, als die Armeen nur marschiren konnten.

Franz Joseph war im höchsten Schrecken genöthigt, seine Truppen aus Venedig zu ziehen, um womöglich den preußischen Vormarsch nach seiner Hauptstadt zurückzutreiben. Zu stolz, die Provinz den Italienern zu übergeben, übertrug er sie an Frankreich. Er hoffte wahrscheinlich, daß Frankreich im Besitze eines so prachtvollen Unterpfandes, im Stande sein würde diesen Kriegsverwüstungen, (durch freundschaftliche Dazwischenkunft Einhalt zu thun,) welche die kaiserliche Regierung vor dem Beginne der Feindseligkeiten durch einen Kongreß abzuwenden versucht hatte; aber

Preußen wollte im Siegesrausche von keinen Bedingungen hören, als von denen, welche es selbst diktiren würde.

Frankreich übergab Venedig sogleich an Italien, Kossuth in Italien erhob den Kriegsruf und rief die Ungarn auf, sich in die italienischen Heere einzureihen:

„Ungarn," rief er, „sammelt Euch unter den Fahnen Viktor Emanuels; hier ist Eure Ehre! Oestreich ist unser Feind, Italien gab den vertriebenen Ungarn Obdach, Brod und freundliche Behandlung.

„Italien ist für die Italiener, Ungarn für die Ungarn. Fort mit Oestreich aus Italien! Fort mit Oestreich aus Ungarn. Hier, meine Tapfern, ich erwarte Euch und ich rufe Euch ebenfalls im Namen Garibaldis auf, der bereit ist, sein ruhmreiches Schwert für Ungarn zu ziehen, welches sich erheben und seine Ketten zerbrechen wird."

In der fürchterlichen Schlacht von Sadowa, welche nahe bei einem kleinen Dorfe dieses Namens ungefähr fünf Meilen von Königgrätz geschlagen wurde, brach die Militairmacht Oestreichs für einstweilen zusammen. Bei diesem Kampfe waren auf beiden Seiten zweihundert und fünfzigtausend Mann thätig. Die Hügel erzitterten unter dem Donner von fünfzehnhundert schweren Geschützen. Die Oestreicher wurden unter entsetzlichem Blutbade vollständig in die Flucht geschlagen. In einem siebenwöchentlichen Feldzuge hatte Oestreich beinahe hunderttausend Mann verloren.

Die Fahnen der siegreichen Preußen waren nun von den Thürmen Wiens aus sichtbar und fernerer Widerstand war hoffnungslos. Das gedemüthigte Oestreich niedergeschmettert und blutend, wie es war, war genöthigt, die Bedingungen, welche der Eroberer diktirte, anzunehmen. Preußen verlangte Souveränitätsrechte über alle besetzten Provinzen. So erlangte es sowohl Schleswig und Holstein, als auch das Königreich Hannover, das Königreich Sachsen, das prächtige Herzogthum Sachsen, große Theile von Böhmen,

östreichisch Schlesien und Baiern mit den kleinen Fürsten=
thümern, die zu zahlreich sind, um sie aufzuzählen.

Obgleich Preußen anfangs diese Eroberungen unter dem
Bombast diplomatischer Phrasen und frommer Aeußerungen
zu verbergen geneigt schien, so war es doch bald offenbar,
daß alle diese Königreiche in Wirklichkeit mit dem Königreiche
Preußen vereinigt waren. In einem Feldzuge von unge=
fähr vierzig Tagen hatte Graf Bismarck das Gebiet
Preußens und dessen Bevölkerung verdoppelt. So erhob
sich Preußen plötzlich von einem Königreich zweiten Ranges,
zu gleichem Range mit den mächtigsten Monarchien Europas.
An Bevölkerungszahl und an Kriegsstärke war es Frankreich
völlig gewachsen. Dazu hatte es noch beide Rheinufer
inne. Preußen konnte demnach von seinen starken Rhein=
festungen aus Frankreich nach Belieben angreifen. Sollte
ihm dann ein Unfall zustoßen, so konnten sich seine Armeen
hinter diesen breiten und reißenden Strom zurückziehen und
der Verfolgung Trotz bieten.

Das Thor von Preußen nach Frankreich stand weit offen,
Das Thor von Frankreich nach Preußen war hermetisch verschlossen.

Kapitel 14.

Frankreich verlangt seine alten Grenzen.

In Folge der ungeheuren Eroberungen, welche Preußen gemacht hatte, fand sich Frankreich ohne natürliche Grenzen, um sich selbst gegen eine der furchtbarsten europäischen Mächte zu schützen. In Folge der Verträge von 1815 hatten die Alliirten beide Rheinufer und das Moselthal in die Hände Preußens gegeben.

Der zugestandene Zweck der Abtretung dieser Provinzen an Preußen war, Frankreich irgend welcher starken nördlichen Grenzlinie zu berauben; so daß wenn in Frankreich ein anderer Volksaufstand erfolgen sollte, ein mit preußischen Festungen besetzter Zugang offen sei, durch welchen die alliirten Truppen in's Herz des Königreiches hineinmarschiren könnten.

Ganz Frankreich gerieth nun über die neue Gefahr von der das Kaiserreich bedroht wurde in Aufregung. Eine rivalisirende Nation mit in vielen Rücksichten den Einrichtungen Frankreichs feindlichen Institutionen und in allen Elementen der Macht Frankreichs ebenbürtig; eine ehrgeizige um sich greifende Nation, mit scheinbar grenzenlosen Absichten auf Vergrößerung, hatte die Schlüssel zu den nördlichen Thoren des Kaiserreiches, und diese Regierung, welche am feudalen Absolutismus festhielt, war den republikanischen Grundsätzen, welche das Kaiserreich vertheidigte, bitterlich Feind.

In einer Rede, welche Herr Thiers am 3. Dezember 1867 an den gesetzgebenden Körper richtete, sagte er:

„Der deutsche Bund, welcher für fünfzig Jahre die Hauptautorität war, um den Frieden der Welt aufrecht zu erhalten, ist verschwunden und durch eine militairische Monarchie ersetzt worden, welche über 40 Millionen Menschen gebietet. Ihr seid zwischen zwei Einheiten in der Mitte von denen Ihr die eine, Italien selbst gemacht, und die andere, Preußen, zugelassen habt. Sie reichen sich die Hand über die Alpen und willigen nur darein, Frieden zu halten, unter der Bedingung, daß Ihr ihnen gestattet, der einen, sich durch Besitznahme der päpstlichen Staaten zu ergänzen, und der Andern die süddeutschen Regierungen zu verschlingen. Dies ist die Sachlage, und ich möchte den sehen, der sie in Abrede stellt."

Im Verlauf dieser aufregenden Verhandlung las der französische Minister, Herr Drouyn de Lhuys, einen Brief des Kaisers der Franzosen in Bezug auf den vorgeschlagenen Kongreß, welcher die folgenden Sätze enthielt:

„Wenn sich die Konferenz versammelt, so würde meine Regierung erklärt haben, daß Frankreich jede Idee einer territorialen Vergrößerung verwerfe so lange als das Gleichgewicht Europas ungestört bleibt.

„Wir würden für den deutschen Bund eine seiner Wichtigkeit würdigere Stellung gewünscht haben, — für Preußen bessere geographische Grenzen; für Oestreich die Beibehaltung seiner achtunggebietenden Stellung in Europa nach Abtretung Venedigs an Italien gegen eine Gebietsentschädigung.

„Frankreich konnte allein in dem Falle an eine Ausdehnung seiner Grenzen denken, daß die Karte Europas zu Gunsten irgend einer Großmacht geändert würde, und daß angrenzende Provinzen durch eine förmliche und freie Abstimmung den

Wunsch für ihre Einverleibung aus=
drücken würden."*)

In Anspielung auf die heftigen Angriffe gegen die Re=
gierung, weil sie sich weigerte, sich der Einigung Deutsch=
lands zu widersetzen, sagte der Kaiser in seiner Eröffnungs=
rede der Sitzung des gesetzgebenden Körpers am 15. Fe=
bruar 1865:

„In Bezug auf den Kampf, der an der baltischen See
sich entsponnen hat, hegt meine Regierung warme Sympa=
thien für Dänemark und freundliche Wünsche für Deutsch=
land, doch hat sie die strengste Neutralität beobachtet. Als
sie in einer Konferenz aufgefordert wurde, ihre Meinung
abzugeben, so hat sie sich auf die Erklärung des National=
grundsatzes und des Rechtes der Bevölkerung, wegen ihres
Schicksals um Rath gefragt zu werden, beschränkt. Unsre
Sprache war, in Uebereinstimmung mit der Haltung, welche
wir zu bewahren wünschen, mäßig und freundlich gegen beide
Parteien."**)

Es ist merkwürdig genug, daß, während der berühmte
französische Staatsmann, Herr Thiers, den Kaiser so heftig
für seine Freundschaft gegen die deutsche Einheit tadelt, der
berühmte amerikanische Senator, Herr Sumner, ihn aber so
strenge verurtheilt, weil er sich dieser Einheit widersetzte.

„Im frühern Leben," sagt Herr Sumner, „ein Carbonari
und Verschwörer gegen Könige, wurde er nun ein gekrönter
Verschwörer gegen Republiken. Der Name einer Republik
wurde ihm ein Vorwurf, während deren Ruhm ihm eine
Drohung war. Gegen die römische Republik konspirirte er
frühzeitig, und als die Rebellion, welche die Sklavenhalter

---

*) Moniteur vom 13. Juni 1866.
**) La politique impériale, exposée par les discours et procla-
mations de l'Empereur Napoléon III depuis le 10 décembre 1848,
jusqu'au juillet 1865, p. 423.

wagten, eine Gelegenheit darzubieten schien, so konspirirte er gegen unsere Republik dadurch, daß er, so weit er es wagen durfte, die Unabhängigkeit der Sklavenstaaten unterstützte und zu gleicher Zeit auf den Ruinen der mexikanischen Republik ein Schattenkaiserreich gründete. In ähnlichem Geiste hat er gegen die deutsche Einheit konspirirt, deren gerechte Stärke seinem grundsatzlosen Ehrgeize einen Damm entgegenzusetzen versprach."*)

Frankreich war durch den Marsch der Alliirten auf Paris und durch die Verträge von 1815, welche dadurch, daß sie ihm die Rheingrenze wegnahmen, das Königreich gegen einen Einfall von Norden her vertheidigungslos ließen, entsetzlich gedemüthigt worden.

Selbst die Bourbonen, welche an diesen Verträgen theilgenommen hatten, fühlten die nationale Erniedrigung tief, aber sie unterwarfen sich derselben aus Furcht, daß das Volk sich von Neuem zur Vertheidigung der Volksrechte erheben könnte, und daß die Heere der Verbündeten von Neuem nothwendig werden dürften, um den Bourbonischen Thron aufrecht zu erhalten.

Die Jahre verflossen, — traurige Jahre der Unruhe, des Leidens, welche ganze Jahrhunderte verbittert haben. Endlich konnten sogar die Bourbonen die Schande nicht mehr länger ertragen, die nördlichen Provinzen in den Händen einer fremden Nation zu wissen und gerade die Festungen, welche zum Schutze Frankreichs gegen Einfälle erbaut worden waren, von fremden Truppen besetzt zu sehen.

Aber diese Rheinprovinzen waren Preußen durch Verträge, welche alle in Wien versammelten Regierungen aufrecht zu halten verpflichtet waren, übertragen worden.

---

*) Senator Sumner über den Krieg. N. Y. Herald, 29. Oct. 1870.

Selbst die Bourbonen hatten eingewilligt sie heilig zu halten. Ohne Krieg und Treubruch von Seiten der bourbonischen Regierung, konnten sie nicht wiedergewonnen werden.

Die Unzufriedenheit des Volkes war Angesichts der Erniedrigung so groß, daß die Bourbonen dachten, es würde eine volksthümliche Maßregel sein und sie auf dem Throne bestärken, wenn sie einen Versuch machen würden, diese Provinzen wieder zu erobern, selbst auf Kosten ihres gegebenen Wortes und eines Krieges.

Graf Chateaubriand war einer der Minister Karls X. Er bezeugt in seinen Memoiren, daß die Regierung Karls X. mit Rußland einen geheimen Vertrag abgeschlossen hatte, demselben in seinen Absichten auf Konstantinopel behülflich zu sein; dagegen sollte Rußland Frankreich bei der Wiedereroberung seiner verlornen Rheinprovinzen unterstützen.

Grade bevor dieser Vertrag zur Ausführung kommen sollte, vertrieb eine neue Revolution des französischen Volkes im Jahre 1830 die Bourbonen zum dritten Mal vom Throne. Durch die geschickte Handlungsweise weniger einflußreicher Volksmänner in Paris wurde die Krone Ludwig Philipp auf die Stirn gesetzt, ohne daß man die Frage vor eine Volksabstimmung gebracht hätte.

Louis Philipp, welcher weder durch Volksabstimmung, noch nach der Lehre der Legitimität ein Recht auf den Thron hatte, befürchtete, daß die Alliirten sich von Neuem zur Vertheidigung des „göttlichen Rechtes", der Souveräne einigen und die Bourbonen wiedereinsetzen möchten und versuchte daher die Unterstützung der benachbarten Fürstenhäuser dadurch zu gewinnen, daß er sich zur Aufrechterhaltung ihrer Politik verpflichtete. Er schrieb daher an einen jeden der mächtigsten Souveräne und versprach, daß er, im Falle seine Regierung von ihnen anerkannt würde, die Verträge von 1815 achten werde; was einer Erklärung, daß er keine An=

strengungen zur Wiedererlangung der Rheinprovinzen machen würde, gleich kam.

Alison schreibt in Bezug auf die geheimen Verhandlungen zwischen den bourbonischen Kabineten und Rußland, auf welche wir angespielt haben: „Der Erfolg war ein geheimes Uebereinkommen, daß Rußland Frankreich bei einer allfälligen Erweiterung seiner Grenzen nach dem Rheine hin unterstützen, und daß Frankreich Rußland bei dem Marsche nach Konstantinopel begünstigen solle. Preußen sollte für den Verlust seiner Rheinprovinzen durch die eine Hälfte Hannovers, Holland für das Aufgeben Belgiens durch die andere desselben entschädigt werden. Aber diese Uebereinkunft, so sorgfältig man das Geheimniß auch behütete, kam zur Kenntniß der brittischen Regierung, und diese so erhaltene Benachrichtigung führten zur sofortigen Anerkennung der Regierung Louis Philipps."*)

„Die Verträge von 1815," schreibt Louis Blanc, „hatten in den Herzen der Franzosen brennende Wunden zurückgelassen. Diese, so hoffte man, würden durch die Wiedergewinnung des Rheines als Grenze Frankreichs geheilt werden."

Dann schreibt er wiederum bei der Besprechung der Regierung Louis Philipps: „Der erste Wunsch der neuen Regierung war, anerkannt zu werden. Sie entschloß sich daher ihre Politik auf die Aufrechterhaltung der Verträge von 1815 zu gründen. Louis Philipp versprach das 1815 aufgestellte europäische System gegen jeden Stoß zu schirmen. Seine Thronbesteigung wurde daher von den Souveränen, welche 1815 die Beute Frankreichs unter sich getheilt hatten, mit Freuden begrüßt.

Diese Gefügigkeit Louis Philipps gegen die Politik der

---

*) Alison's Geschichte Europas, Bd. VI, S. 1865; ebenso „Frankreich unter Louis Philipp," Bd. I., S. 88. — Louis Blanc, Bd. I., S. 290.

Alliirten, machten ihn in Frankreich zum unpopulärsten Monarchen von allen, welche noch je auf dessen Throne saßen. Und doch behielt er, aufrecht erhalten von den Sympathien aller umgebenden Monarchien, welche ihn als ihren Agenten in Anhaltung der Fortschritte liberaler Meinungen, betrachteten, den Thron für ungefähr achtzehn Jahre.

Dem Sturze Louis Philipps 1848 folgte die kurze Republik und dieser die Wiederherstellung des Kaiserreiches 1851. Bei der Begründung der Republik befürchtete das monarchische Europa, daß französische Armeen sogleich an den Rhein rücken und die alte französische Grenze wieder in Besitz nehmen würden. Um diese Befürchtungen zu heben und so eine bewaffnete Verbindung gegen die Republik zu verhindern, erließen die Leiter dieser Partei, Ledru-Rollin und Louis Blanc, ein Rundschreiben an die Regierungen Europas, in welchem sie sagten:

„Die Verträge von 1815 bestehen in den Augen der französischen Republik nicht zu Recht. Aber aus dieser Erklärung erfolgt nicht mit Nothwendigkeit Krieg. Die Gebietsgrenzen, welche durch diese Verträge festgestellt sind, sind die Grundlagen, welche die Republik Willens ist, als **Ausgangspunkt** in ihren äußern Beziehungen zu andern Nationen anzunehmen."

Sie hofften durch diese Erklärung, daß sie in diesem Augenblick keinen Versuch machen würden, ihre Grenzen bis an den Rhein vorzuschieben, die Befürchtungen Derjenigen, welche zur Aufrechterhaltung der Wiener Verträge verpflichtet waren, zu beschwichtigen.

Als Louis Napoleon zum **Präsidenten** erwählt worden war, waren die Verbündeten sehr in Sorgen. Es war offenbar, daß seine Erwählung bloß eine Stufe zur Wiederherstellung des Kaiserreiches sein würde, und es war gewiß, daß das Kaiserreich, einmal wieder zu seinem frühern Glanze gelangt, unter Umständen auf seiner alten und natürlichen Grenze, dem Rhein, bestehen werde. Die „Londoner Morning Post" von 1852 sagte:

„Die Alliirten sind willig die **zeitweilige Präsidentschaft** des Neffen Napoleons zu dulden; sie werden aber die Umwandlung der Präsidentschaft in ein Kaiserreich nicht zugeben."

Das französische Volk scheint durch diese Drohungen nicht eingeschüchtert gewesen zu sein. Es war nicht Willens bei dem brittischen Kabinete anzufragen, welche Regierungsform Frankreich annehmen dürfe. Sechs Monate nach der Aeußerung dieser Drohung stellte das französische Volk, mit einer Majorität, welche Europa staunen machte, das Kaiserreich wieder her und erwählten den Erben Napoleons zum Kaiser.

Die beiden extremen Parteien, die Legitimisten und die Republikaner machten im gesetzgebenden Körper der kaiserlichen Regierung vereint Opposition. Wie wir schon erwähnt haben, wurde die Regierung von dieser Opposition strenge getadelt, daß sie bei der Einigung Italiens behülflich gewesen und Preußen gestattet habe, eine große deutsche Nation mit vierzig Millionen Einwohnern zu gründen. In einer Adresse bei Eröffnung der Kammern sagte der Kaiser am 18. November 1866, in Bezug auf diese Tadelsäußerungen :

„Trotz der Erklärung meiner Regierung, welche in ihrer friedlichen Haltung niemals wankte, hat sich der Glauben verbreitet, daß irgend eine Veränderung in der innern Verwaltung Deutschlans eine Kriegsursache werden müsse. Es ist nothwendig, daß wir die Veränderungen, welche auf der andern Seite des Rheines stattgefunden haben frei und offen hinnehmen; daß wir erklären, daß, so lange unsere Interessen und unsere Würde nicht bedroht sind, wird uns nicht in die vom Wunsche des Volkes veranlaßten Umgestaltungen mischen werden."*)

Am 14. Februar 1867 verlieh nach den erstaunlichen Eroberungen Preußens, der Kaiser seinen Ansichten in folgenden Worten Ausdruck:

„Seit unserer letzten Sitzung haben sich ernste Ereignisse in Europa zugetragen. Obgleich sie durch ihren raschen Verlauf und die Wichtigkeit ihrer Folgen die Welt in Staunen gesetzt haben mögen, so scheint es doch, daß sie nach den Prophezeiungen des ersten Kaisers vom Schicksal vorher bestimmt waren. Napoleon sagte auf St. Helena:

„Einer meiner großen Gedanken war die Vereinigung und Zentralisation der, geographisch betrachtet, gleichen Nationen, welche durch Revolutionen und Politik zerstückelt worden sind. Diese Krystallisirung, wie ich sagen möchte, wird früher oder später durch die Gewalt der Umstände stattfinden. Der Anstoß ist gegeben und ich denke nicht, daß nach meinem Falle und nach dem Verschwinden meines Systemes irgend ein anderes großes Gleichgewicht möglich sein wird, als die Verbindung und Verbündung großer Nationen.

„Die Umwälzungen," fährt Napoleon III. fort „welche in Italien und Deutschland stattgefunden haben, ebnen den Weg zur Ausführung dieses großartigen Programmes der Vereinigung der europäischen Staaten in eine große Verbündung. Das Schauspiel der von den benachbarten Nationen gemachten Anstrengungen zur Vereinigung ihrer so viele Jahrhunderte lang zerstreuten Glieder, kann in einem Lande, wie das unsrige, dessen Theile alle unwiderruflich mit einander verbunden sind und einen gleichförmigen und unzerstörbaren Körper bilden, keine Unruhe erregen.

Wir sind europäische Zeugen des Kampfes, der jenseits des Rheines gewüthet hat, gewesen. In Gegenwart dieser

---

*) La politique imperiale.

Kämpfe hat das Land seinen Wunsch, sich von ihnen fern zu halten, kräftig kundgegeben. Ich habe nicht allein mich diesem Wunsche gefügt, sondern ich habe jede Anstrengung gemacht, den Friedensschluß zu beschleunigen."*)

---

*) Rede bei Eröffnung der französischen Kammern den 14. Februar 1867.

Kapitel 15.

Die Politik des Grafen Bismarck.

Frankreich hatte sich höchst unsicher gefühlt, daß seine nördlichen Provinzen und Festungen in den Händen Preußens waren, selbst als dieses Königreich noch eine schwache Macht war und nur achtzehn Millionen Einwohner zählte. Aber Frankreich konnte sich nicht bewegen, um diese Provinzen wieder zu erobern, ohne das ganze monarchische Europa gegen sich aufzureizen, welches verpflichtet war, die Verträge von 1815 aufrecht zu erhalten.

Aber nun hatte sich Preußen, in vollständiger Verachtung dieser Verträge auf so gewaltige Eroberung eingelassen, als Europa je mit angesehen hatte. Es hatte sich plötzlich zu einer Macht ersten Ranges erhoben und das preußische Reich war zum bewaffneten Lager geworden, in welchem jeder Bürger Soldat war. Die Armeen Oestreichs waren durch seine Armeen zersprengt, wie Schafe von Wölfen. An Bevölkerung, an Hülfsquellen, an Zahl und Ausrüstung seiner Armeen war es Frankreich vollständig ebenbürtig geworden. Dazu hatte es noch beide Rheinufer und das Moselthal in seiner Gewalt. Es war kein Bergzug noch Fluß vorhanden, welcher dem stürmischen Andrang seiner Regimenter nach dem Herzen Frankreichs eine Schranke gesetzt hätte.

Wenn auf der andern Seite eine preußische Invasionsarmee zurückgeworfen wäre und es nöthig finden sollte sich zurückziehen, so brauchte sie bloß hinter den breiten und reißenden Rheinstrom zurückzuweichen, dessen Brücken sie alle beherrschte, und in die furchtbaren Festungen, die seinen beiden Ufern entlang sich befanden, und da konnte sie sich in Sicherheit erholen.

Man sagt, daß der Ehrgeiz mit den Eroberungen wächst. Preußen, statt von den ungeheuren Gebietserwerbungen, welche es gemacht hatte, befriedigt zu sein, stand im Verdachte, als ob es sich nach noch mehr Eroberungen umsehe. Das französische „offizielle Journal" sagt:

„Niemand kann die ehrgeizigen Absichten Preußens auf Holland verkennen. Bismarck wünscht diese kleine Nation zu unterwerfen, wie er die dänischen Herzogthümer zur Unterwerfung gezwungen hat. Er wünscht aus Holland einen Staat des norddeutschen Bundes zu machen. Ohne die Haltung, welche Frankreich eingenommen hat, würde die preußische Politik sich der Unabhängigkeit der Niederlande verderblich erwiesen haben."

Unter diesen veränderten Verhältnissen waren in Frankreich alle Parteien beunruhigt. Man hielt es für gefährlich, die Schlüssel Frankreichs in den Händen einer so gewaltigen und drohenden Macht zu lassen. Bourbonisten, Imperialisten und Republikaner, alle waren in gleicher Bewegung. Und doch schienen die Hände Frankreichs gebunden zu sein. Preußen griff Frankreich nicht an; es erlangte einfach riesige Kräfte, welche es bald in Stand setzen würden, dem französischen Kaiserreiche Gesetze zu diktiren und zur leitenden Macht in Europa zu werden.

So war die Sachlage, als der kluge Bismarck versuchte Leopold von Hohenzollern auf den spanischen Thron zu setzen. Leopold war ein Prinz eines der wichtigsten Fürstenthümer Preußens, ein naher Verwandter der königlichen Familie und ein Oberst in der preußischen Armee. Die erfolgreiche Ausführung dieses Planes würde in der That **die Wiedererweckung des Reiches Karls des Großen gewesen** sein. Spanien wäre einfach eine Provinz des großen deutschen Reiches und der preußischen Krone geworden; Frankreich wäre der Gnade dieser riesigen Macht anheimgegeben gewesen. Und doch wurde dies geschickt geleitet.

„Ihr Franzosen," sagte Bismarck in allen seinen Organen, „Ihr behauptet, daß das Volk ein Recht habe seinen Fürsten selbst zu wählen? Hat nicht auch Spanien das Recht, sich seinen Herrscher zu wählen? Und wenn Spanien Leopold von Hohenzollern wählt, ist es nicht eine unerträgliche Anmaßung von Frankreich, vorzugeben, daß es sich der freien Wahl eines freien Volkes widersetze. Kann ferner Preußen die Beleidigung, daß Frankreich Leopold verbietet, die ihm durch die Stimmen eines unabhängigen Volkes angebotene Krone anzunehmen ruhig aufnehmen?"

In der Antwort darauf beleuchtete die französische Zeitung, „Le Gaulois" in sehr kräftiger Sprache die andere Seite der Frage:

„Laßt uns einen kurzen Rückblick thun. Preußen nahm Schleswig und Holstein weg; wir sagten nichts dazu. Preußen siegte zu Sadowa; wir schwiegen still. Preußen machte neue Erwerbungen; wir blieben friedlich. Preußen veranlaßte ernsthafte Schwierigkeiten wegen Luxemburg; wir waren versöhnlich. Preußen setzte einen Hohenzollern auf den Thron von Rumänien; wir sagten nichts dazu. Preußen verletzte seine Verpflichtungen in Folge des Prager Vertrages; wir sind nicht empfindlich darüber.

„Bismarck hat nun für uns einen Kandidaten für den spanischen Thron zugestutzt, um uns lahm zu legen und um uns zwischen sich selbst und Spanien zu erdrücken, wie es Oestreich zwischen sich und Italien erdrückt hat. Wenn wir uns dieser letzten Beleidigung gefügt hätten, so würde sich in der ganzen Welt keine Dame mehr finden, welche den Arm eines Franzosen annehmen möchte."

Jemand, der im „New Yorker Herald" über diesen Gegenstand schrieb, ließ sich folgendermaßen vernehmen: „Kein Bericht über den Krieg ist so offenbar schamlos und ungerecht, als derjenige, welcher der „London Times" zugeschrieben wird, daß Frankreich Europa ohne einen Schatten von Entschuldigung oder Rechtfertigung in einen Krieg stürze.

„Im Gegentheil, wenn wir die Sachlage von einem unparteiischen Standpunkt aus betrachten, so scheint es uns nicht, daß Frankreich im Unrecht sei. So weit ist es davon entfernt, daß es scheint, als ob es nicht ohne Erniedrigung eine andere Stellung einnehmen konnte, als die, welche es jetzt einnimmt.

„Nicht allein Kandidatur des Hohenzollern war es, gegen die Frankreich Einspruch that; es war dies Auftreten Preußens jenseits der Pyrenäen; es war die Anmaßung Preußens, von Spanien Besitz zu nehmen, wie wenn es ein deutsches Herzogthum gewesen wäre. Frankreich war vollkommen gerechtfertigt, dagegen entrüstet, Einspruch zu thun."

Ein höchst interessanter Artikel über den Krieg erschien jüngst im „New York Beobachter" aus der Feder von Mr. J. S. Headley, welcher wahrscheinlich mit der europäischen Politik ebenso vertraut ist, wie irgend ein anderer Amerikaner. In diesem Artikel sagt Mr. Headley:

„Es kann wenig Zweifel darüber walten, daß Bismarck Krieg erwartete, ja, daß er ihn wünschte. Sein Ziel war ein doppeltes; erstens, Deutschland zu einigen; zweitens, sich gegen Frankreich eine gesicherte Grenze zu schaffen. Die meisten mögen vergessen haben, daß die Frage, einen deutschen Prinzen auf den spanischen Thron zu setzen, schon vor einem Jahre erhoben und Erklärung verlangt wurde. Bismarck zog die ganze Sache als eine Fabel ins Lächerliche.

„Von diesem Augenblicke an wußte er wenigstens, daß ein

Versuch ein solches Ereigniß herbeizuführen, einen Krieg zur Folge haben mußte. Warum gestattete er demnach, daß eine solche Brandfackel in Frankreich hineingeworfen würde? Er wußte aus dem Benehmen des französischen Ministers vor einem Jahre, daß ein Krieg folgen würde; und wenn er keinen Krieg wünschte, so hätte er den Vorschlag Prims leicht verhindern oder ihn wenigstens nicht in die Oeffentlichkeit gelangen lassen können. Noch mehr, Prim hatte weder das Recht noch die Macht ihn zu machen; daraus geht klar hervor, daß die ganze Sache zwischen ihm und Bismarck ein abgeredetes Spiel war um das, was gerade erfolgte, herbeizuführen.

„Um dies noch mehr offenbar zu machen, bemerke man, daß er von der Zeit an, (ein Jahr vorher,) als die Art, in welcher der angeregte Vorschlag empfangen wurde die Folgen voraussehen ließ, Deutschland auf den Kriegsfuß zu bringen begann. Eisenbahnwagen ausschließlich für den Truppentransport wurden erbaut und sie lagen in Zügen geordnet den Eisenbahnen der verschiedenen Staaten entlang. Mehr noch als das; der Erfolg bewies, daß er, noch bevor die Bombe, welche er vorbereitet hatte, platzte, seine Truppen aufgeboten und so nahe an der Grenze aufgestellt hatte, daß Bonaparte, während er glaubte durch seine plötzliche Kriegserklärung und durch sein Vorrücken an den Rhein seinem Gegner gegenüber acht oder zehn Tage voraus zu haben, mehr als diese Zeit gegen ihn zu spät war.

„Solch' eine Anhäufung von umständlichen Beweisen macht es unwiderlegbar klar, daß von Seiten Bismarcks eine tiefe und wohl angelegte Intrigue angesponnen war, um einen Krieg herbeizuführen."*)

Ein Volk von vierzig Millionen, so intelligent und gebildet und so freiheitsliebend, als irgend ein anderes Volk der

---

*) New York Observer, Okt. 27. 1870.

Welt, stürzt sich nicht einmüthig in einen Krieg, wenn es nicht ernstlich glaubt, daß eine Herausforderung dazu vorhanden ist.*)

In Frankreich ist dies nicht ein Krieg der Regierung, sondern des Volkes; nicht ein Krieg, um eine Dynastie mächtiger zu machen, sondern um die Grenze zu berichtigen. Man kann eher sagen, daß das Volk die Regierung zu dem Kriege getrieben, als daß die Regierung das Volk dazu verleitet habe. Es ist allgemein zugestanden, daß das Volk durch das ungeheure Anwachsen Preußens beunruhigt, und nicht so gut über die verhältnißmäßige Stärke der beiden Nationen unterrichtet, als die Regierung, den Krieg mit einem Grade von Einhelligkeit verlangte, dem keine Regierung, wenn sie es auch gewollt hätte, hätte widerstehen können.

Es herrschte in den Vereinigten Staaten allgemein die Ansicht, daß die kaiserliche Regierung die Kriegslust in Frankreich sorgfältig gepflegt habe, daß das ganze Kaiserreich in ein Feldlager verwandelt worden sei, und daß auf solche Weise Europa gezwungen gewesen sei ungeheure Armeen unter den Waffen zu haben. Die staunenswerthen Ereignisse, welche sich zugetragen haben, beweisen, wie irrig diese Meinung war. Gerade vor dem Ausbruche des Krieges sagte der französische Minister der Herzog von Grammont in einem im offiziellen Journal veröffentlichten Rundschreiben:

„Wenn Europa unter den Waffen bleibt, wenn eine

---

*) Bismarck, der mit Oestreich vor 1866 sein Spiel getrieben hatte, bis er wußte, daß er Macht genug hätte es zu erdrücken, gewann Zeit, indem er die französischen Diplomaten an der Nase herumführte, bis alles so vollkommen vorbereitet war, daß binnen vierzehn Tagen nach der Kriegserklärung eine halbe Million geübter Soldaten bereit waren in Frankreich einzudringen. Manchester (England) Guardian, August 25. 1870.

Million Männer immer in Erwartung eines Schlachtensturmes sind, so kann man nicht leugnen, daß die Verantwortlichkeit bei Preußen liegt, da es jedem Gedanken an Entwaffnung zurückwies, als wir den Vorschlag machen ließen, und das Beispiel zu geben begannen. Das Bewußtsein Europas und die Geschichte werden erklären, daß Preußen diesen Krieg suchte, indem es Frankreich, welches mit der Entwicklung seiner politischen Einrichtungen beschäftigt war, einen Schimpf anthat, welchen keine Nation ohne Gefahr allgemeiner Verachtung zu laufen, hinnehmen konnte."

Die Abgeordneten des gesetzgebenden Körpers, welche in Folge allgemeinen Stimmrechtes gewählt wurden und daher alle Parteien vertraten, stimmte mit 246 gegen 10 für den Krieg. Im Senate, der aus zweihundert und fünfzig der berühmtesten Männer Frankreichs zusammengesetzt war, weiß man nicht von einer Stimme, die abweichender Meinung gewesen wäre. Unmittelbar nach der entscheidenden Abstimmung im gesetzgebenden Körper begab sich der ganze Senat am 17. Juni nach St. Cloud, um den Kaiser ihrer herzlichen Unterstützung bei der Führung des Krieges zu versichern. In einer sehr kräftigen Rede, welche Herr Rouher bei dieser Gelegenheit hielt, sagte er: „Ihre Majestät zieht das Schwert und das ganze Volk ist mit Ihnen."

„Das Recht ist auf unserer Seite," ruft der Courier des E'tats Unis aus. Die Welt muß es einsehen. Zu dieser Stunde schlagen die Herzen aller Franzosen nur einen Schlag und zum Rheine ist das Kriegsgeschrei der ganzen Nation.

Einhundert Millionen Dollars waren in wenigen Stunden für den Kriegsfonds unterzeichnet. Hunderttausend Freiwillige stellten sich fast in einem Tage, um sich in die Armee einreihen zu lassen.

In Deutschland folgte das Volk der Regierung, es leitete sie nicht; aber es folgte mit eben dem Enthusiasmus und mit eben der festen Ueberzeugung, daß sie im Rechte seien, welche die Franzosen beseelten.

Wie bedaurenswerth ist dies Schauspiel! Was für ein Beweis für die Unzuverlässigkeit der menschlichen Natur! Hier sind vierzig Millionen auf jeder Seite des Rheines, die mit der unbegreiflichsten Wuth auf einander losstürmen, die Schlachtfelder mit Blut röthen und die zwei Reiche mit Wittwen, Waisen und Elend füllen; jede Partei aber fleht Gott in der festen Ueberzeugung von der Gerechtigkeit ihrer Sache in tausenden von Kirchen an. Es kann kein Zweifel obwalten, daß auf beiden Seiten tausende von aufrichtigen Christen sind, welche die Hülfe des Himmels gewissenhaft anrufen.

Frankreich behauptet, daß es zur Wiedererlangung seiner ursprünglichen und rechtmäßigen Grenzen Krieg führe, — Grenzen, welche es zur Erhaltung seiner unabhängigen Existenz bei dem veränderten Zustande der Dinge in Europa für nothwendig hält.

Preußen behauptet, daß es fechte um einen grundlosen und ungerechtfertigten Angriff Frankreichs zurück zu weisen, welches ihm wichtige Theile seines Gebietes entreißen wolle — eines Gebietes, welches es unbestritten während eines halben Jahrhunderts besaß.

Durch die ganze Christenheit sind intelligente, gewissenhafte, religiöse Gemeinschaften getheilt. Millionen sind in warmer Sympathie mit Preußen, andere Millionen sind nicht weniger eifrig in ihren Gebeten für den Erfolg der französischen Waffen. Solche Thatsachen sollten sicher eine Lehre christlicher Duldung geben.

Kapitel 16.

Die Kriegserklärung.

Und nun folgten die wichtigsten Ereignisse mit wunderbarer Schnelligkeit auf einander. Die vertriebene Königin Isabelle von Spanien leistete am Sonntag den 26. Juni förmlich Verzicht auf den spanischen Thron zu Gunsten ihres ältesten Sohnes, des Prinzen Alphonso. Am Donnerstag den 6. Juli, wurde in den Straßen von Paris die Nachricht bekannt gemacht, daß der preußische Hof heimlich Ränke schmiede, um den Prinzen Leopold von Hohenzollern auf den leeren spanischen Thron zu setzen. Die Abdankung Isabella's zu Gunsten Alphonsos hatte nur geringe Kraft, da weder die frühere Königin, noch ihr Sohn über die Pyrenäen gehen durften, um das Königreich zu betreten, aus welchem der Aufstand sie vertrieben hatte.

Man wird sich daran erinnern, das schon einmal vorher das Gerücht ging, als ob Preußen Ränke schmiede, um einen seiner Prinzen auf den spanischen Thron zu setzen und daß Bismarck erklärt hatte, das Gerücht habe keinen Grund. Die Nachrichten, welche jetzt dem französischen Hof zukamen, daß wiederum ein preußischer Prinz ein Kandidat für die Krone sei, welche Karl V. einst getragen, erregte in ganz Paris große Bewegung. Sie gab sogleich Veranlassung zu einer höchst erregenden Debatte im gesetzgebenden Körper. Alle Parteien schienen eins zu sein in der Ueberzeugung, daß in dieser erneuerten Maßregel des Grafen Bismarck eine direkte Bedrohung gegen die Unabhängigkeit Frankreichs enthalten sei. Fast die ganze Presse verlieh dem allgemeinen Gefühle Worte, daß man dem vorgeschlagenen Uebergriffe, selbst auf Gefahr eines Krieges hin, widerstehen müsse.

Die Frage war eine, bei welcher kaiserlich Gesinnte, Königliche und Republikaner gleich sehr interressirt waren. Wenn Preußen mit vierzig Millionen Einwohnern, einer festen militairischen Organisation und schon im Besitze beider Rheinufer, in Wirklichkeit Spanien seinem Gebiete zufügen sollte, so wäre Frankreich ganz dessen Gutdünken anheim gegeben gewesen. Die Republikaner hatten von der Bewegung sogar noch mehr zu befürchten, als die Kaiserlichen oder Königlichen; denn über die Todtfeindschaft Preußens gegen die Republik konnte kein Zweifel obwalten. Frankreich war in der Richtung der Volksrechte schon von der alten feudalen Monarchie zum republikanischen Kaiserreiche vorgeschritten, welches nicht auf dem Grundsatze der „Legitimität", sondern auf dem der allgemeinen Volksabstimmung beruhte. Sogar diese Verbesserung erregte den Haß und die Furcht Preußens. Wenn Frankreich noch einen Schritt weiter und bis zur Republik fortschreiten sollte, so konnte Niemand in Frage stellen, daß Preußen nicht seine ganze Energie aufbieten würde, um solche Einrichtungen, welche Europa mit allgemeiner Revolution bedrohen konnten, zu unterdrücken.

Durch solche Betrachtungen bewogen, gab nach reichlicher Ueberlegung der französische Minister (Herzog von Grammont) dem preußischen Hofe offiziell Nachricht, unterm Datum Montag, den 11. Juli, daß Frankreich es nicht zugeben könne, wenn ein deutscher Prinz den Thron Karls V. besteige. Gleichzeitig verbreitete sich die Bewegung rasch über ganz Frankreich. Die Besprechung enthüllte die Gefahr, in welcher Frankreich stand, da beide Rheinufer im Besitz einer Macht waren, die plötzlich so riesige Verhältnisse angenommen hatte, auf's Klarste. Die Ueberzeugung, daß

Frankreich sogleich und auf alle Gefahr hin, seine alte Rheingrenze wiederverlangen müsse, wurde offenbar allgemein. Es verlangte nicht beide Ufer sondern bloß das südliche, als zum Schutze Frankreichs unbedingt nothwendig; das nördliche Ufer sollte zum Schutze Deutschlands bei Preußen verbleiben. Der Kriegsruf ertönte durch ganz Frankreich, aber dieser Ruf lautete nicht: „Auf nach Berlin!" sondern, „auf nach dem Rhein!" Alles was Frankreich verlangte, war jene alte Grenze, welche es für seine Vertheidigung gegen einen Einfall von Deutschland her für nothwendig hielt.

Am nächsten Tage, den 12. Juli, wurde angekündigt, daß Leopold die Kandidatur abgelehnt habe; aber die Aufregung war so groß und so ausgedehnt geworden, daß etwas mehr als dieses nothwendig wurde, um sie zu beschwichtigen.

„Morgen", hieß es, „kann ein neuer Winkelzug irgend einen andern deutschen Prinzen auf diesen Thron setzen. Wir widersetzen uns nicht der Person Leopolds. Wir verlangen von Preußen, daß es die Verpflichtung eingehe, keinen seiner Prinzen auf den spanischen Thron zu setzen. Ein preußischer Prinz ist gerade so gefährlich wie ein anderer; und diese Uebergriffe zeigen die Gefahr für Frankreich noch deutlicher. Seit Preußen die Verträge von 1815, durch seine ungeheuren Vergrößerungen mit Füßen getreten hat, fordert unsere eigene Sicherheit gebieterisch, daß uns die Provinzen, welche Preußen auf dem südlichen Rheinufer besitzt, zurückgegeben werden.

Am 14. Juli weigerte sich der König von Preußen den Grafen Benedetti, den französischen Gesandten, zu empfangen, unter Umständen, welche die Erbitterung, die sich zwischen den Nationen zu zeigen begann, noch vermehrten. König Wilhelm klagte den Grafen an, daß er seine Forderungen zu unpassender Zeit und auf unverschämte Weise aufdränge. Der französische Hof klagte den König an, daß er Frankreich in der Person seines Gesandten insultirt habe, und daß er es barsch von der Hand weise, Vorschläge zu empfangen, welche einen Krieg abzuwenden berechnet waren. Jede Nation glaubte an ihre eigene Darstellung der Geschichte. Vierzig Millionen Deutsche glaubten, daß ihr König von dem französischen Gesandten in unverschämter Weise bedrängt worden sei; vierzig Millionen Franzosen glaubten, daß das kaiserliche Frankreich vom preußischen Könige absichtlich beleidigt worden sei.

Am 15. Juli erklärte die französische Regierung, von dem gesetzgebenden Körper, vom Senate und offenbar von dem enthusiastischen Beifalle des ganzen Volkes unterstützt, Krieg gegen Preußen. Obgleich einige individuelle Opposition vorhanden war, so scheint doch das unbestrittene Zeugniß der französischen Presse und aller amerikanischen und englischen Korrespondenten, die derzeit in Frankreich waren, dahin zu gehen, daß die allgemeine Stimme der Nation für den Krieg war. Man behauptet, daß der Kaiser, welcher mit den Kriegsrüstungen beider Nationen besser bekannt war, als andere, fast der einzige Mann in Paris war, der einer unmittelbaren Eröffnung der Feindseligkeiten entgegenstand; aber der Strom der Volksmeinung war so stark, daß sogar er selbst ihm nicht widerstehen konnte. Ein sehr intelligenter Amerikaner, der so lange in Paris gewohnt hatte, daß er in der Pariser Gesellschaft vollständig zu Hause war, schrieb mir:

„In Rücksicht auf diesen Krieg, scheint es kaum gerecht, den Kaiser Napoleon dafür verantwortlich zu machen, da er behauptete, daß er von Anfang an dagegen gewesen sei, daß ihm aber das **französische Volk aus den Händen geschlüpft** und er so genöthigt gewesen sei entweder mit ihm zu gehen, oder seinen Halt auf dasselbe gänzlich zu verlieren. Dies scheint mir, ich muß gestehen, eher gegen die Theorie der Volksherrschaft zu sein; aber so soll es gewesen sein. Jedenfalls versicherte mich Jedermann in Paris, den ich darüber befragte, daß der Krieg allgemein populär sei."

In einer kurzen Rede, welche der Kaiser bei dieser Gelegenheit an den Senat richtete, sagte er: „Der Krieg ist rechtmäßig, wenn er mit der Beistimmung des Landes und der Billigung seiner Abgeordneten geführt wird. Ihr thut wohl daran euch die Worte Montesquieus ins Gedächtniß zurückzurufen, „der wahre Urheber eines Krieges ist nicht Derjenige, der ihn erklärt, sondern derjenige, der ihn nothwendig macht."

In einer Proklamation an das französische Volk, die er am 23. Juni erließ, sagte der Kaiser: „Es giebt im Leben eines Volkes feierliche Augenblicke, in denen sich die Nationalehre, heftig erregt, mit unwiderstehlicher Kraft uns aufdrängt, sich über alle andern Interessen erhebt, und sich auf das einzige Ziel wirft, die Geschicke der Nation zu bestimmen. Eine dieser entscheidenden Stunden ist jetzt für Frankreich gekommen.

„Preußen, welchem wir während und seit dem Kriege von 1866 Beweise der versöhnlichsten Gesinnung gegeben haben, hat unsern guten Absichten keine Rechnung getragen und hat unsere Geduld mit Uebergriffen erwidert. Es hat überall Mißtrauen erregt, überall übermäßige Bewaffnungen nothwendig gemacht. Es hat aus Europa ein bewaffnetes Lager gemacht, in dem Unruhe und Furcht vor der Zukunft herrschen.

„Ein endlicher Augenblick hat die Unbeständigkeit des internationalen Verständnisses bewiesen und den Ernst der Sachlage klar gemacht. Angesichts seiner neuen Anmaßungen haben wir Preußen unsere Ansprüche erklärt. Es wich ihnen aus und ließ verächtliche Behandlungen darauf folgen. Unser Land zeigte bei dieser Handlungsweise tiefes Mißvergnügen; und schnell ertönte der Ruf nach Krieg von einem Ende Frankreichs zum andern.

„Es bleibt uns nichts anderes übrig, als unsre Geschicke dem Glücke der Waffen anzuvertrauen. Wir bekriegen nicht Deutschland, dessen Unabhängigkeit wir achten. Wir verpflichten uns, daß das Volk, welches die große deutsche Nationalität bildet, frei über seine Geschicke verfügen soll. Was uns anbelangt, so verlangen wir, daß eine Sachlage eintrete, welche unsere Sicherheit verbürgt und welche unsere Zukunft sicher stellt. Wir wünschen einen dauerhaften Frieden, der auch die wahren Interessen des Volks gegründet ist, zu erkämpfen, und bei der Abschaffung eines unsichern Zustandes der Dinge mitzuhelfen, durch welchen alle Nationen gezwungen sind, ihre Hülfsquellen durch gegenseitige Kriegsrüstungen aufzuzehren."

König Wilhelm, indem er den so von Frankreich hingeworfenen Fehdehandschuh aufnahm, redete am 20. Juli das norddeutsche Parlament mit folgenden Worten an:

„Der König von Preußen hatte kein Interesse an der Wahl des Prinzen von Hohenzollern zum spanischen Throne, ausgenommen in so fern, als er einem befreundeten Volke hätte Frieden bringen können. Sie hat dessen ungeachtet dem Kaiser der Franzosen einen Vorwand für den Krieg, der bisher der Diplomatie unbekannt war, geliefert; und, in Verachtung des Friedens, hat er sich eine Sprache gegen Deutschland erlaubt, zu welcher er bloß in Folge einer falschen Berechnung seiner Stärke hat verleitet werden können.

„Deutschland ist kräftig genug, eine solche Sprache zu empfinden und solche Gewalt zurückzuweisen. Ich spreche so mit aller Ehrerbietung und wohl wissend, daß der Erfolg in Gottes Hand liegt. Ich habe die Verantwortlichkeit, welche auf einem Manne ruht, der zwei große und ruhige Nationen, welche nach dem Frieden und nach dem Genusse der gewöhnlichen Segnungen christlicher Zivilisation und des

Wohlstandes und nach Wettkämpfen, die heilsamer sind, als diejenigen des blutigen Krieges, verlangen, in Krieg und Verderben drängt, wohl erwogen."

In der Kriegserklärung, welche die französische Regierung erließ, wurde behauptet, daß die Franzosen genöthigt waren, den Vorschlag, einen preußischen Prinzen auf den spanischen Thron zu setzen, als eine Bedrohung der Unabhängigkeit des französischen Volkes anzusehen; daß in Folge dessen das französische Volk Preußen aufgefordert habe, d i e s e n P l a n z u m i ß b i l l i g e n ; daß Preußen sich dies zu thun geweigert habe, daß diese Weigerung Gefahren für Frankreich und daß europäische Gleichgewicht enthalte. Die Erklärung schließt mit folgenden Worten:

„Die französische Regierung betrachtet sich demnach, indem sie Maßnahmen trifft um ihre Ehre und geschädigten Interessen zu sichern, und nachdem sie alle Maßregeln getroffen, welche die Umstände nothwendig machen, als mit Preußen im Krieg begriffen."

Der Enthusiasmus, mit welchem diese Erklärung in Frankreich begrüßt wurde, kam demjenigen gleich, mit welchem ganz Preußen zu den Waffen eilte. Die ganze Bevölkerung erhob sich zur Unterstützung des Königs. Zur Ueberraschung und zur großen Enttäuschung Frankreichs erklärten die süddeutschen Staaten ihre Absicht, Preußen zu unterstützen. So wurden zur Führung dieses Krieges Nord- und Süddeutschland einig.

Es zeigte sich, daß Preußen für diesen Krieg vollständig gerüstet war, wie wenn es ihn vorausgesehen hätte, und in Folge dessen geheime Anordnungen getroffen hätte. Frankreich andererseits war auffallend unvorbereitet, was andeutete, daß seine Regierung vom Kriege überrascht worden war.

Die „Moskauer Zeitung" erklärte, daß obgleich Frankreich den Kampf begonnen habe, der Grund desselben bei Preußen liege. „Ein Krieg mit Frankreich", sagte sie, „war für die Einigung Deutschlands durchaus nothwendig. Preußen hatte diese verhängnißvolle Nothwendigkeit während mehr als drei Jahren obschweben sehen, und hatte endlich die Gelegenheit ergriffen, als sie reif war. Der Krieg war durch die listige Politik Preußens nicht nur im eigenen Lande, sondern auch im eigenen Lager des Feindes vorbereitet worden; und als Alles bereit, Frankreich dagegen unfähig war, sich in einen großen Krieg einzulassen, so wurde es zum Kampfe geleitet, so daß es schien, als ob die Herausforderung von Frankreich selbst gekommen wäre."

Eine der größten Armeen, von denen die Geschichte weiß, war sogleich auf dem Marsche von Preußen aus zum Einfalle in Frankreich, — eine Armee, die Alles in Allem auf siebenmalhunderttausend Mann geschätzt wurde. Die Truppen waren vollständig kriegstüchtig, mit allem Nöthigen im Ueberflusse versehen und mit den fürchterlichsten Zerstörungswaffen, welche die neuere Kunst schaffen konnte, ausgerüstet. Eine andere deutsche Armee von gleicher Stärke wurde in Reserve gehalten, um abtheilungsweise, je nach Erforderniß, nachgeschoben zu werden.

Da die süddeutschen Staaten mit Preußen gingen, so war Bismarck im Stande von den preußischen Festungen am Rheine aus seinen Marsch nach Paris mit einer Truppenzahl zu beginnen, die der französischen Feldarmee drei- oder viermal überlegen war.

Kapitel 17.

Die orientalische Frage.

Bevor wir weiter gehen, wollen wir ein wenig seit=
abgehen, um die sogenannte orientalische Frage
zu betrachten, welche unentwirrbar mit allen Ver=
wicklungen der europäischen Politik verflochten ist.
Die französisch Gesinnten versichern zuversichtlich,
daß Bismarck, im Bestreben das Gebiet des großen deutschen
Reiches, welches er zu gründen suchte, auf beiden Seiten des
Rheines auszudehnen, Frankreich in den Krieg lockte, für
welchen Preußen vollständig vorbereitet war, und daß er
die Neutralität Rußlands durch einen geheimen Vertrag
erkaufte, in welchem er einwilligte, dem Czaren in seinen
Absichten auf Konstantinopel behülflich zu sein.

Es war lange Zeit der Zielpunkt des russischen Ehr=
geizes gewesen, die Türken nach Asien zurückzutreiben und
Konstantinopel in Besitz zu nehmen, um dasselbe zur südli=
chen Hauptstadt des russischen Reiches zu machen. Ein
kurzer Hinweis auf die Geographie dieser Gegenden wird
genügen, um die ungemeine Wichtigkeit dieser Maßregel für
Rußland nachzuweisen.

Das mittelländische Meer ist durch eine gewundene
Straße mit dem Marmorameer verbunden, welche gewöhn=
lich der Hellespont heißt und welche von einer halben bis
zu anderthalb Meilen breit ist. Am Eingange dieser
Straße liegen vier starke türkische Festungen, die Darda=
nellen genannt; in Folge davon wird auch die Straße häufig

so geheißen. Nichts kann leichter sein, als die Klippen und Abhänge, welche die Ufer dieser Gewässer bilden, so mit Festungen zu krönen, daß keine Flotte durchpassiren kann.

Wenn man durch die Straße der Dardanellen durchpassirt ist, so gelangt man in das Marmorameer — hundertachtzig Meilen lang, sechszig breit. Wenn man dies Meer nach seinem nördlichen Ufer hindurchkreuzt, so trifft man in den Bosporus ein. Diese Meerenge, welche ungefähr fünfzehn Meilen lang und durchschnittlich eine halbe Meile breit ist, führt in das schwarze Meer, welches eher einem Ocean gleicht, — siebenhundert Meilen lang und dreihundert breit. Die Meerenge des Bosporus wird als die schönste Wasserfläche des Erdballes angesehen. Nicht fern vom Beginne der Meerenge liegt auf der europäischen Seite die Stadt Konstantinopel. Es scheint, dem unwidersprochenen Zeugnisse aller Beobachter nach, daß die Erde keine andere für eine große Hauptstadt so günstige Lage besitzt.

Das schwarze Meer empfängt in seinem ungeheuren Becken nicht allein die Donau, sondern beinahe alle die majestätischen Ströme Rußlands, — den Dniepr, den Dniestr und den Don.

Das große russische Kaiserreich, mit einem Gebiete, das dreimal so groß ist, als das der Vereinigten Staaten und mit mehr als zwei Mal so viel Einwohnern hat für seinen Handel keinen Ausgang nach dem Ocean, außer einigen wenigen Häfen an dem baltischen Meer fern im Norden, welche einen großen Theil des Jahres durch Eis blokirt sind. Es scheint für die Wohlfahrt Rußlands ebenso unumgänglich nothwendig zu sein, als für die Entwicklung seiner Erhebung aus vergleichungsweiser Barbarei, daß es freien Handelsverkehr mit der übrigen Welt habe. Aber Rußland kann für seinen Handel allein durch den Bosporus und die Dardanellen einen Ausweg finden. Nun können die Türken jeder Zeit dieses Ausgangsthor schließen und jedem russischen Schiff den Ein- oder Ausgang verwehren. Im Kriegsfalle kann die Türkei den russischen Handel fast vollständig vernichten.

Seit nahezu hundert Jahren war es das beständige Ziel des russischen Ehrgeizes, Konstantinopel als die südliche Hauptstadt des Reiches und die Dardanellen und den Bosporus als Handelsstraßen zu erlangen. Dahin gingen alle Anstrengungen seiner Diplomatie; und dies Verlangen führte zu vielen blutigen Kriegen.

Als im Jahre 1827 die Griechen das türkische Joch abschüttelten, wurden sie zu dem Kampfe von Rußland ermuthigt und in demselben unterstützt. In Folge dieses Krieges machte der Czar einen mächtigen Fortschritt zum Besitze Konstantinopels, aber alle europäischen Monarchien schienen in ihrem Entschlusse, daß Rußland Konstantinopel nicht erwerben solle, einig zu sein. Sie behaupteten, daß Rußland im Besitze der Kaiserstadt und der zu ihr führenden Meerengen unverwundbar sein würde, und dem vereinigten Europa Trotz bieten könnte. Das schwarze Meer würde eine uneinnehmbare Rhede werden, seine Küsten ein Schiffsbauhof, bis zu welchem weder Flotte noch Armee vordringen könnte.

Welche Besorgniß England über diesen Gegenstand hegt, kann man aus folgendem Auszuge aus „der Londoner Vierteljahrsschrift" schließen:

„Der Besitz der Dardanellen würde Rußland die Mittel verleihen eine fast unbegrenzte Marine zu schaffen und zu organisiren. Er würde es befähigen irgend eine Rüstung im schwarzen Meere vorzubereiten, ohne daß es irgend einer Macht in Europa möglich wäre, seine Thätigkeit zu unterbrechen, oder auch nur seine Absichten zu überwachen oder zu entdecken. Es ist klar, daß im Kriegsfalle es in der Gewalt Rußlands sein würde, das ganze Gewicht seiner verfügbaren Kräfte nach irgend einem Punkte des mittelländischen Meeres zu werfen, ohne daß irgend eine Wahrscheinlichkeit für uns vorhanden wäre, dies zu verhindern. Der ganze südliche Theil des russischen Reiches würde durch eine einzige unbesiegbare Festung vertheidigt werden. Der Weg nach Indien würde für dasselbe so wie für ganz Asien offen sein. Das schönste Material der Welt zur Bildung einer östlichen Armee würde zu seiner Verfügung stehen. Unsere Macht dasselbe einzuschüchtern, würde verschwunden sein, und es könnte durch eine Demonstration gegen Indien allein, unsere jährlichen Nationalausgaben um Millionen vermehren und die Regierung des Landes unberechenbar erschweren."

Herr Meneval, der Privatsekretär Napoleons I. bezeugt, daß in einer der Besprechungen des Kaisers mit Alexander I., der Czar sich erbot, dem Kaiser von Frankreich in allen seinen Vergrößerungsplanen zu unterstützen, wenn Napoleon einwilligen wolle, daß Rußland von Konstantinopel Besitz ergreife. Der Kaiser antwortete nach kurzer Ueberlegung: „Konstantinopel? — niemals! Es bedeutet die Weltherrschaft."*)

Am 6. Oktober 1816 sagte Napoleon im Gespräche mit Las Casas auf St. Helena: „Rußland ist dem übrigen Europa in Rücksicht auf die Macht, die es zu Einfällen aufbieten kann, in Verbindung mit den natürlichen Vortheilen seiner Lage an dem Pole und mit einem Rückhalt von ewigen Eis-Bollwerken, welche im Falle der Noth es unangreifbar machen werden, weit überlegen. Wer kann ohne zu schaudern daran denken, daß eine solche ungeheure Masse, die auf den Flanken und im Rücken unangreifbar ist, ungestraft über uns herfallen könnte, daß sie, wenn siegreich, Alles in ihrem Laufe überwältigt, wenn besiegt, sich in die Kälte und Wüste zurückziehe, welche man ihre Reservemacht nennen könnte, und welche jede mögliche Leichtigkeit besäße bei jeder

---

*) Meneval. — Das Privatleben Napoleons.

Gelegenheit wieder vorzubrechen? Konstantinopel ist in Folge seiner Lage, bestimmt der Sitz und Mittelpunkt einer Weltregierung zu werden."*)

Wiederum am 14. Februar 1817 fragte Dr. O. Meara den Kaiser, ob es wahr wäre, daß Rußland beabsichtige Besitz von Konstantinopel zu nehmen. Der Kaiser antwortete:

„Alle seine Gedanken sind auf die Eroberung der Türkei gerichtet. Wir haben manche Unterredung darüber gehabt. Im Anfange gefielen mir seine Vorschläge, weil ich dachte, es würde die Welt der Bildung zugänglicher machen, diese rohen Menschen, die Türken, aus Europa zu vertreiben. Aber als ich über die Folgen nachdachte und sah, welch' mächtige Gewalt und Macht dies Rußland geben würde, der vielen Griechen in dem türkischen Gebiete wegen, welche natürlicher Weise sich den Russen anschließen würden, so verweigerte ich meine Zustimmung zu diesem Plane, und besonders da Alexander Konstantinopel in Besitz zu nehmen wünschte, was ich nicht gestatten konnte, denn dies würde das Gleichgewicht der Macht in Europa stören."**)

Wenige Monate nachher, am 27. März 1817, fiel das Gespräch in dem einfachen Zimmer des Verbannten auf St. Helena wiederum auf diesen an Wichtigkeit Alles übertreffenden Gegenstand. Der Kaiser sagte zu O. Meara:

„Im Verlaufe weniger Jahre wird Rußland Konstantinopel besitzen, ferner den größten Theil der Türkei und ganz Griechenland. Fast alle Schmeicheleien und süßen Worte, welche Alexander an mich verschwendete gingen darauf hinaus, meine Einwilligung zu dem Plane zu erhalten. Dem natürlichen Laufe der Dinge nach muß die Türkei in wenigen Jahren an Rußland fallen. Die Mächte, welche dies be-

---

*) Napoleon auf St. Helena. S. 455.
**) Ebendaselbst. S. 451.

nachtheiligen dürfte und welche sich diesem Plane widersetzen könnten, sind England, Frankreich, Preußen und Oestreich. Was Oestreich anbetrifft, so wird es für Rußland leicht genug sein, dessen Beistand durch das Geschenk Serbiens und anderer Provinzen, die an das östreichische Gebiet grenzen, zu erlangen. **Die einzige Voraussetzung, unter der sich England und Frankreich je aufrichtig einigen, wird sein, um dies zu verhüten.** Aber selbst diese Verbündung wird von keinem Nutzen sein, Frankreich, England und Preußen vereint, können es nicht verhüten; Rußland und Oestreich können es jeder Zeit ausführen."*)

Im Juni 1844 besuchte der Czar Nikolaus von Rußland den Hof der Königin Viktoria. Er wurde mit pomphaftem Glanze zu Windsor Castle empfangen. Alle Ehrenbezeugungen, welche der Hof von St. James verleihen konnte, wurden an ihm verschwendet. Es wurde in der Folge der Welt durch eine Denkschrift des russischen Ministers Grafen Nesselrode bekannt gemacht, daß der Zweck des Czaren bei diesem kaiserlichen Besuche derjenige gewesen sei, England zu überreden, daß es seine Beihülfe und Unterstützung zur Austreibung der Türken aus Europa und zur Theilung des eroberten Gebietes unter ihnen selbst leihe. Es war in der That ein königliches Reich, welches man so in Besitz nehmen wollte. Die europäische Türkei umfaßt ein Gebiet, welches zwei Mal so groß ist, als die Insel von Großbritannien und eine Bevölkerung von vierzehn Millionen Muhamedaner sind.

Folgendes war, nach Graf Nesselrode, der Vorschlag, welchen der Czar dem englischen Kabinete machte. Rußland sollte seinem Gebiete die drei prachtvollen Donauprovinzen, die Moldau, Wallachei und Bulgarien einverleiben. Dieses

---

*) Napoleon auf St. Helena. S. 562.

würde ihm die vollständige Herrschaft über die Donaumündungen verleihen. Der Czar sollte auch die Rumelien, eine dem Namen nach griechische Macht errichten dürfen, die aber unter russischem Schutze stände, mit Konstantinopel als Hauptstadt. Dies hieß natürlich Konstantinopel den Russen überliefern.

Oestreich sollte als seinen Antheil bei der Theilung die schönen Provinzen Serbien und Bosnien erhalten. Diese am Südufer der Donau liegenden Provinzen grenzten an die östreichischen Besitzungen und boten ein Gebiet von großer Fruchtbarkeit mit dem herrlichen Klima Italiens. Die Provinzen umfaßten über vierzigtausend Quadratmeilen, waren demnach etwas größer als der Staat Kentucky, und enthielten ungefähr zwei Millionen Einwohner. Oestreich sollte ferner seine südlichen Grenzen ausdehnen dürfen, so daß sie beinahe die ganze Ostküste des adriatischen Meeres umfaßten.

Die liebliche Insel Cypern, das Kleinod des östlichen Mittelmeeres, hundert und sechsundvierzig Meilen lang und sechzig Meilen breit, sollte an England fallen. Mit dieser Insel als eine Marinestation sollte England auch von ganz Egypten Besitz ergreifen. Dies würde ihm die Beherrschung des Kanales zwischen dem mittelländischen und rothen Meere verleihen und seinen Verkehr mit Indien bedeutend erleichtern.*)

Warum ergriffen aber England und Oestreich diesen prächtigen und vollkommen ausführbaren Plan nicht? Daß es kein moralischer Grundsatz war, der sie von irgend einer Maßregel nationaler Vergrößerung zurückhielt, hat die frühere Geschichte dieser zwei Reiche zur Genüge bewiesen. Und mehr noch, man könnte fragen, was für Ansprüche

---

*) Akjon, Bd. VIII., S. 40.

kann der Türke auf seine europäischen Besitzungen aufweisen? Er überschritt den Hellespont als ein blutbefleckter Räuber. Mit bluttriefendem Schwerte hieb er sich einen Weg durch die zitternden Nerven der besiegten Christen. Rauchende Ruinen und blutige Leichen bezeichneten jeglichen Schritt seines Vordringens.

Warum denn willigten England und Oestreich nicht in die Theilung der Türkei? Der Grund war, daß dieses Uebereinkommen Rußland so mächtig machen würde, daß es zum unbestrittenen Beherrscher des Orientes werden müßte. Das Gleichgewicht der Macht in Europa würde gestört werden, und Rußland würde eine Suprematie erlangen, vor der alle andern europäischen Mächte zittern müßten.

Und doch scheint in der Zukunft Nichts sicherer, als daß Rußland nach Konstantinopel vordringen werde. Der verflossene Krimkrieg hat dies Ereigniß um nur wenige Jahre hinausgeschoben. Auf dieser Seite des atlantischen Meeres, wo uns die Fragen des Gleichgewichtes der Mächte in Europa nicht belästigen, sind die Sympathien des Volkes fast ganz auf Seiten Rußlands. Man würde hier nicht trauern, wenn der Halbmond fallen und das griechische Kreuz wieder über dem Dome der heiligen Sophia und über allen Festungen, welche von den Höhen des Bosporus und der Dardanellen herab drohen, leuchten sollte.

Dies ist die allgemeine Ansicht der „orientalischen Frage." In allen diplomatischen Ränkespielen, welche jetzt Europa in Bewegung setzen, taucht diese Frage immer wieder als eines der wichtigsten Elemente auf. Es gehen viele Gerüchte, daß ein geheimes Einverständniß jetzt zwischen Rußland und Preußen vorhanden sei, in Folge dessen Rußland einwillige, daß Preußen ein ungeheures deutsches Kaiserreich im Herzen Europas errichte, welches die umliegenden Monarchien alle überrage, und daß zum Danke dafür Preußen seinen

Marsch nach Konstantinopel unterstütze. Wenn dem also ist, so werden Rußland und Deutschland in Zukunft Europa beherrschen. Alle andern Monarchien werden thatsächlich diesen beiden riesigen Mächten tributpflichtig werden. Rußland auf dem Throne Konstantinopels und Preußen an der Spitze des kaiserlichen Deutschlands im Besitze des ganzen Rheinthales von der See bis zu den Alpen, können dem ganzen bewaffneten Europa Trotz bieten.

Frankreich ist jetzt machtlos. Preußen handelt im Einverständniß mit Rußland. England kann ohne Frankreichs Hülfe wenig ausrichten. Ein Bündniß zwischen England und dem demokratischen Frankreich ist unmöglich. Die brittische Regierung hat sogar mehr von einer Demokratie jenseits des Kanales, als von Rußland am Bosporus und an den Dardanellen zu befürchten.

Die letzte Gestalt, welche diese immer aufregende und immer sich ändernde Frage angenommen hat, ist die, daß England, Rußland und Preußen thatsächlich in ein Bündniß treten; daß man Preußen gestattet mit dem nun vor ihm im Staube liegenden Frankreich nach Gutdünken zu verfahren, daß Rußland mit dem Ottomanischen Kaiserreich nach Gefallen handle, und daß England den Suezkanal in Besitz nehme, und so diese neue und prächtige Handelsstraße für den ostindischen Handel, welche Frankreich entworfen, vermessen und gebaut hat, sich aneigne. Diesem Uebereinkommen kann Frankreich ohne Regierung, ohne Armee, verarmt, erschöpft, blutend, keinen Widerstand entgegensetzen.*)

---

*) Telegram von London vom 1. Dezember 1870.

Kapitel 18.

Einfall in Frankreich.

Freitag, den 22. Juli, nur eine Woche nach der Kriegserklärung, waren schon ungeheure Divisionen der preußischen Armee auf dem linken oder französischen Rheinufer versammelt. Diese großen Heeresmassen, die mehrere Hunderttausende zählten, waren zwischen zwei starken und fast uneinnehmbaren Festungen, Koblenz und Mainz, aufgestellt. Tapferere Soldaten, oder kriegstüchtigere mit bessern Waffen oder Offizieren versehene Truppen haben noch nie den Trommelton gehört. Sie waren nicht allein von brennender Vaterlandsliebe beseelt, sondern von der vollen Ueberzeugung, daß ihre Sache in den Augen Gottes eine gerechte sei.

Am nächsten Tage, den 23. Juli rückte eine Division dieser Armee von Saarlouis, an der Südgrenze der preußischen Rheinprovinzen aus, vor, kreuzte die Grenze, fiel in Frankreich ein und marschirte in genau südlicher Richtung zehn oder zwölf Meilen gegen St. Avold vor. Es waren keine Truppen vorhanden, um sich ihnen zu widersetzen. Die Grenze war dort nur eine Linie, die weder von einem Flusse, noch von einem Berge, noch von Festungen beschützt wurde.

In diesen Tagen hat die öffentliche Meinung eine große Gewalt. Beide Frankreich, sowohl als Preußen, waren gleich begierig, die moralische Unterstützung anderer Nationen zu erlangen. So wie die preußischen Truppen ihren Marsch begannen, ließ Graf Bismarck einen Artikel in die

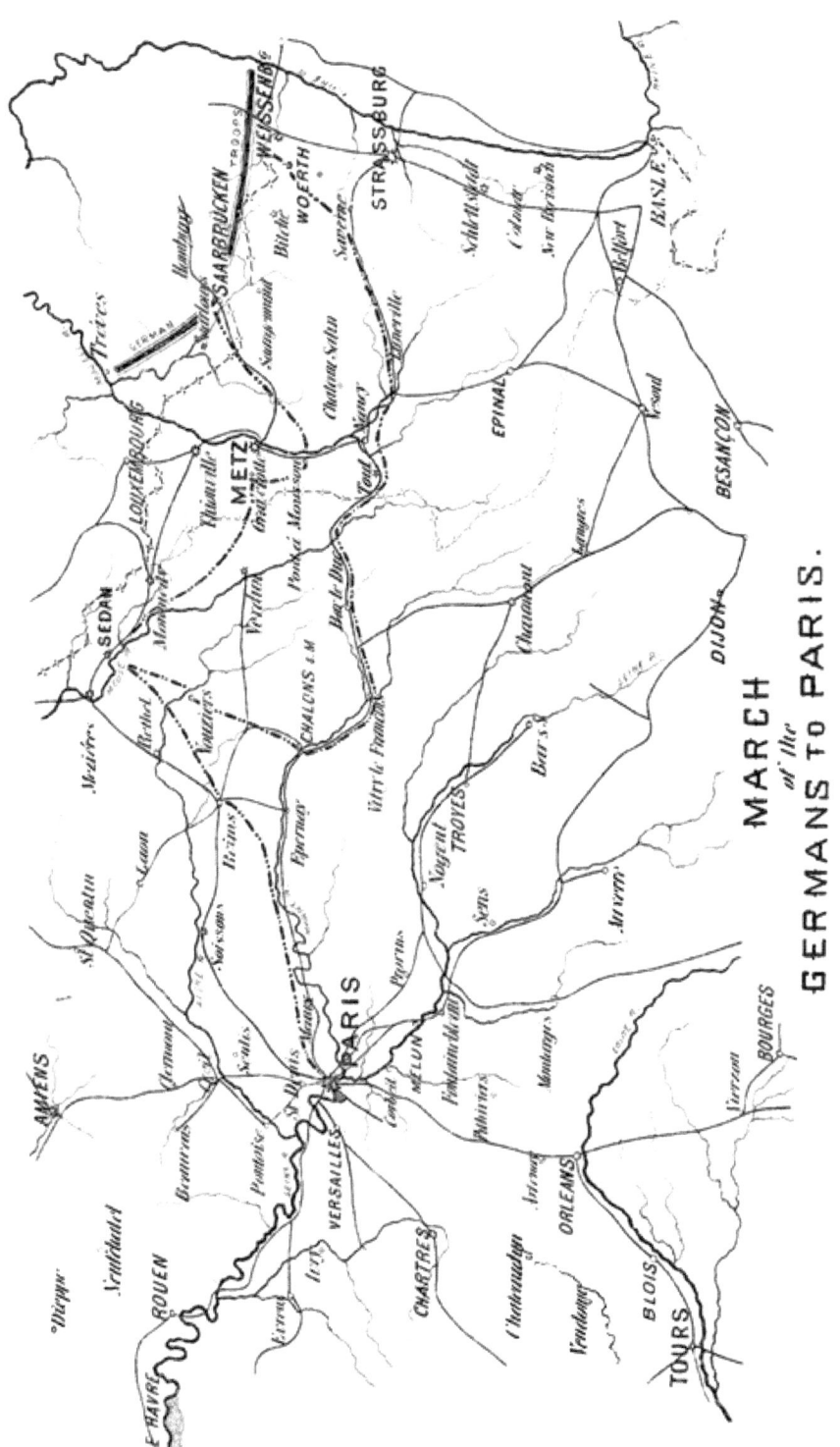

„London Times" vom 25. Juli einrücken, in welchem er den Grafen Benedetti, den französischen Gesandten in Berlin beschuldigte, er hätte den Vorschlag gemacht, daß Preußen Frankreich gestatten solle, von Belgien, als Gegengewicht gegen die Eroberungen, welche Preußen machte, Besitz zu ergreifen. Diese Behauptung erregte in England große Erbitterung gegen die kaiserliche Regierung.

Darauf erwiderte Benedetti in einer offiziellen Mittheilung an den Herzog von Grammont, dem französischen Minister der auswärtigen Angelegenheiten. Dieses Dokument, welches die Aufmerksamkeit von ganz Europa auf sich zog, wurde in der offiziellen Zeitung vom 29. Juli veröffentlicht. In dieser Mittheilung erklärt Benedetti, daß, weit entfernt davon, daß er Preußen diesen Vorschlag gemacht hätte, Bismarck selbst ihn dem französischen Gesandten gemacht habe, und daß, als er ihn dem französischen Kaiser übermittelt hätte, derselbe ihn sogleich verworfen habe.

„Es ist eine allgemein bekannte Sache," schreibt Herr Benedetti, „daß Graf Bismarck uns vor dem letzten Kriege und während desselben anbot, uns bei der Wiedervereinigung Belgiens mit Frankreich behülflich zu sein, gleichsam als Schadloshaltung für die Vergrößerung, nach der er strebte und welche er für Preußen erlangt hatte. Ich möchte in Bezug auf diesen Punkt die ganze Diplomatie Europas zu Zeugen anrufen. Die französische Regierung lehnte diese Eröffnungen beständig ab. Herr Drouyn de L'huis ist in der Lage, Aufschluß über diesen Punkt zu geben, welcher keinem Zweifel mehr Raum übrig lassen würde."

Graf Bismarck hatte behauptet, daß er diese Mittheilung in der Handschrift des Herrn Benedetti selbst besäße. Darauf antwortete der französische Gesandte:

„In einer dieser Unterredungen, und um seine Absichten vollkommen zu verstehen, willigte ich ein, dieselben gewissermaßen **nach seinen Worten** niederzuschreiben. Die

Form nicht weniger als der Inhalt zeigen klar und deutlich, daß ich mich darauf beschränkte, einen mir von ihm mitgetheilten und entwickelten Vorschlag zu reproduziren. Graf Bismarck behielt das Aktenstück, da er wünschte es dem Könige vorzulegen. Ich meinerseits berichtete die mir gemachten Mittheilungen an die kaiserliche Regierung. Der Kaiser wies sie zurück, sobald als sie zu seiner Kenntniß kamen.

„Wenn ein solcher Vertragsvorschlag von der Regierung des Kaisers ausgegangen wäre, so würde der Entwurf dazu im Ministerium vorbereitet worden sein, und ich würde nicht in meiner eigenen Handschrift eine Abschrift davon haben machen müssen; außerdem würde er in andern Worten abgefaßt sein und man hätte gleichzeitig in Paris und in Berlin Unterhandlungen angeknüpft."

Diese einander widersprechenden Behauptungen erregten die Aufmerksamkeit der englischen sowohl, als der amerikanischen Presse. Wahrscheinlich hat schon jeder Leser sich eine Entscheidung nach seiner Vorliebe, je nachdem dieselbe auf die Seite Preußens oder Frankreichs sich neigt, gemacht. Es scheint daher keine Möglichkeit eines Verständnisses vorhanden zu sein. Der Widerspruch war entschieden und unbedingt. Entweder Graf Bismarck oder Graf Benedetti muß eine überlegte Unwahrheit gesagt haben.

Wir müssen, um dem französischen Gesandten gerecht zu werden, berichten, daß Lord Lyons, der brittische Gesandte in Berlin, einen Brief an Lord Granville schrieb, in welchem er die Behauptungen des französischen Gesandten vollständig bestätigt. Dieser Brief war datirt: Ministerium der auswärtigen Angelegenheiten, den 29. Juli 1870, und wurde in der „London Daily News" vom 2. August veröffentlicht.

„Diejenigen," schreibt er, „welche den Verlauf der europäischen Angelegenheiten, seit dem Amtsantritte des Grafen

Bismarck beobachtet haben, werden wohl gewahr, von welcher Seite diese Vorschläge gekommen, welche man jetzt Frankreich zuschreibt. Schon seit 1865 hat Bismarck beständig den Versuch gemacht, seinen Plan auszuführen, indem er es darauf anlegte, die Aufmerksamkeit der französischen Regierung auf Gebietsvergrößerungen zu lenken. Er sagte Herrn Lefebvre de Behaine(?), daß Preußen willig sei, die Rechte Frankreichs anzuerkennen, seine Grenzen so weit auszudehnen, als die französische Sprache gesprochen werde; er deutete damit auf einige Kantone der Schweiz und auf Belgien. Die Regierung des Kaisers lehnte es ab, auf diese Eröffnungen einzugehen.

Nach der Schlacht bei Sadowa, erklärte Bismarck dem französischen Gesandten, daß die Richtung, welche Frankreich einzuschlagen habe, klar sei. Die französische Regierung solle dem Könige von Belgien erklären, daß die unausweichliche Vergrößerung des preußischen Gebietes und Einflüsse für ihre Sicherheit höchst bedenklich sei, und daß das einzige Mittel, diese gefährlichen Fragen zu meiden, die Vereinigung der Geschicke Belgiens mit Frankreich durch so enge Bande sei, daß Belgien, dessen Selbstbestimmungsrecht jedoch geachtet werden würde, in Wirklichkeit ein nördliches Bollwerk für die Sicherheit Frankreichs würde. Die französische Regierung lehnte es ab, diesen Vorschlägen Gehör zu schenken. Dieselben wurden bei Anlaß des Luxenburger Handels von neuem gemacht. Sie wurden vom Kaiser ein für allemal verworfen.

Lord Lyons schloß seinen langen Brief mit dem Berichte, daß das Dokument in der Handschrift Benedetti's von Bismarck diktirt worden sei, welcher die französische Regierung in eine Verschwörung gegen die Freiheiten Belgiens zu verwickeln wünschte.

Am 26. Juli um halb sieben Uhr Abends verließ der König Wilhelm Berlin um nach dem Kriegsschauplatze zu gehen. Die Königin begleitete ihn zum Bahnhof, welcher mit Blumen bekränzt war. Der König wurde von dem Freudengeschrei einer ungeheuren Menschenmenge begrüßt. Er erließ folgende Proklamation:

„Bei meiner heutigen Abreise zur Armee, um mit derselben für Deutschlands Ehre zu fechten und für die Bewahrung unseres köstlichsten Besitzthums, wünsche ich in Anerkennung für die einmüthige Erhebung meines Volkes in dieser Prüfung eine Amnestie für alle politischen Verbrechen und Vergehen zu gewähren. Mein Volk weiß mit mir, daß der Bruch des Friedens und die Herausforderung zum Kriege nicht von meiner Seite kam; aber einmal herausgefordert, sind wir entschlossen vollkommen auf Gott zu vertrauen und die Schlacht zur Vertheidigung des Vaterlandes anzunehmen."

Der Kaiser der Franzosen verließ zwei Tage nachher, am 28., mit seinem Sohne St. Cloud um an die Grenze zu gehen. Die Kaiserin blieb als Regentin zurück.

Als der Kaiser zum Kampfe, in den er mit solchem Widerstreben mitgerissen wurde, abreiste, sagte er in einer kurzen und keineswegs übermüthigen Ansprache an den gesetzgebenden Körper: „Wir haben Alles gethan, was in unsern Kräften stand, um einen Krieg zu vermeiden; und ich kann sagen, daß die ganze Nation mit ihrer unwiderstehlichen Kraft, unsern Entschluß befördert hat."

In seiner Proklamation an die Armee sagte er in beinahe kleinmüthigem Tone, welcher zu der Zeit strenge getadelt wurde: „Der Krieg, welcher jetzt beginnt, wird ein langer und kräftig bestrittener sein; denn der Schauplatz desselben wird in Gegenden bestehen, die voll Hindernisse und mit Festungen besäet sind."

Sonntags, den 31. Juli fand ein Scharmützel zwischen den Franzosen und Preußen bei St. Avolt statt. Die Franzosen wurden zurückgeworfen; da aber bedeutendere französische Streitkräfte in der Nähe waren, so wichen die Preußen über die Grenze und zogen sich nach Saarbrücken zurück. Am Dienstag, den 2. August, überschritten die französischen Truppen die Grenze, marschirten auf Saarbrücken und erstürmten die Anhöhen nach kurzem Kampfe, welcher von 11 Uhr Morgens bis ein Uhr Nachmittags dauerte. Der Kaiser und der kaiserliche Prinz waren zugegen. Es war ein Gefecht von geringer Wichtigkeit, daß nur durch die Privatdepesche merkwürdig wurde, welche der Kaiser, stolz auf den Heldenmuth seines Sohnes, der Mutter des Knaben sandte. Das Telegramm vom Schlachtfelde lautete folgendermaßen:

„Louis hat soeben seine Feuertaufe erhalten, er benahm sich mit bewundernswerther Kaltblütigkeit. Eine Division General Frossards nahm die Höhen, welche das linke Ufer von Saarbrücken beherrschen. Die Preußen leisteten einen kurzen Widerstand. Wir waren in erster Linie. Die Kugeln fielen zu unsern Füßen nieder. Louis hob eine Kugel, die vor ihm zu Boden fiel, auf. Einige Soldaten weinten, als sie ihn so kaltblütig sahen."

Es gab Viele, welche diese Depesche, als eine Dummheit, lächerlich machten. Das „London Echo" vom 4. August, sagt, indem es eine Stelle des „London Star" anführt:

„Die ernste Prüfung, welcher der kaiserliche Prinz ausgesetzt wurde, war eine Staatsnothwendigkeit. Die Kriegstaufe ist ein Sakrament, auf welches die französische Nation mit besonderer Ehrfurcht schaut. Wenn uns erzählt wird, daß viele Soldaten beim Anblick seiner Ruhe weinten, so können wir begreifen, daß dieser Vorfall für englische Augen etwas Theatralisches hat; aber Franzosen werden einen solchen Zwischenfall nicht so leicht vergessen und es ist möglich, daß in spätern Jahren die Feuertaufe bei Saarbrücken dem Prinzen bessere Dienste leisten wird, als alle Ueberlieferungen seines Hauses.

Kapitel 19.

Preußische Siege und französische Niederlagen.

General Douays Division von Marschall McMahons Corps stand zu Weißenburg, welches die äußerste nordwestliche Position Frankreichs war. Die hübsche kleine Stadt am Südufer der Lauter enthielt ungefähr fünftausend Einwohner. Die Umgegend war rauh und hügelig, und dicht mit Wald bestanden.

Es standen ungefähr dreißigtausend Franzosen zu Weißenburg. Beträchtlich über hunderttausend Preußen, welche von den starken Festungen Landau, Mannheim und Mainz aus vorrückten, traten unerwartet aus den Wäldern heraus, und überfielen die Franzosen mit großer Wuth. Die Schlacht war lang und blutig. Die Preußen marschirten tollkühn gegen die Wälle ihres Feindes und wurden von dem genauen und raschen Feuer der Franzosen fürchterlich niedergemäht. Die Mitrailleusen vernichteten ganze Regimenter; aber die Franzosen wurden überwältigt, zurückgedrängt und in die Flucht geschlagen.

Der Kronprinz von Preußen führte die deutschen Truppen in diesem glänzenden und erfolgreichen Angriffe. McMahon zog sich westwärts in der Richtung von Bitsch und Wörth zurück. Die Preußen verfolgten ihn kräftig. Die Franzosen hielten, nach Empfang von geringen Verstärkungen in der Nähe von Wörth in einer Stärke von ungefähr fünfunddreißigtausend Mann wieder Stand. Die

Preußen überfielen sie mit hundertundvierzigtausend Mann von Neuem.*) Trotz der ungleichen Streitkräfte wurde die Schlacht beiderseits mit gleicher Wuth gefochten. Das Blutbad war fürchterlich. Die Preußen, welche in dichten Massen gegen die Artillerie, die Mitrailleusen und das Gewehrfeuer ihrer Feinde anrückten, erlitten größeren Verlust, als die Franzosen. Das triumphirende Telegramm König Wilhelms an Königin Augusta lautete folgendermaßen:

„Wunderbares Glück! Dieser neue große Sieg, den Fritz gewonnen hat; Gott sei Dank für seine Gnade! Wir haben dreißig Kanonen, zwei Adler, sechs Mitrailleusen und viertausend Gefangene genommen. Ein Siegessalut von hundert und ein Kanonenschüssen wurde auf dem Schlachtfelde abgefeuert."

Napoleon war in Metz. Er sendete folgendes Telegramm nach Paris: „Marschall McMahon hat eine Schlacht verloren. General Frossard war gezwungen sich von der Saar zurückzuziehen. Der Rückzug ging in guter Ordnung vor sich; Alles kann noch gewonnen werden."

Als sich die Franzosen zurückzogen, strömte die ungeheure deutsche Armee, welche von fünf- bis achtmalhunderttausend Mann zählte über die Grenze nach Frankreich hinein. Ihre uneinnehmbaren Festungen am Rheine gewährten ihnen eine vollkommene Operationsbasis.

Die deutsche Kavallerie traf bei der Verfolgung viele Tausende von Flüchtigen, welche die Waffen weggeworfen hatten. Alle Dörfer waren mit Verwundeten von der Schlacht bei Wörth überfüllt.

Die Preußen geben bei dieser Gelegenheit ihren Feinden

---

*) „Es wird mit Entschiedenheit vom Kriegsministerium in Paris versichert, daß Marschall McMahon in der Schlacht von Wörth nur fünfunddreißigtausend Mann hatte und daß die Preußen hundertundvierzigtausend zählten." Correspondent der London Times, den 9. August 1870.

das Zeugniß der Tapferkeit. Elf Mal griffen die Franzosen die preußischen Linien, und jedes Mal nach Durchbrechung derselben, waren neue Truppenmassen dahinter zu finden. Beinahe der ganze Stab McMahons wurde getödtet. Der Marschall selbst, nachdem er fünfzehn Stunden im Sattel gewesen war, verlor sein Pferd und fiel ohnmächtig in einen Graben. Man kann sich nichts Schrecklicheres einbilden, als diese Flucht, wie dreißigtausend Flüchtige, durcheinander rannten, von der vierfachen Zahl verfolgt, welche einen mörderischen Hagel von Kugeln und Granaten auf sie schleuderten.

Der Korrespondent der London Times, der damals bei der preußischen Armee sich befand, schreibt: „Die Franzosen fochten großartig. Die preußischen Generale gestanden zu, daß sie niemals etwas Glänzenderes gesehen hätten. Aber die Preußen waren unwiderstehlich. Mit eben so großer Zähigkeit und mit fester Entschlossenheit drangen sie die Höhen hinauf, wo die Weingärten von Blut trieften, und obgleich sie immer wieder aufgehalten wurden, so drängten sie dennoch mit wüthender Furchtlosigkeit vorwärts, welcher der Feind in den langen sechs Stunden, während welcher die Schlacht mit voller Heftigkeit wüthete, nicht widerstehen konnte. Eigentlich aber dauerte die Schlacht dreizehn Stunden."*)

Es ist ein wilder und trauriger Anblick, den wir von Marschall McMahon bekommen, wenn wir ihn am Ende dieser unglücklichen Schlacht sehen. Er kam mit der traurigen Begleitung der Verwundeten für seine geschlagene und hungernde Armee Nahrung suchend nach Nanzig. Er war kothbedeckt, seine Kleider waren von Kugeln zerrissen; eine seiner Epauletten war weggeschossen worden und sein Gesicht sowohl, wie seine Hände waren vom Pulver-

---

*) London Times, August 9.

dampfe geschwärzt; kaum war er zu erkennen. Im Gast=
hofe verlangte er nach etwas kaltem Fleisch, denn er hatte
während achtundzwanzig Stunden keine Nahrung zu sich
genommen. Jemand fragte ihn nach den Kürassieren.
„Keiner ist von denselben übrig geblieben" antwortete er
traurig. Der Kronprinz verfolgte heftig. Der Marschall
eilte mit seinen gebrochenen und entmuthigten Soldaten
vorwärts.*)

Die Franzosen zogen sich in zwei Abtheilungen zurück;
die eine unter General Frossard in der Richtung von Metz;
die andere unter Marschall McMahon auf einem mehr
südlich gelegenen Wege gegen Nanzig. Es wurde zum Er=
staunen Frankreichs und des übrigen Europas offenbar, daß
Preußen solch überwältigende Streitkräfte ins Feld geführt
hatte, daß die Franzosen gezwungen wurden, sich in ihre
Festungen zu flüchten, bis das ganze Volk zu den Waffen ge=
rufen werden konnte. Frankreich hatte in allen nördlichen
Departementen nicht mehr als dreimalhundert und fünfzig=
tausend Mann unter den Waffen. Ein Herr in Berlin
schrieb, — und die folgenden Ereignisse bestätigten seine Er=
klärung:

„Es befinden sich gegenwärtig in Europa über sieben=
hunderttausend kriegstüchtige deutsche Soldaten. Außer
diesen sind drei neue Armeen in Bildung begriffen und in we=
niger als vierzehn Tagen werden sie sich da befinden, wo sie
am nothwendigsten sind. Die Schnelligkeit, mit welcher die
gegenwärtige Armee ausgerüstet und an die Grenze gesendet
wurde, war eine der erstaunenswerthesten Thaten des Krie=
ges. Diese neuen Armeen werden die Stärke der verwend=
baren deutschen Streitkräfte auf etwas über eine Million
erhöhen. Ueber dies sind noch genug geübte und erfahrene

---

*) London Daily News, 20. August 1870.

Soldaten hier, um diese Zahl zu verdoppeln, wenn auch nur eine Idee der Nothwendigkeit dazu vorhanden wäre.

„Der erste Grundsatz, den die Regierung zur Führung dieses Krieges annahm, war nicht derjenige, zu sehen, mit wie wenig Soldaten sie ihren Zweck erreichen könne, sondern eher, wie viele überhaupt verwendet werden könnten, um dessen erfolgreiche Beendigung zu beschleunigen. Wenn eine Million Menschen den Erfolg mit Wahrscheinlichkeit sicher machen konnten, und wenn zwei Millionen diesen Erfolg beschleunigen konnten, so sollen unverzüglich zwei Millionen unter die Waffen gerufen werden."

Offenbar wüthete nun eine andauernde Schlacht. Der Donner der Artillerie, das Knattern des Kleingewehrfeuers und das Stampfen der Reiterschaaren wurde täglich und fast stündlich gehört. Wo auch die Franzosen Stand hielten, da wurden sie angegriffen. Wie stark auch ihre Stellung sein mochte, mit welch' verzweifelter Tapferkeit sie auch ihren Feinden entgegenstanden, sie wurden beständig überwältigt und in die Flucht geschlagen. Wenn sie auch eine kurze Zeit Erfolg hatten und den Angriff der Preußen abschlugen, wenn sie auch das Schlachtfeld buchstäblich mit preußischen Leichen bedeckten, so stürmten immer neue Feinde an, und die französischen Siegesrufe wurden im Schweigen der Niederlage, der Flucht und des Todes erstickt.

Die preußischen Offiziere schienen auf Menschenleben durchaus keine Rücksicht zu nehmen. Die deutschen Soldaten fochten als ob das Leben für sie keinen Werth hätte. Noch waren keine drei Wochen seit dem Beginne der Feindseligkeiten verstrichen, als schon angezeigt wurde, daß zweihunderttausend französische Soldaten in der beständigen Reihenfolge der preußischen Siege gefallen oder gefangen worden seien.

Während General McMahon seine Flucht gegen Nanzig fortsetzte und von Massen, welchen er nicht widerstehen konnte, verfolgt wurde, rückte eine andere ungeheure deutsche Armee in Eilmärschen vor, um die Festung Metz einzuschließen. Dies war der stärkste Halt Frankreichs in den nordöstlichen Provinzen. Gleichzeitig marschirte eine andere deutsche Armee, um die französische Stadt und Festung Straßburg zu belagern.

Die Aufregung war groß in Paris. Die Regierung hatte nicht Streitkräfte genug, um auch nur den Vormarsch des siegreichen Feindes gegen die Hauptstadt aufzuhalten. Man traf sofort kräftige Maßregeln zur Vertheidigung der Stadt. Es wurden Gesetze erlassen, welche alle unverheiratheten Franzosen zwischen dem Alter von fünfundzwanzig und dem von fünfunddreißig Jahren zur Vertheidigung des Landes aufriefen.

Am 7. August erließ die Kaiserin, welche während der Abwesenheit des Kaisers mit der Regentschaft betraut worden war, die folgende Proklamation aus den Tuilerien:

„Franzosen! Der Beginn des Krieges war uns nicht günstig. Unsre Waffen waren unglücklich. Laßt uns in diesem Unglücke fest bleiben, und laßt uns eilen es wieder gut zu machen. Laßt nur eine einzige Partei unter uns bestehen, — die Frankreichs; — nur eine einzige Fahne, — die unserer Ehre.

„Getreu meinem Auftrage und meiner Pflicht, werdet ihr mich da zuerst erblicken, wo die Gefahr droht, um die Fahne Frankreichs zu vertheidigen. Ich rufe alle guten Bürger auf, die Ordnung zu wahren; sie jetzt zu stören, wäre unsern Feinden Hülfe geleistet."

Marschall Bazaine in Metz wurde zum Oberkommandanten der französischen Rheinarmee ernannt. Er hatte eine Streitmacht von ungefähr zweihundertunddreißigtausend Mann zur Verfügung, wenn es ihm gelang sie zu konzentriren, um damit etwa die dreifache Zahl der Deutschen zurückzuschlagen. General McMahon mit fünfunddreißigtausend

Mann war zu Nanzig etwa dreißig Meilen weiter nach Süden gänzlich von ihm abgeschnitten.

Die Heeresführung der französischen Offiziere in diesen Kämpfen wurde sehr strenge verdammt und vielleicht mit Recht. Doch ist es einleuchtend, daß keine Geschicklichkeit in der Strategie, solch' einer ungeheuren Ueberzahl hätte das Gleichgewicht halten können. Die preußischen Soldaten waren eben so tapfer, eben so gut bewaffnet und eben so geschickt geleitet, als je Soldaten auf einem Schlachtfelde es waren.

Ein Korrespondent schreibt an „den Londoner Standard" von Berlin unterm 13. August: „Man achtet den Kaiser der Franzosen in Berlin für die Aufrichtigkeit, mit der er seine Niederlagen eingestanden hat. McMahon hat eine Schlacht verloren, ist unter den Franzosen eine nicht ungewöhnliche Redensart geworden, um etwas Unangenehmes mitzutheilen.

Unmittelbar nach der Schlacht bei Wörth berichtete ein französischer Offizier, welcher gefangen genommen worden war im „Gaulois". „Seine königliche Hoheit, der Kronprinz von Preußen sprach mit uns über den Krieg, den er, wie er sagt, verabscheut. Er war unerschöpflich in seinem Lobe über die Tapferkeit der französischen Truppen. Zwei Kürassierregimenter, erzählte er, wurden gegen die preußischen Batterien gesandt. Unsere Infanterie dezimirte sie, und doch ordneten sie sich von Neuem, und griffen wiederum mit dem Schwerte in der Hand mit wunderbarem Z u s a m m e n w i r k e n an.

„Ich war in Paris," fuhr er fort, „etwa gegen Ende Dezembers und sah den Kaiser, welcher mir und meiner Gemahlin beständig viele Güte bewies."*)

Diese Unglücksfälle verursachten in Paris eine heftige

---

*) „Le Gaulois," August 12. 1870.

Aufregung und gaben der Oppositionspartei neue Kräfte. Jules Favre, der beredte Leiter der demokratischen Opposition im gesetzgebenden Körper, schrieb in einer leidenschaftlichen Rede die Niederlage der Armee der gänzlichen Unfähigkeit des Kaisers zu. Er verlangte, daß der Kaiser den Oberbefehl abgeben, und daß der gesetzgebende Körper die Leitung der Angelegenheiten des Landes in die Hand nehmen solle.

Auf diese Rede folgte ein unbeschreiblicher Tumult. Die Deputirten, welche der Regierung entgegen waren, applaudirten, aber die Mehrheit protestirte dagegen. General Cassaignac erklärte, daß eine solche Bewegung der Anfang der Revolution sei. Er rief aus, während er aufs heftigste gestikulirte: „Wenn das Ministerium seine Pflicht thun würde, so würdet Ihr vor ein Kriegsgericht gestellt und erschossen werden!"

Es war ein großer Tumult. Die Mitglieder rannten von ihren Sitzen. Man sagt, daß sogar einige Prügeleien vorkamen. Der Präsident, nachdem er vergeblich versucht hatte die Ordnung, durch Läuten seiner Glocke, wieder herzustellen, setzte seinen Hut auf und zeigte so an, daß die Sitzung aufgehoben sei. Die Aufregung in den Straßen von Paris war noch bedenklicher.*)

Die zersprengten Bruchstücke der französischen Armee, nicht länger mehr fähig, dem Feinde Stand zu halten, waren auf dem Rückzuge zur Vertheidigung von Paris. Die Deutschen verfolgten sie aufs kräftigste, breiteten sich in allen Richtungen aus, fouragirten aufs nachdrücklichste, nahmen die kleineren Städte ein und legten dem Volke schwere Kontributionen auf. Die schlechtesten Menschen strömen immer in die Reihen einer Armee. Es giebt keine Mannszucht, sie sei so streng als sie wolle, welche immer diese fürchterli-

---

*) „Lloyds," wöchentliche Londoner Zeitung, August 14. 1870.

chen Schauerszenen auf dem Marsche einer Armee verhüten kann. Es werden Geschichten von Grausamkeiten, die sowohl von Franzosen als von Deutschen begangen wurden, erzählt, welche zu abstoßend sind, um sie wieder zu erzählen.

Es war von Wörth etwa sechszig Meilen nach Metz und nach Nanzig. Eine Armee kann mit ihrer Artillerie selten weiter als fünfzehn Meilen im Tage marschiren. Die Preußen waren in so erstaunlicher Macht, daß sie alle Engpässe der Vogesen besetzt hielten. Eine starke Truppenmacht wurde ausgesandt, um Straßburg zu belagern; eine andere schloß die Festung Bitsch ein, während die Kavallerie der Armee des Prinzen Friedrichs Karl sich Metz näherte. Die Kavallerie des Kronprinzen, welcher etwa dreißig Meilen südlich nach Paris vorrückte, bewegte sich nach Lüneville.

Marschall Bazaine war genöthigt, mit ungefähr vierhundert und achtzigtausend Mann seine Zuflucht unter die Wälle von Metz zu nehmen. Jenseits Metz war die Straße nach der Hauptstadt offen. Die preußische Armee, welche sich zwischen Nanzig und Metz hineindrängte, verhinderte irgend welche Einigung Bazaines mit McMahon. McMahon setzte seinen Rückzug gegen Paris fort und am Morgen des 12. August nahmen die Preußen Besitz von Nanzig; sie waren nun weniger als zweihundert und zwanzig Meilen von Paris entfernt.

Metz, welches der Schauplatz so vielen Heldenmuthes und so vielen Leidens sein sollte, war eine schöne Stadt von sechsundfünfzigtausend Einwohnern. Sie war am Zusammenfluß der Seille und der Mosel gelegen und enthielt eines der größten Arsenale Frankreichs, mit Gießereien und aller Art Maschinerie zur Anfertigung von Waffen und Ausrüstungs-Gegenständen. Seine Vertheidigungswerke wurden hier fast uneinnehmbar gehalten; sie waren von Vauban angelegt worden. Im Jahre 1552 belagerte der Kaiser Karl V. den Platz während 10 Monate. Obgleich die Garnison klein war, hielt sie doch die Werke fest, und der Kaiser mußte nach unnützer fast einjähriger Anstrengung die Belagerung aufheben, nachdem er zehntausend Mann eingebüßt hatte.

In diese Festung nun war Bazaine mit nicht weniger als hundertundachtzigtausend Mann, die unter seinem Befehle standen, getrieben worden. Er war ein Mann von hohem militairischen Rufe. Man glaubte, daß eine solche so besetzte Festung sich Monate lang gegen irgend eine Macht würde halten können. Bazaine war durch seine eigene Thatkraft zu der stolzen Höhe eines Marschalls von Frankreich emporgestiegen. Im Jahre 1831 hatte er als Gemeiner in der Armee Dienst genommen. Nach vier Jahren wurde er Unterlieutenant. Er begleitete die Armee, welche Louis Philipp nach Spanien sandte, um der Königin Christine gegen die Karlisten beizustehen. Im Jahre 1839 kehrte er als Hauptmann nach Algier zurück; 1850 wurde er Oberst. Während des italienischen Krieges hatte er Gelegenheit, seine Tapferkeit und militairische Geschicklichkeit glänzend zu beweisen. In Mexiko gewann er seinen Marschallstab. Er ist der jüngste der französischen Marschälle und jetzt neunundfünfzig Jahre alt. Er war eine treue Stütze der kaiserlichen Regierung in Frankreich.

Am 14. August war der Kaiser zu Verdun, etwa dreißig Meilen westlich von Metz. McMahon hatte sich von Nanzig nach Toul zurückgezogen und bewegte sich gegen Verdun. Bazaine ließ eine Garnison in der Festung Metz zurück und versuchte mit seiner Hauptmacht eine Verbindung mit McMahon zu Verdun herzustellen. Er hatte ungefähr die Hälfte seiner Streitkräfte über die Mosel geworfen, als die Preußen plötzlich über ihn herfielen. Die Schlacht war verzweifelt heftig, das Gemetzel beiderseits entsetzlich. Die Franzosen wurden nach Metz zurückgeworfen.

Während Tagen, ja während Wochen raste eine unaufhörliche Schlacht um diese Festung. Marschall Bazaine hatte ungefähr hundertundfünfzigtausend Mann, welche er ins Feld bringen konnte. Prinz Friedrich Karl, der die preußische Macht kommandirte, hatte zweihundertunddreißigtausend.

Er hatte mit großer militairischer Geschicklichkeit seine Truppen so aufgestellt, daß jeder Ausweg des Entkommens abgeschnitten wurde. Man hat allgemein geglaubt, daß Bazaine sich durch seine Feinde hätte durchschlagen sollen. Es ist leicht hinter dem Ofen so zu urtheilen. Niemand kann an der Geschicklichkeit, der Tapferkeit oder der Vaterlandsliebe Bazaines zweifeln. Die blutigen Schlachten, welche Tag für Tag gefochten wurden, zeugen von der Energie seiner Versuche. Man darf nicht außer Acht lassen, daß Prinz Friedrich Karl einer der fähigsten und erfahrendsten militairischen Befehlshaber war; daß seine Armee die französische um achtzigtausend Mann übertraf; daß er jeden Ausweg verschanzt hatte; daß diese Schanzen von Artillerie, Mitrailleusen und Zündnadelgewehren starrten. Niemals vorher wurden so blutige Schlachten geschlagen. Man zählte die Gefallenen nach Zehntausenden. Die Hospitäler waren mit verstümmelten Opfern dieses blutigen Kampfes überfüllt.

Kapitel 20.

Die Kapitulation von Sedan.

Der „London Globe" vom 15. August enthält einen Brief eines intelligenten Engländers in Berlin, welcher folgende Angaben enthält: „Ein gut unterrichteter Mann berichtete mir, daß in weniger, als einer Woche Deutschland eine verwendbare Armee von 1,200,000 Mann haben werde. Ich würde mich sehr hüten, diese ungeheuern Zahlen anzugeben, wenn ich nicht sicher wüßte, daß mein Berichterstatter in der Lage ist, es zu wissen."

Die Bewegungen der Preußen waren ebenso vorsichtig als stürmisch. Es war offenbar ihre Absicht, die ganze Gegend hinter den deutschen Armeen bis an den Rhein von jedem militairischen Hindernisse zu befreien. Sie besetzten daher alle Engpässe der Vogesen. Dabei war aber ihre Zahl eine so große, daß sie, während eine siegreiche Armee auf dem Marsche nach Paris sich befand, alle nöthigen Streitkräfte hatten, um die Belagerungen von Metz, Straßburg, Bitsch und aller andern Festungen, welche sie auf ihrem Wege vorfanden, zu führen. Die Jahrbücher der Kriegsgeschichte bieten wohl kaum ein Beispiel eines so glorreichen Marsches. Den Schreck und die Verzweiflung, welche diese scheinbar zahllosen Tausende von Preußen auf ihrem triumphirenden Marsche in den Häusern der Bauern und in den Dörfern erregten, kann man sich kaum einbilden. Männer, Weiber und Kinder flohen in großer Zahl aus ihren Heimstätten, verließen alles das Ihrige und suchten in der größten Entblößung Schutz in den festen Städten. Gott allein kann die Masse des Elendes erfassen; und wie auf dem Schlachtfelde die Kriegsgeschosse den Boden mit den Verstümmelten bedeckten, so wurde in der Ferne unter den Weinbergen Deutschlands und unter den Hütten Frankreichs das Weh verdoppelt, wenn sich Mütter und Frauen und liebende Mädchen lebenslanger Trauer überließen.

Ein gefangener französischer Offizier giebt folgenden anziehenden Bericht über eine Zusammenkunft mit seinem Besieger:

„Prinz Friedrich Wilhelm, der Thronerbe Preußens, ist ein großer schlanker Mann mit ruhigen und freundlichen Gesichtszügen, denen jedoch die Biegung seiner Adlernase und die Lebhaftigkeit seines Blickes den Stempel der Entschiedenheit aufdrücken. Er spricht das Französische mit großer Reinheit. Wir Alle, sagte er, bewunderten gestern die Ausdauer und den Muth, welche selbst die gemeinsten eurer Soldaten bewiesen haben. Ich liebe den Krieg nicht und wenn ich je zur Regierung gelange, so werde ich nie welchen führen. Aber trotz meiner Friedensliebe ist dies der dritte Feldzug, den ich mitmachen muß. Ich ritt gestern über das Schlachtfeld; es ist ein entsetzlicher Anblick. Wenn es bloß von mir abhängen würde, so würde dieser Krieg gleich beendigt werden. Es ist wirklich ein fürchterlicher Krieg. Ich werde euren Soldaten niemals eine Schlacht anbieten, ohne die Ueberzahl auf meiner Seite zu haben; wenn das nicht der Fall ist, so würde ich es vorziehen, ihr auszuweichen."

Alle scheinen in ihrem Zeugniß für die Tapferkeit der französischen Soldaten übereinzustimmen. Eine Zuschrift in der „London Times" vom 16. August sagt: „Man kann die Frage aufstellen, ob nicht die Franzosen von ihren Niederlagen mehr wirklichen Ruhm geerntet haben, als die Preußen von ihren Siegen. Größere Aufopferung wurde wahrscheinlich noch in keinem Kriege gesehen, als diejenige gewisser französischer Regimenter, welche auf das Kommando ihres Generals in unausweichlichen Tod stürmten. Die Preußen fochten, wo sie wollten und immer in dreifacher Anzahl.

Während Bazaine vergebliche Versuche machte, sich über die Wälle seiner Feinde von Metz aus durchzuschlagen, zog sich McMahon mit ungefähr dreißigtausend Mann, vom Kronprinzen, an der Spitze von hundertundzwanzigtausend siegestrunkenen Soldaten, verfolgt, nach Chalons zurück. Am 16. August erreichten die Ueberbleibsel des McMahon'schen Korps, nur noch fünfzehntausend Mann stark, Chalons, wo sie Verstärkungen vorfanden, welche ihre Zahl auf achtzigtausend erhöhten.

"McMahon," sagt die "London Times," hat auf diesem Rückzuge der deutschen Armee herbe Verluste beigebracht. Trauer wird in viele tausend Haushaltungen einkehren, vom Rhein bis zur Weichsel und von der baltischen Küste, bis zur Südgrenze Baierns. Aber der Herzog von Magenta war dagegen vollkommen in die Flucht geschlagen und seine Niederlage muß den Schrecken bis an die Thore von Paris getragen haben.

In diesen Stunden des Unglücks wurde General Trochu, welcher schon als ein ausgezeichneter Offizier Berühmtheit erlangt hatte, vom Kaiser zum Gouverneur von Paris und Oberbefehlshaber aller zur Vertheidigung der Hauptstadt versammelten Truppen ernannt. General Trochu war ein kaiserlich Gesinnter und er glaubte mit der Mehrzahl seiner Landsleute, daß das Kaiserreich eine bessere Regierungsform für Frankreich sei, als die alte Monarchie unter einem Prinzen von Bourbon oder Orleans, oder als die Republik mit solchen Männern wie Favre, Hugo und Rochefort an der Spitze.

Straßburg am Rhein enthielt vierundachtzigtausend

Einwohner. „Die Elsäßer," sagt die „London Times", „sind beinahe bessere Franzosen, als die Pariser. Eine große Macht umzingelte die Stadt und eröffnete bald darauf ein fürchterliches Bombardement gegen dieselbe aus den schweren Belagerungsgeschützen, welche sie den nahen Festungen entnommen hatten. McMahon hatte sich nach Chalons, fünfzig Meilen westlich von Metz, zurückgezogen. Der Kronprinz mit hundertundfünfzigtausend war auf dem Triumphmarsche nach Paris begriffen. Bazaine war in Metz hoffnungslos eingeschlossen, wo seine Munition und seine Lebensmittel rasch abnahmen. Preußische Reiterschaaren durchstöberten das Land in allen Richtungen, leerten die Speicher und Scheunen der Bauern und legten den eingenommenen Städten enorme Kriegskontributionen auf. Verzweiflung und Elend herrschten überall. Die Felder waren von den unbeerdigten Leichen bedeckt. Thionville, Flavigny, Rezonville und Gravelotte lagen theilweise in Asche. Ganze Familien wanderten im Schrecken und hungernd in den Feldern umher.

Der Kaiser war in Chalons bestrebt, dort eine neue Armee zu sammeln, um das Vordringen der Preußen nach Paris aufzuhalten. Es gab keine französische Armee mehr im Felde. Niemals zuvor hatte ein solches Zusammenfallen einer der stärksten Militairmächte der Welt stattgefunden.

Ein vierzehntägiger Krieg hatte Frankreich niedergeworfen; und das war von einer Nation gethan worden, welche noch kaum ein Jahrhundert vorher nur fünf Millionen Einwohner zählte. Man glaubte, daß die Preußen ohne Widerstand über die Befestigungen von Paris wegmarschiren und daß bald ihre Schaaren sich im Tuileriengarten und in den Elysäischen Feldern lagern würden. Unglück kommt aber niemals allein. Niederlage folgte auf Niederlage. Die Szenen, welche von Augenzeugen erzählt werden, machen die Einbildungskraft vor Schrecken erstarren. In der Stille der Nacht ertönten alle Waldschluchten der Vogesen von dem Gestöhne der Verstümmelten und Sterbenden, das unaufhörlich zum Himmel emporstieg. Die Häuser und Scheunen waren von Leidenden erfüllt. In einer kurzen Schlacht hatten allein die Franzosen fünfzehntausend Verwundete und Todte verloren, und die Preußen, welche rücksichtslos gegen ihre Batterien und Mitrailleusen marschirt waren, zweimal so viel. Die wenigen Wundärzte konnten vergleichungsweise in der Mitte solcher ungeheuren Masse von Elend, nichts thun. Tausende stöhnten und starben in den offenen Feldern und hatten Niemanden, der ihnen auch nur ein Glas kaltes Wasser gegeben hätte.

Das große Ziel Preußens in diesem Kriege war, wie Bismarck, nachdem er ihn begonnen hatte, offen erklärte, und ebenso alle leitenden preußischen Zeitungen, Frankreich soviel Gebiet zu entreißen und dasselbe so zu schwächen, daß es niemals mehr den Versuch machen könne, seine verlorenen Rheinprovinzen wiederzuerobern. Der Schrecken in Paris war groß und man machte große Anstrengungen, um sich für eine Belagerung vorzubereiten.

Der Kaiser blieb bei McMahons Armee in der Hoffnung eine Verbindung zwischen seinen Truppen und denen Bazaines zu bewerkstelligen. Die Ebenen von Chalons sind so flach, wie der Fußboden eines Zimmers und daher für eine Vertheidigungsschlacht wenig geeignet. Am 21. August wurde das französische Lager in Chalons aufgehoben und die Armee zog sich etwa dreißig Meilen nach Nordosten, nach dem mehr unterbrochenen Terrain von Rheims zurück. Wo diese zurückweichenden und verfolgenden Armeen sich bewegten, wurden herzzerreißende Szenen unter den Einwohnern der so von dem verheerenden Sturme des Krieges betroffenen Gegenden wahrgenommen. Tausende von Familien flohen, in äußerster Armuth Zuflucht suchend, über die belgische Grenze.

Der Kronprinz von Preußen war nun weniger als hundert Meilen von Paris entfernt. Es standen ihm keine Streitkräfte entgegen, die seinen Marsch hätten aufhalten können. Eine Kavallerievorhut war bis auf fünf und sechszig Meilen von der Hauptstadt vorgedrungen. Der Eifer des französischen Volkes, trotz allen Unglücks in diesem Kriege, zeigt sich in der Thatsache, daß ein neues Anlehen von tausend Millionen Franken in acht und vierzig Stunden genommen war. Straßburg hielt gegen ein furchtbares Bombardement standhaft aus. Die ganze Bevölkerung von Paris war in Bewegung, um die Stadt für die bevorstehende Belagerung vorzubereiten. Obgleich die Preußen ungeheure Verluste erlitten hatten, so waren die Eisenbahnzüge vom Rheine her mit ihren Verstärkungen angefüllt, welche vorwärts eilten, um die Stellen der Gefallenen einzunehmen.

Niemals war der Marsch einer eindringenden Armee entschlossener. Sonntags, den 25. August hatten die preußischen Vorposten Meaux, weniger als fünfundzwanzig Meilen von Paris entfernt, erreicht. Von Sierka, dem nächsten Punkte an der preußischen Grenze, war die Entfernung bis zu dieser Stadt dreihundert Meilen, und doch bewachte Preußen diese lange Linie durch französisches Gebiet vollständig gegen eine kriegerische Nation von vierzig Millionen Einwohnern. Die Franzosen, unfähig den Feinden im offenen Felde entgegenzutreten, thaten was in ihrem Vermögen stand, ihren Marsch durch Sprengung von Brücken, Zerstörung von Eisenbahnen und Verrammlung von Straßen zu hemmen.

Ein beständiger Strom von französischen Gefangenen und von genommenen Kanonen und Fahnen zog in die Straßen Berlins ein und verursachte häufige glänzende Illuminationen, nebst den lebhaftesten Freudenbezeugungen. Die Franzosen fochten vertheidigungsweise hinter ihren Wällen

Die Kapitulation von Sedan.

und in ihren Festungen. Obgleich sie immer endlich geschlagen wurden, so fügten sie doch den Angreifern unabänderlich einen größern Verlust an Todten und Verwundeten bei, als sie selbst erlitten. Dem Freudengeschrei, das in den Straßen Berlins ertönte, antworteten tiefere Weherufe, welche von Tausenden deutscher Hütten ausgingen, deren Bewohner in lebenslange Trauer gestürzt waren. Es scheint nach sichern Berichten, daß Preußen jetzt 1,124,000 geübte und disziplinirte Truppen unter den Waffen hatte. Siebenhundertundzwanzigtausend Mann davon waren in Frankreich. Die Lage Frankreichs war offenbar hoffnungslos. Die siegestrunkenen Preußen marschirten wohin sie nur wollten, füllten ihre Lager mit Ueberfluß an, schrieben ungeheure Kontributionen aus und zwangen Frankreich den Becher der Erniedrigung bis auf die Hefen auszuleeren.

Wir haben bloß Raum für ein Beispiel dieser Erpressungen. Es wird von einem Korrespondenten der „London Times" eines mit den Preußen herzlich sympathisirenden Journales mitgetheilt. Die kleine Stadt Zabea enthält 5,331 Einwohner. Als sich die preußischen Truppen näherten, flüchtete sich der reichere Theil der Bewohner. Die von der Stadt verlangten Beiträge bestanden in zehntausend dreipfündigen Brodlaiben, sechszehntausend Pfund Reis, zweihundert und fünfzig Pfund gerösteten Kaffee, fünfzehnhundert Pfund Salz, tausend Pfund Taback, fünfundsiebenzigtausend Cigarren von guter Qualität, fünfzehntausend Flaschen Wein, zweihundert Pfund Zucker, fünfzig Pfund Fleischextract, hundertundzwanzigtausend Pfund Hafer, fünfzigtausend Pfund Heu und fünfzigtausend Pfund Stroh. Alles dies mußte den nächsten Morgen vor sechs Uhr in zu diesem Zwecke bezeichneten Lagerhäusern abgeliefert werden. Die Stadt mußte ferner hundert Wagen liefern, damit der Sieger diese Lebensmittel und dies Futter wegführen könne. Die Strafe der Nichterfüllung war allgemeine Plünderung der Stadt durch die Soldaten.

Man kann sich kaum etwas Grauenhafteres denken, als den Marsch einer halben Million feindlicher Soldaten durch eine Gegend. Wenn ein Garten vor ihnen blüht, so bleibt eine Wüste hinter ihnen zurück. Hunger und Krankheit sind unausweislich im Gefolge.

Am Dienstag, den 30. August erreichte die Armee des Kronprinzen das McMahon'sche Korps nicht weit nördlich von Rheims und nach einer heftigen Schlacht und großem Blutbade auf beiden Seiten trieben die Preußen die erschütterte Armee der Franzosen in voller Flucht gegen Sedan. Den ganzen Tag des 31. wüthete die Schlacht in einer unaufhörlichen Reihenfolge blutiger Scharmützel, da die ungefähr hunderttausend Mann zählenden französischen Truppen sich von allen Seiten bedrängt, blutend, erschöpft und verzweifelnd nach Sedan zurückzogen.

Vom Anbeginne des Krieges an, hatte der kaiserliche Prinz, trotz seiner Jugend, seinen Vater begleitet und alle Mühsale des Feldzuges getheilt. Beim Beginne dieser Stunden hatte Marschall McMahon, welcher voraussah, daß er von einer überwältigenden Zahl umzingelt werden würde, den Kaiser gebeten, sich mit seinem Sohne zu entfernen. Der Kaiser entschloß sich bei der Armee zu bleiben und deren Geschicke zu theilen. Seinen Sohn jedoch sandte er nach Mezieres und von da nach Belgien.

Das Tagesgrauen des ersten Septembers fand die Franzosen so umringt, daß sie von aller Möglichkeit eines Rückzuges abgeschnitten waren. Sie waren in einem engen Raume zusammengedrängt, während fünfhundert Feuerschlünde ihre Geschosse unter sie sandten. Morgens um fünf Uhr begann der fürchterliche Schlachtsturm seine Donner. Es war ein grauenvoller Tag. In der ersten Stunde der Schlacht wurde Marschall McMahon von einem Bom-

bensplitter getroffen und schwer verwundet nach Sedan zu=
rücktransportirt. Der Oberbefehl ging auf General Wimpf=
fen über. Nahezu dreimalhunderttausend Mann überschüt=
teten nun die dichtgedrängten Franzosen mit einem Hagel
von Kugeln, Granaten und Bomben. Es war eine unbe=
schreibliche Szene von Tumult und Metzelei. Ein Korres=
pondent eines Londoner Blattes schreibt:

„Alle beschreiben das Benehmen des Kaisers, als das
eines Mannes, der sich entweder nicht um den Tod küm=
mert, oder der ihn absichtlich sucht. Mitten in dieser Szene
der Verwirrung, welche auf das Einströmen der schreckerfüll=
ten Franzosen in Sedan folgte, ritt der Kaiser langsam
durch eine breite, von der deutschen Artillerie bestrichene und
von den in Unordnung gerathenen Soldaten versperrte
Straße Sedans, und hielt einen Augenblick an, um eine
Frage an einen Oberst des Stabes zu richten.

„Im gleichen Augenblicke platzte eine Granate wenige
Fuß vor Napoleon und ließ ihn unverletzt, doch war es allen
Umstehenden klar, daß er durch ein Wunder der Gefahr ent=
kommen sei. Der Kaiser setzte seinen Weg fort, ohne die ge=
ringste Gemüthsbewegung zu zeigen und von den lauten
Vivatrufen seiner Soldaten begrüßt. Später, während er
in einem Fenster saß und seinen berühmten Brief an den
König diktirte, schlug eine Bombe von außen gegen die
Mauer, platzte wenige Schritte von dem Stuhle des Kai=
sers, und ließ ihn wiederum unversehrt und unbewegt."

Während fünf Stunden war der Kaiser einem Feuer aus=
gesetzt gewesen, welches die Luft mit Kugeln erfüllte, den
Grund zu seinen Füßen pflügte und das Feld mit Todten
und Verwundeten bedeckte. Um halb vier Uhr Nachmittags
sandte General Wimpffen einen Offizier um den Vorschlag
zu machen, daß der Kaiser sich in die Mitte einer Kolonne
stellen möge, welche versuchen solle sich durchzuschlagen. Der
Kaiser antwortete, daß er nicht zustimmen könne, sich selbst

durch das Opfer so vieler Männer zu retten, und daß er entschlossen sei das Schicksal seiner Armee zu theilen. Obgleich ein großer Theil der Armee noch tapfer auf den Hügeln vor den Mauern der Stadt focht, so waren doch die Straßen der Stadt von den Ueberresten aller Korps versperrt und wurden von allen Seiten auf's Heftigste bombardirt.

Nach zwölf Stunden eines so ungleichen Kampfes, berichteten die Befehlshaber der verschiedenen Armeekorps dem Kaiser, daß sie nicht mehr länger einen ernstlichen Widerstand leisten könnten. Der Kaiser befahl, die weiße Flagge auf der Zitadelle aufzuziehen und sandte das folgende Schreiben an seine preußische Majestät, welche sich bei der siegenden Armee befand.

„Sire, mein Bruder, da es mir nicht möglich war, an der Spitze meiner Soldaten zu sterben, bleibt mir nur noch übrig meinen Degen Ihrer Majestät zu Füßen zu legen.
Ich bin der getreue Bruder Ihrer Majestät
Napoleon."

Wilhelm antwortete sogleich: „Sire, mein Bruder. Mit Bedauern über die Umstände, unter denen wir uns treffen, nehme ich den Degen Ihrer Majestät an; und ersuche Sie, mir einen Ihrer Offiziere zu bezeichnen, der mit Vollmacht ausgerüstet sei, über die Kapitulation der Armee, welche so tapfer unter Ihrem Befehle gefochten hat, zu unterhandeln. Ich meinerseits habe zu diesem Zwecke den General Moltke ernannt.

„Ich bin Dero Majestät getreuer Bruder Wilhelm."

General Wimpffen wurde an das preußische Hauptquartier gesandt. „Eure Armee," sagte General Moltke, „zählt nicht mehr, als achtzigtausend Mann. Wir haben zweihundertunddreißigtausend, welche Euch vollständig umzingeln. Unsere Artillerie ist überall in Position, und wir können den Platz in zwei Stunden zerstören. Ihr habt bloß noch Lebensmittel für zwei Tage und kaum Munition mehr. Die Verlängerung Eurer Vertheidigung würde bloß eine nutzlose Metzelei sein."*)

General Wimpffen kehrte nach Sedan zurück; es wurde ein Kriegsrath von dreißig Generalen einberufen. Mit allen gegen bloß zwei Stimmen, die abweichender Meinung waren, wurde es entschieden, daß es nutzlos sei, mehr Menschenleben zu opfern. Die Kapitulation wurde unterzeichnet.

Unser ausgezeichneter Mitbürger Dr. J. Marian Sims war bei der Schlacht von Sedan als Oberarzt des englisch-amerikanischen Ambulancekorps zugegen. Er legt folgendes Zeugniß für die Nothwendigkeit der Uebergabe ab:

„Es war für die Franzosen keine andere Möglichkeit vorhanden, als sich zu ergeben; der Kaiser war deßwegen nicht zu tadeln. Es war einfach eine Handlung der Menschlichkeit, daß er sich ergab. Am Morgen des 1. September verließ McMahon sein Hotel um sechs Uhr. Die Schlacht war schon eine Zeit lang im Gange gewesen. Um halb sieben erhielt er seine Wunde im Schenkel und wurde nach seinem Hotel zurückgetragen; dann fiel das Kommando an General Wimpffen, welcher erst Tags vorher angekommen war. Um fünf Uhr Abends wurde die weiße Flagge aufgezogen und um sechs Uhr hörte das Feuern gänzlich auf.

„Am nächsten Tage, als der Kaiser eine Unterredung mit dem Könige hatte und über die Kapitulation sprach, sagte General Wimpffen, er könne die Artikel nicht unterzeichnen; aber Bismarck zeigte ihm, wie die Streitkräfte vertheilt, wie die Franzosen überall in ihren Bewegungen gehemmt und ohne Munition oder Lebensmittel wären, und daß kein Ausweg möglich sei. Dann, als General Wimpffen sah,

---

*) Campagne de 1870. Des causes qui ont amené la capitulation de Sedan, par un Officier attaché á l'Etat Major.

daß er von einer dreifachen Uebermacht umringt und machtlos sei, mußte er die Artikel unterzeichnen, nachdem er den Oberbefehl bloß einige Stunden geführt hatte.

„Die Zeitungsberichte über die Grausamkeit der Preußen sind nicht im Mindesten übertrieben. Die Einzelheiten sind nicht für Veröffentlichung geeignet. Achtzig und einige Tausend Franzosen marschirten von Sedan aus vor die preußischen Linien, nach der kleinen vom Flusse gebildeten Halbinsel, wo sie nach der Kapitulation hielten. Es war der traurigste Tag meines Lebens, als ich den armen französischen Gefangenen folgte, und wenn ich auch hundert Jahre lang leben sollte, so werde ich nie vergessen, was ich dieselben aushalten sah. Sie lagen mehrere Tage auf diesem Stücke Land, und viele starben von Krankheit und Hunger.

„Die Baiern zerstörten Bazailles gänzlich, eine Stadt von dreitausend Einwohnern. Sie behaupten, daß man aus den Fenstern der Häuser auf sie geschossen habe. In ihrer Wuth verrammelten sie die Thüren und steckten die Häuser in Brand; auf diese Weise verbrannten eine große Zahl Weiber und Kinder. Der Geruch von versengtem menschlichen Fleische war Tage lang nachher ekelerregend. Die Baiern schossen dort auch einen Priester todt und einige Nonnen und Schulmädchen, neben einer großen Zahl von Bürgern.

„Es kam mir vor, als ob der Kaiser niemals besser ausgesehen hätte, als am Tage seiner Uebergabe. Man täuscht sich sehr, wenn man glaubt, daß er ein abgelebter alter Mann sei. Sein Geist war niemals kräftiger, und seine körperliche Gesundheit ist vollkommen mit Ausnahme einiger bloßen Schwächen. Er leidet bisweilen an Hüftschmerzen, aber ist keiner lebensgefährlichen Krankheit unterworfen.

„Man sagt, daß der kaiserliche Prinz ein skrophulöser Junge sei. Dies ist ein anderer großer Irrthum. Er ist stark, blühend, erfreut sich vollkommener Gesundheit und ist sehr gescheidt; — in Allem genommen, ein prächtiger Junge. Als er vor wenigen Jahren krank war, und man behauptete, er sei skrophulös, hatte er einfach einen Absces, der durch Druck während des Reitunterrichtes entstanden war — und nicht im Mindesten mit einer Krankheit der Knochen oder Gelenke in Verbindung stand.

„Man sagt, der Kaiser besäße Millionen. Ich hoffe aufrichtig es möge dem also sein; aber ich habe es aus der besten Quelle, daß er arm ist. Die Kaiserin hat Besitz= thümer und ebenso hat der kaiserliche Prinz Eigenthum, das ihm vor zwei Jahren von einer Italienerin, welche in Paris starb, hinterlassen wurde; der Kaiser dagegen ist kein reicher Mann."*)

---

*) Zeugniß des Dr. Sims in der New York Times vom 4. Nov. 1870.

Kapitel 21.

Der Sturz des Kaiserreiches.

König Wilhelm spricht in einem Briefe an die Königin Augusta folgendermaßen von seinem gefallenen Feinde:

„Sie wissen durch meine drei Telegramme schon die Tragweite des großen historischen Ereignisses, welches gerade jetzt stattgefunden hat. Es ist gleich einem Traume, obgleich man dasselbe sich von Stunde zu Stunde hat entwickeln gesehen. Am Morgen des 2. fuhr ich über das Schlachtfeld und traf Moltke, welcher kam, um meine Einwilligung zu der Kapitulation einzuholen. Er erzählte mir, daß der Kaiser Sedan um fünf Uhr verlassen habe und nach Douchery gekommen sei. Da er mich zu sprechen wünschte, und ein kleines Schloß in der Nähe war, so wählte ich dieses zum Orte unserer Zusammenkunft. Um ein Uhr ritt ich mit Fritz ab, von einer Kavallerieeskorte begleitet. Ich stieg vor dem Schlosse vom Pferde, und der Kaiser kam, um mich zu begrüßen. Wir waren beide tief bewegt uns wiederum unter solchen Umständen zu treffen. Was meine Gefühle in Betracht dessen waren, daß ich Napoleon nur drei Jahre zuvor auf dem Gipfel seiner Macht gesehen hatte, ist mehr als ich beschreiben kann."

„Bei dieser Zusammenkunft," schreibt einer der Offiziere des kaiserlichen Stabes, „zeigte der König die hochherzigen Gefühle, welche ihn beseelten, indem er dem Kaiser alle Schonungen angedeihen ließ, welche sein Unglück verdiente; der Kaiser dagegen bewahrte eine äußerst würdige Haltung."

Der Sturz des Kaiserreiches.

Dem erlauchten Gefangenen wurde das Schloß Wilhelmshöhe bei Kassel, eines der lieblichsten Schlösser Deutschlands zum Aufenthalte angewiesen. Da er von seinen Freunden begleitet, mit allen Bequemlichkeiten versehen und von einer Ehrenwache umgeben ist, sind die Ketten, welche den Kriegsgefangenen fesseln, unsichtbar.*)

Die Nachricht von diesem großen Unglücke erreichte Paris bald und verursachte große Aufregung. Die demokratische Partei, welche in ihren Reihen Viele aus dem niedrigsten Pariser Pöbel zählte, hielt dies für eine passende Gelegenheit, das Kaiserreich zu stürzen und die Zügel der Gewalt an sich zu reißen. Ein damals in Paris befindlicher Amerikaner schreibt unterm 4. September:

„Paris ist in einem Zustande aufrührerischer Bewegung. Die Volksmenge reißt die kaiserlichen Wappenschilder und die goldenen Adler des Kaiserreiches herunter. Man befürchtet, daß die Stadt bald einer Pöbelherrschaft anheimgegeben sein dürfte."

Der Pöbel schrie: „Herunter mit dem Kaiserreich! Es lebe die Republik!" General Trochu, der Gouverneur von Paris wurde berufen. Er erklärte dem Pöbel, daß, da er

---

*) Wilhelmshöhe ist einer der schönsten Wohnsitze in Europa. Er soll ungefähr zehn Millionen Dollars gekostet haben und er wurde aus dem Gelde gebaut, welches der Kurfürst Wilhelm von England für die zur Bekämpfung der nordamerikanischen Kolonien geliehenen hessischen Truppen, erhalten hatte. Das Schloß liegt nicht weit von Kassel entfernt, welches die Hauptstadt des Königreichs Westphalen war. Es ist auf einem Hüge erbaut und hat eine prachtvolle Fernsicht über die umliegende Gegend. Man gelangt durch einen mächtigen Baumgang zu demselben und es ist von einem wundervollen Parke umgeben. Das Schloß, welches aus einem weißen, marmorähnlichen Sandsteine erbaut ist, besteht aus einem massiven Mittelthurm, zu dessen Seiten geräumige Flügel sind. Der Garten, der sich vom Fuße des Thurmes an ausdehnt, ist wegen seiner malerischen Schönheit berühmt.

dem Kaiserreiche den Eid der Treue geleistet habe, er denselben nicht so ohne Weiteres brechen könne. Die Volksmenge wurde endlich so drohend, daß die Polizei sie mit Schießwaffen aus einander trieb. Um ein Uhr Nachmittags umringte eine Volksmenge von Hunderttausenden das Gebäude des gesetzgebenden Körpers, sperrte alle seine Zugänge, und machte die Luft von ihrem wahnsinnigen Geschrei erbeben. Von allen Seiten der Stadt strömten die aufgeregten Massen nach den Hallen der Gesetzgebung. Die Freunde der Regierung fanden es nothwendig, sich zu verbergen, oder wenigstens sich stille zu verhalten. Der Eintrachtsplatz bot das Schauspiel einer dicht gedrängten Menschenmasse dar. Eine starke Militairmacht bewachte die Tuilerien. Von allen Seiten erhob sich der Ruf: „Es lebe die Republik." Die Polizei wurde von der Volksmenge überwältigt und ihre Waffen in die Seine geworfen. Paris war in den Händen des Pöbels. Das Volk begann nach der Abdankung der Kaiserin Regentin zu verlangen. Ihr Leben wurde von kräftigen Männern und Weibern bedroht.

„Es giebt auf Erden wenige Dinge, welche mehr zu befürchten wären, als der Pariser Pöbel. Die Männer waren mit Gewehren und Revolvern bewaffnet. Der Tumult, das Geschrei, das Hin- und Herwogen und die Drohungen waren fürchterlich. Der Schrecken hatte seine Herrschaft begonnen, und die Freunde der Ordnung ergriffen hülflos die Flucht. Der Pöbel erbrach die Thore des Saales der Gesetzgebung; der Präsident zitterte in seinem Stuhle, als die Blusenmänner unter Fluchen und Verwünschungen von dem Saale Besitz ergriffen. Einige der radikalen Redner versuchten umsonst sie zu beschwichtigen. Die Freunde der Regierung, welche die große Mehrheit der Abgeordneten bildeten, flohen, so gut wie sie konnten.

„Was auch der Kriegsminister gesagt haben mochte, was Herr Thiers, ja sogar was Jules Favre gesagt haben mochte, muß man sich einbilden, denn das Volk wollte nicht darauf hören, sondern schrie mit solcher Wildheit: „Absetzung," daß man nichts anderes hörte. Die Menge küßte die erfreuten Leiter der Linken und rief Hurrah, bis die Wände erzitterten. Der Präsident setzte seinen Hut auf, um anzuzeigen, daß ein solches Gebahren nicht geduldet werden könne; dabei erhielt er aber einen solchen Schlag von einem Knittel, daß er von Blut überströmt hinfiel und stöhnend weggeführt wurde, während andere wüthende Arbeiter es versuchten, ihn von neuem zu schlagen. Enthusiastische Blusenmänner eilten sogleich nach den Boulevards und trugen große Zettel, auf denen angekündigt wurde, daß die Republik mit 485 gegen 130 erklärt worden sei. In Wirklichkeit aber fand gar keine Abstimmung statt, und keine einzige Stimme war dagegen."*)

In diesen Stunden der Unordnung und des Schreckens, während die Abgeordneten alle zerstreut wurden, war die Kaiserin Eugenie in den Tuilerien. Alle waren von dem plötzlichen Ausbruch der Gesetzlosigkeit und Gewaltthätigkeit bestürzt. Von Kummer und Sorgen erschöpft, lauschte sie erstarrt auf das Geschrei, welches durch die Straßen tobte. Nachrichten kamen, daß der Pöbel herankomme, um die Tuilerien zu plündern. Ihr zartes Frauenherz bebte vor dem Gedanken zurück, der Wache den Befehl zukommen zu lassen, auf denselben zu feuern. Der Kampf zwischen der kleinen Leibwache und dem Pöbel würde blutig sein und fast mit Sicherheit zu keinem Ziele führen. Die einzige Sicherheit für die Kaiserin bestand in augenblicklicher Flucht, mit so wenig Begleitern, wie möglich, um keine Aufmerksamkeit zu erregen.

Die Kaiserin hatte sich gerade durch eine geheime Thüre zurückgezogen, als die Wogen des Pöbels durch die mit Kies

---

*) Pariser Korrespondenz des Bostoner Journals vom Sept. 1870.

bestreuten Gänge des Gartens herantobten, die Thore des Palastes erbrachen und rücksichtslos durch alle Gemächer desselben rasten. Die Fahne des französischen Kaiserreiches wurde eingezogen, und beleidigende Sätze wurden an die Statuen und Wände gekritzelt. Hunderte von entwürdigten Weibern, stinkend und betrunken, plünderten die Gemächer Eugeniens, — dieser Kaiserin, welche während zwanzig Jahren bewiesen hatte, daß die Kinder der Sorgen sich nie umsonst an sie wendeten. Sie erbrachen das Privatkabinet des Kaisers. Das Gewirr ihrer Lieder ertönte weit und breit durch die Straßen.

Während diese Szenen vor sich gingen, versammelten sich einige der Leiter der demokratischen Partei im Stadthause und organisirten eine provisorische Regierung. Gambetta, einer der hervorragendsten dieser Männer begab sich auf das Ministerium des Innern, und verlangte, bloß von zwei Mann begleitet, um ihn zu unterstützen, die Bücher. Die kaiserlichen Beamten, welche wußten, daß der Pöbel von Paris Gambetta zu Gebote stehe, zogen sich aus den Amtslokalen zurück und ließen ihn im vollen Besitze derselben.

So wurde das Kaiserreich von wenigen hundert Männern gestürzt. Dasselbe war durch eine Volksabstimmung in jeder Stadt und in jedem Dorfe Frankreichs, in der Armee, in der Marine und in Algier mit nahezu acht Millionen Stimmen errichtet worden. Dagegen waren bloß ungefähr dreimalhunderttausend. Die Republik wurde von der demokratischen Partei des Pariser Pöbels errichtet. Die Gegner wurden eingeschüchtert und durften keine Meinung aussprechen. Außerhalb der Mauern von Paris waren achtunddreißig Millionen des französischen Volkes. Auf deren Stimmen hörte man gar nicht. Die Geistlichkeit war fast ohne Ausnahme auf Seiten des Kaiserreiches. Die Bauerschaft, welche die Millionen der Landbevölkerung ausmachte, war ebenfalls mit kaum einer abweichenden Stimme für das Kaiserreich.

Die demokratische Partei in den leitenden Städten, — Lyon, Marseilles zc. folgten der Leitung der Demokraten in Paris, darin, daß sie dem Kaiserreiche absagten und eine Republik erklärten. Aber sie weigerten sich ihre Zustimmung zu der provisorischen Regierung in Paris, welche sich selbst eingesetzt hatte, zu geben, und errichteten eigene Regierungen. So entstanden fast augenblicklich vier verschiedene Regierungen in Frankreich, von denen jede beanspruchte die französische Republik zu sein. Die erste war das selbst eingesetzte „Komite der Volksvertheidigung" in Paris; die zweite war eine Art von Zweigregierung in Tours; die dritte war ein Komite der öffentlichen Sicherheit in Marseilles unter der Diktatur von Alphons Esquiros; die vierte war das roth=republikanische Komite zu Lyon. Endlich versuchten noch die Demokraten die Zügel der Regierung an sich zu reißen.

Während der Dauer der französischen Revolution von 1789 war das französische Volk in seiner Meinung über die beste anzunehmende Regierungsform getheilt. Die Aristokratie und alle von ihr Abhängigen verlangten die alte Monarchie. Sie wurden von Reichthum, von dem ungeheuren Einfluß ihrer alten Stellung und von allen Höfen und dem ganzen Adel Europas unterstützt. Auf der anderen Seite waren die Republikaner, die hauptsächlich aus der energischen Bevölkerung der Städte und aus den verständigeren Einwohnern der ländlichen Distrikte bestanden. In einigen Theilen Frankreichs waren beinahe alle Bauern zu Gunsten der alten Monarchie. Es wurde auf der Erde niemals ein fürchterlicherer Krieg geführt, als zwischen den Monarchisten und den Republikanern in der Vendee.

Das Kaiserreich war ein Versuch zur Vermittlung zwischen der alten Ordnung der Dinge und der neuen Republik.

Es behielt die monarchische Form bei, während es alle aristokratischen Vorrechte verwarf, und das ganze Gebäude der Regierung auf dem Grundsatz der **Gleichberechtigung aller Menschen** errichtete. Es verwarf den **Grundsatz des göttlichen Rechtes** der Könige und sprach den **Grundsatz des göttlichen Rechtes des Volkes** aus. Das wiedererrichtete Kaiserreich, welches nun die demokratische Partei in den großen Städten zu stürzen versuchte, war durch allgemeine Abstimmung angenommen worden. Jeder Mann in Frankreich, der kein Verbrecher war, oder Armenunterstützung bezog, durfte stimmen. Die historischen Thatsachen sind ohne Widerspruch folgende:

Im Jahre 1848 stürzte das französische Volk den Königsthron Louis Philipps, errichtete eine Republik und erwählte Louis Napoleon mit 5,562,834 Stimmen zum Präsidenten. Die Ehrlichkeit der Abstimmung kann nicht in Frage gezogen werden, da die Stimmplätze sich in den Händen des Generals Cavaignac, eines Nebenkandidaten, **der gerade damals Diktator war**, befanden.

Die Leiter der Legitimisten, Orleanisten und jakobinischen Partei hatten sich verbündet, diese Republik zu stürzen. Die Monarchisten hielten sie in ihrem Charakter für zu demokratisch und den rothen Republikanern war sie nicht demokratisch genug. So vereinigten sich der Monarchist Thiers und der Radikale Louis Blanc zu deren Umsturze. Jeder hoffte auf deren Ruinen sein eigenes begünstigtes Regierungssystem zu errichten.*)

Durch den **Staatsstreich** am Morgen des 2. Dezembers 1851 machte der Präsident diese Verschwörung zu nichte und rettete die Republik von der Zerstörung, von welcher sie bedroht wurde. Eine unmittelbar darauf erfolgende

---

*) Man sehe Alijon's Geschichte Europas, Bd. VII, S. 535.

Berufung auf das allgemeine Stimmrecht, am 20. Dezember, billigte den S t a a t s st r e i ch des Präsidenten. So machte Frankreich die That zu seiner eigenen und belohnte Napoleon dadurch, daß es ihn wiederum zum Präsidenten der Republik, welche er gerettet hatte, für eine neue Amtsdauer von zehn Jahren ernannte. Die Abstimmung wurde in allen sechsundachtzig Departementen Frankreichs vorgenommen. Es waren 7,439,216 Stimmen zu Gunsten des Präsidenten und nur 640,737 gegen ihn.

Und nun beschloß das Volk Frankreichs das Kaiserreich wiederherzustellen, — das alte republikanische Kaiserreich Napoleons des Ersten. Petitionen liefen ein von allen Seiten, welche von Millionen unterzeichnet waren. „Es wurde von Tag zu Tag mehr offenbar, daß ganz Paris sich mit Herz und Seele dem von den Departementen allgemein und freiwillig geäußertem Wunsche anschloß. Von allen Theilen des Gebietes überflutheten Adressen, welche um diese Veränderung baten, und die Tausende von Unterschriften trugen, den Senat, welcher allein in Uebereinstimmung mit der Verfassung Veränderungen dieser Art vornehmen konnte. So war es Frankreich als ein Ganzes, welches die Wiederherstellung des Kaiserreiches forderte.*)

Die Abstimmung über die Frage, ob das Kaiserreich wiederhergestellt werden solle, wurde am 21. und 22. November 1852 eröffnet. Dies war eilf Monate nach dem Staatsstreiche, durch welchen der Präsident die Republik gerettet hatte. Es waren 7,864,180 Stimmen zu Gunsten des Kaiserreiches, und nur 253,145 gegen dasselbe.

Auf diese Weise wurde das Kaiserreich mit einer Einmüthigkeit, welche in der Völkergeschichte ohne Gleichen ist,

---

*) Herren Gallix und Guy, S. 594.

wiederhergestellt.*) Man sagt, daß, da Napoleon einen Eid geschworen hatte, der Republik getreu zu sein, unter diesen veränderten Umständen nicht ohne Meineid zur Errichtung eines Kaiserreiches hätte mitwirken dürfen. So ist Senator Sumners Meinung.

Versprechen, Bürgschaft, Ehre, Eid wurden alle bei diesem ungeheuerlichen Verrathe verletzt. Niemals erwähnt die Geschichte einer größern Schändlichkeit. Ich bin ein Republikaner und habe Glauben an republikanische Staatseinrichtungen, deßwegen kann ich dem Verräther nicht verzeihen."**)

Die Wiederherstellung des Kaiserreiches rief nur eine geringe Veränderung in der republikanischen Verfassung, welche immer noch in Kraft blieb, hervor. Die Regierung bestand aus der höchsten ausübenden Gewalt, Kaiser geheißen, seinen Ministern, einem Staatsrathe, einem Senate und einem Hause der Abgeordneten, der gesetzgebende Körper genannt.

Der Kaiser, welcher durch allgemeines Stimmrecht gewählt wurde, überlieferte die Krone seinen natürlichen Er-

---

*) Man rechnet gewöhnlich, daß da, wo alle Männer über 21 Jahre stimmberechtigt sind, ein Stimmberechtigter auf fünf Einwohner kommt. Das Kaiserreich wurde durch eine Abstimmung von 7,864,180 Stimmen errichtet. Dies repräsentirt eine Bevölkerung von 39,320,000. Gewiß hat man noch niemals eine solche Einmüthigkeit bei der Errichtung einer Regierung wahrgenommen. Während 20 Jahren verlieh diese Regierung Frankreich einen Wohlstand, dessen es sich vorher noch niemals erfreut hatte, und sie wurde wiederholt durch Volksabstimmungen bestätigt. Die Opposition beschränkte sich auf die großen Städte. Es ist leicht zu sagen, daß die Abstimmung betrügerisch war, aber die herzliche Unterstützung des Kaiserreiches für 20 Jahre beweist, daß es in Uebereinstimmung mit dem Volksgefühle war.

**) Senator Sumner über den Krieg. „New York Herald" vom 29. Oct. 1870.

Der Sturz des Kaiserreiches.

ben. Er berief seine Minister. Der Senat bestand aus den Kardinälen, den Marschällen und den Admiralen von Frankreich mit genug andern Mitgliedern, welche von der Krone aus den durch ihre Dienste ausgezeichnetsten Bürgern gewählt, die Zahl der Senatoren auf einhundertundfünfzig brachten. Die Senatoren behielten ihren Sitz auf Lebenszeit. Nach ihrer Ernennung waren sie gänzlich von der Krone unabhängig.

Die Mitglieder des gesetzgebenden Körpers wurden vom Volke gewählt; je ein Abgeordneter auf fünfunddreißigtausend Wähler. Jeder Franzose der über 21 Jahre alt war, war ein Wähler und die Abgeordneten wurden für sechs Jahre gewählt.

Die Staatsräthe waren vierzig bis fünfzig an Zahl, wurden vom Kaiser angestellt, und konnten von ihm wieder abgesetzt werden. Kein Gesetz konnte Gültigkeit erlangen, und keine Auflagen auferlegt werden, ohne die Beistimmung des Staatsrathes, des Senates, des gesetzgebenden Körpers und die Unterschrift des Kaisers. Die Befugnisse der Exekutivbehörde, die gesetzgebenden und gerichtlichen Befugnisse waren deutlich bestimmt und sorgfältig getrennt. Diese Verfassung konnte jederzeit durch Volksabstimmung geändert werden, ohne daß es nöthig wurde die Zuflucht zu revolutionärer Gewalt zu nehmen.

Während diese Verfassung in ihren Bestimmungen weniger volksthümlich war, als die der Vereinigten Staaten, war sie doch ein ungeheurer Fortschritt von dem Geiste der alten Bourbonischen Ordnung der Dinge und in ihren Bestimmungen entschieden republikanischer als die Verfassung von Großbrittanien.

So war in kurzen Umrissen die Verfassung beschaffen, welche die demokratischen Führer in den großen Städten mitten in dem furchtbaren Unglück, welches Frankreich betroffen, gestürzt hatten, und welche sie durch verschiedene

Komiten der öffentlichen Sicherheit, welche sich selbst bestellt hatten, ersetzten.*)

General Dix, welcher mehrere Jahre amerikanischer Gesandter am französischen Hofe war, sagte in seiner Abschiedsrede zu den amerikanischen Einwohnern von Paris:

„Es spricht stark zu Gunsten des erlauchten Herrschers, der während der letzten zwanzig Jahre die Geschicke Frankreichs in seiner Hand gehalten hat, daß der Zustand des Volkes sich materiell und geistig beständig gehoben hat, und daß die gesammte Wohlfahrt des Landes vielleicht im gegenwärtigen Augenblicke größer ist, als zu irgend einer frühern Zeit.

„Wie ihr wißt, sind die Verhandlungen über Fragen der öffentlichen Politik im gesetzgebenden Körper unbeschränkt. Sie werden mit der größten Genauigkeit berichtet und schleunigst in der offiziellen und in anderen Zeitungen veröffentlicht. So wird das französische Volk immerwährend in Kenntniß von Allem dem gesetzt, was für oder gegen die Maßregeln der Staatsverwaltung, welche seine Interessen betreffen, gesagt wird. In liberalen Ansichten, in dieser umfassenden Voraussicht, welche die gegenwärtige Politik so

---

*) „Es war nicht durch die Umstände nothwendig geworden, daß Frankreich den Louis Napoleon erwählte. Die Wahl fand statt, weil Frankreich ihn allen andern ohne Ausnahme vorzog, weil er der einzige wahrhaft volksthümliche Mann war, der einzige Mann, an den man Erinnerungen großer Thaten anknüpfen konnte, welche zum Besten des Landes geschehen waren. Was kann man über die Thaten unserer legitimen Könige sagen? Wer in Hütte oder Werkstätte kennt dieselben? Niemand. Aber die ganze Welt kennt den Mann, welcher Frankreich zu früher unerhörter Höhe emporhob, der die Anarchie vernichtete und Europa uns zu Füßen legte; den Mann, welcher erwiesene Dienste zu belohnen verstand und das Verdienst entdeckte wo es sich auch vorfand; den Mann, welcher den Sohn des Bürgers zum Marschall und den Sohn des Handwerkers zum Könige machte." H. H. Gallix und Guy.

Der Sturz des Kaiserreiches.

gestaltet, daß sie den Erfordernissen der Zukunft entspricht, scheint mir der Kaiser seinen Ministern, ja sogar dem durch allgemeines Stimmrecht erwählten volksthümlichen Körper, der ihm in seinen gesetzgeberischen Arbeiten beistehen soll, entschieden voraus zu sein."

Bismarck nannte die neuen Regierungen, welche die Stelle des Kaiserreiches eingenommen hatten, verächtlich, die „Gassen-Demokratie" und weigerte sich, dieselben anzuerkennen. Herr Thiers, der Orleanist, wollte ihre Autorität nicht anerkennen, obgleich seine Bemühungen um einen Frieden in Folge davon gewaltig erschwert wurden. Die Monarchien des europäischen Kontinentes weigerten sich fast einstimmig diese Regierungen anzuerkennen, welche weder auf Legitimität, noch auf allgemeines Stimmrecht gegründet waren.

Während zwanzig Jahren war das Kaiserreich die anerkannte Regierung Frankreichs gewesen, und es wurde von allen Nationen Europas und Amerikas anerkannt. Beinahe jedes bürgerliche, kirchliche und militairische Amt war in den Händen der Freunde des Kaiserreiches. Die Marschälle, Generäle, die Offiziere und Soldaten der Armee waren mit kaum einer Ausnahme glühende Imperialisten. So furchtbar auch der Antrieb auf sie war, die deutsche Invasion, welche das Leben Frankreichs selbst gefährdete, zurückzuweisen, so wurde ihre Thatkraft in einem gewissen Grade durch den Aufstand gegen die Regierung, welcher so plötzlich in den großen Städten entstanden war, gelähmt. Marschall Bazaine in Metz weigerte sich empört, das Komite in Paris, welches sich selbst eingesetzt hatte, anzuerkennen, — ein Komite, welches den preußischen Armeen, indem es die bestehende Regierung stürzte, in die Hände arbeitete. Ohne die Anwesenheit von beinahe einer Million bewaffneter Preußen in Frankreich, würde das Kaiserreich fest geblieben sein.

Die demokratischen Führer in Europa sind größtentheils ungläubige und erbitterte Feinde der Kirche. Die Bauerschaft war fast einmüthig dem Kaiserreiche, welches ihre Religion achtete, befreundet. Die Geistlichkeit hatte in allen ländlichen Distrikten einen ungemeinen Einfluß und war sammt und sonders der Demokratie entgegen. So antwortete Frankreich dem Aufrufe Favres und Rocheforts zu einer allgemeinen Schilderhebung nicht mit ganzem Herzen. Die Priester und Bauern wußten kaum, was sie mehr fürchten sollten, die Preußen oder die Demokraten; und als Garibaldi, der sich durch seine Angriffe auf die Kirche der ganzen katholischen Geistlichkeit außerordentlich verhaßt gemacht hatte, der demokratischen Regierung zu Hülfe eilte, so weigerten sich Tausende katholischer Soldaten unter einem solchen Führer zu dienen.

So war Frankreich offenbar der Zerstörung geweiht. Ohne anerkannte Regierung, während die Demokraten die kaiserlich Gesinnten in den ungemessendsten Ausdrücken schmähten und während die kaiserlich Gesinnten die Demokraten als Feinde der Religion und Ordnung behandelten; während gleichzeitig das Reich von einem so furchtbaren feindlichen Einfalle, als jemals ein Volk ins Unglück gestürzt hatte, überschwemmt war und während französische Ohren aus England und Amerika nur wenige andere Worte, als solche der Verachtung vernahmen, schien die Schale des Elendes, welche die Nation zu leeren bestimmt war, bis zum Rande gefüllt zu sein. Es war in dem Volke ein orleanistisches Element im Verborgenen, das sich in diesen Stunden des Unglückes nicht zu zeigen wagte.

Bismarck schien erstarrt zu sein. Er hatte erwartet, daß der Sturz des republikanischen Kaiserreiches die alte Monarchie unter einem Bourbonen oder einem Könige aus dem Hause Orleans wieder einführen werde. Statt dessen stürzten die Demokraten auf den freigewordenen Thron und ergriffen das Scepter. Bismarck würde ihnen in seiner Bestürzung dasselbe gerne entwunden und dem Kaiser zurück=

gegeben haben, denn er fürchtete die Demokratie vor allem Andern am meisten.

„Es starrt ihm," sagt Herr Headley, „eine Republik ins Gesicht. Er weiß, nach der Wirkung der letzten französischen Republik auf Deutschland, daß eine neue, jetzt errichtete, das Bestehen seiner Regierung mehr bedrohen wird, als es Straßburg und Metz je thun können; daß eine Republik, welche bis an die Grenzen Deutschlands reicht, eine mehr zu befürchtende Drohung ist, als Hunderttausende französischer Soldaten, welche am Rheine stehen. Diese Thatsache kann zu seinem Benehmen und dazu, daß er auf der Eroberung von Paris besteht, den Schlüssel liefern. Er weiß, daß Paris nicht Frankreich ist; und obgleich die S t a d t für eine Republik stimmen mag, so hat doch das g a n z e L a n d kürzlich eine überwältigende Stimmenmehrheit für das Kaiserreich abgegeben.

„Wenn er daher einmal die Hauptstadt besetzt hätte, — so daß sie einerseits die Provinzen nicht einschüchtern könnte, und daß andererseits die Monarchisten freien Spielraum hätten, das Volk zu einer Wahl zu bearbeiten, — so würde ein ähnliches Resultat herauskommen und Frankreich ein Kaiserreich werden. Damit könnte er ein doppeltes Ziel erreichen, — Europa gegen den gefürchteten Einfluß einer großen in seiner Mitte entstandenen Republik zu stützen, und ferner eine Grenze zu erhalten, wie er sie wünscht. Ein solcher Plan würde dieses Fürsten unter den Diplomaten würdig sein."

Kapitel 22.

Der Gefangene und die Verbannten.

Niemals wurde die Wahrheit des Sprichwortes von Einem, der bergunter geht, deutlicher bewiesen, als in dem Falle des Kaisers in diesen Stunden des Unglückes. Sogar seine begrabene Mutter Hortensia und die Kaiserin Eugenie hatten ihren Antheil an den unbarmherzigen Verläumdungen mitzutragen. Sie wurden dem Spotte der Welt als Weiber hingestellt, deren Berührung schon beflecke. Die Feinde des Kaiserreiches befürchteten, daß die Volksabstimmung den kaiserlichen Thron wieder herstellen könnte. Man griff daher zu all' den vergifteten Waffen der Verläumdung, um diesen Erfolg zu verhüten. Anklagen wurden erfunden, Dokumente und Briefe und Privatpapiere gefälscht, um zu beweisen, daß der Tuilerienpalast, wo während zwanzig Jahren die reinsten und bedeutendsten Damen und Herren in Amerika und England ein gastfreundliches Willkommen gefunden hatten, nichts anderes, als ein Haus der Schande gewesen sei, überschäumend von Laster, ärger als Sodom und Gomorrha. Muß es immer so sein, daß politischer Gegensatz jedes Gefühl von Ehre und Großmuth auslöscht?

Wahrscheinlich wurde niemals vorher in der Geschichte ein Mann so wüthend und gewissenlos angefallen, als der Kaiser der Franzosen in seinem Unglücke. Ein Korrespondent in der „Londoner Sonntags Times" vom 4. August erhob eine schwache Einwendung:

„Ich fühle mich gezwungen," schreibt er, „meine Stimme

in schwachem aber ernstem Protest gegen den giftigen, böswilligen und verächtlichen Ton, den nur zu viele unserer Zeitgenossen in ihren Anspielungen auf den gegenwärtigen Monarchen der großen französischen Nation angenommen haben, zu erheben.

„Selbst, wenn der Kaiser gar keinen Anspruch auf die Achtung und Höflichkeit der Engländer hätte, so würde doch etwas außerordentlich Abstoßendes und Unedles in dem Eifer liegen, mit welchem die erwähnten Schriftsteller den Augenblick seiner größten Erniedrigung ergriffen haben, um Schmähungen auf ihn zu häufen, welche bloß ein Ungeheuer, in welchem der Schuft und der Thor gleichmäßig vertreten gewesen wären, verdient haben könnten.

„Das Uebermaß des Unglückes sollte dem Haß und der Empfindlichkeit wenigstens einen Zügel anlegen, auch wenn dasselbe weder Mitleiden noch Mitgefühl erwecken sollte. Der Kaiser der Franzosen mag darin gefehlt haben, daß er sich von seinen Ministern ohne Grund in einen schrecklichen Krieg hat hinreißen lassen. Ich will mich hier nicht über gerechten Tadel und Kritik beklagen. Ich verwahre mich nur gegen heftige, gehässige, ungerechte und gemeine Verläumdung, gegen giftigen Hohn und rachsüchtige Unverschämtheit, gegen lügnerische Lästerung und prahlerische Impertinenz. Man kann nicht sagen, daß ich übertreibe."

Nachdem er mehrere dieser Angriffe aus der „Daily News," der „Pall Mall Gazette" und „der London Times" angeführt, welche seine Behauptung reichlich bestätigen, so fährt er fort:

„Nun, über wen wird all' dies geschrieben? Ueber einen Mann, der während der ganzen Periode seines Glanzes der selbstaufopfernde Freund und der getreue Verbündete dieses Landes war. Jahre lang, nachdem er die Oberleitung der Angelegenheiten Frankreichs übernommen hatte, wurde er täglich und wöchentlich von der englischen Presse mit verläumberischen und gehässigen Vorwürfen überhäuft, und doch hat er unter Herausforderungen, welche beinahe jeden Andern zum Wahnsinn gebracht haben würden, alle diese Angriffe mit bewundernswürdiger Geduld ertragen. Er hat sie niemals gerächt.

„In großen Unternehmungen hat er mit uns gewirkt, er hat eine Aufrichtigkeit, eine Höflichkeit, eine Rücksicht und ein Zartgefühl der Achtung bewiesen, welches von allen, die mit ihm in direkte Berührung kamen, dankbar anerkannt wurde. In guten und bösen Verhältnissen war er immer ein getreuer und aufrichtiger Freund Englands. Wir verdanken seiner Weisheit im Entwerfen des Handelsvertrages, eine große Ausdehnung unserer Handelsverbindungen.

„Man möge sagen, was man will, unter seinen Auspizien haben sich die materiellen Interessen Frankreichs wunderbar entwickelt. Die Wohlfahrt wurde von einigen der höheren Gestaltungen volksthümlichen Fortschrittes begleitet. Haben wir welche Ursache, einen Monarchen niederzuhetzen, der uns niemals etwas Uebles zufügte, und der die ehrendsten Ansprüche auf unsere Achtung und auf unsere Dankbarkeit hat?"

Den 18. Oktober hatte ein Engländer eine Unterredung mit dem Kaiser auf Wilhelmshöhe. In einer Mittheilung an den Londoner Telegraph, schreibt er:

„Napoleon III. saß vor einem Schreibtische, welcher mit Dokumenten, Büchern und Zeitungen beladen war. Das Zimmer, welches er als Studirzimmer benutzt, ist ein kleines viereckiges Zimmer, dem Kabinete, welches er in den Tuilerien inne hatte, nicht unähnlich. Der Kaiser sah in jeder Hinsicht so gut aus, wie damals, als ich ihn das letzte Mal im verflossenen Juli zu St. Cloud sah. Ich erinnerte ihn daran, daß er mir damals von dem Zwischenfall mit dem Prinzen von Hohenzollern sprach, den er als b e e n = d i g t betrachtet hatte.

„Ja," sagte der Kaiser mit einem Seufzer: „der Mensch

denkt und Gott lenkt. Ich wünschte keinen Krieg, aber das Schicksal wollte, daß es so sei. Die öffentliche Meinung war zu Gunsten desselben erregt und ich war gezwungen, dem Wunsche des Volkes nachzugeben."

„Der Kaiser stützt sich vertrauensvoll auf den Wahrspruch der Geschichte, welche ihn von allen Anklagen, die auf sein Haupt gehäuft werden, entlasten werde. Er erwähnte ohne Bitterkeit der zahllosen Verläumdungen, deren Gegenstand er in manchen Theilen Frankreichs ist. Er sprach in entmuthigter Weise über den gegenwärtigen Zustand Frankreichs — einer Beute eines Feindes von Außen und der Anarchie von Innen.

„Als ich mir die Frage erlaubte, ob nicht bald die Zeit kommen dürfte, in welcher er im Stande wäre, eine Bewegung von sich aus zur Wiedererlangung seines Glückes zu machen, sagte er augenblicklich, daß das einzige Ziel Frankreichs jetzt die Vertreibung des eingedrungenen Feindes sein müsse, und daß er niemals, weder durch Wort noch durch That dieser Aufgabe irgend ein Hinderniß in den Weg legen würde."*)

Am 9. November hatte ein Korrespondent des New York Herald die Ehre einer Zusammenkunft mit dem Kaiser auf dem Schlosse von Wilhelmshöhe. Er fand seine Majestät in seinen täglichen Ausflügen vollständig frei und sah, daß er mit der größten Achtung behandelt wurde. Nachdem er eine Anzahl stattlicher Säle und Zimmer durchschritten, wurde er dem Kaiser in einem so kleinen Kabinete vorgestellt, daß ein vor dem Feuer stehender Schreibtisch beinahe den ganzen Fußboden einnahm.

Im Verlaufe der Unterredung soll der Kaiser folgende Gedanken geäußert haben:

„Wir müssen alle zugeben, daß die Presse eine Macht ist.

---

*) London Telegraph, Oktober 1870.

In Frankreich hat sie viel Gutes gethan, aber auch vielen Schaden angerichtet. Als ich darein willigte, dieselbe gänzlich von der Zensur zu befreien, so bemächtigten sich Demagogen und gewissenlose Politiker derselben, welche offen den Ungehorsam gegen die Gesetze predigten; und diese waren nur zu erfolgreich in der Verwirrung der Gedanken des Volkes.

„Ich vermuthe, daß Amerikaner natürlicher Weise mit republikanischen Staatseinrichtungen sympathisiren möchten; aber alle Erfordernisse zu einer wahren republikanischen Regierungsform fehlen in Frankreich gänzlich. Diejenigen, welche mit kühner Hand die Zügel der Regierung ergriffen haben, haben ihre gänzliche Unfähigkeit, eine solche Regierung zu befestigen, schon gezeigt. Dasjenige, für was sie mich am meisten tadeln, sind sie selbst zu thun gezwungen, und noch dazu in einer noch gehässigeren Form.

„Die Zügelung der Presse z. B. war der beständige Gegenstand der heftigsten Angriffe gegen meine Regierung. Aber während ich von diesem Gesetze nur mäßigen Gebrauch machte, während Geld- und Freiheitsstrafen selten waren, und ihnen ein mildes System von Warnungen voranging, haben sie eine Anzahl von Zeitungen unterdrückt, weil sie mit ihren phantastischen Ideen von republikanischen Gesinnungen nicht übereinstimmten.

„Die amerikanische und die französische Republik sind so verschieden von einander, als weiß und schwarz. Euer Land unterwirft sich dem Gesetze. Die öffentliche Meinung und der Volksgeist beruhen auf allgemeiner Intelligenz und Sittlichkeit, und sie geben der Gesellschaft die Gesetze. In New York und Boston dürfen die Theater die Schauspiele aufführen, welche sie für passend halten. Setzen wir einmal voraus, daß sie dem Publikum unmoralische und unreine Schauspiele vorführen würden, so würde die Presse sie anklagen, Niemand würde hingehen um sie zu sehen. Sie würden durch den Wahrspruch des Volkes verdammt werden.

"Je größer dagegen in Frankreich die Abweichung von Anstand und Sittsamkeit ist, desto größer wird die Volksmenge sein, welche hinströmt, um sich daran zu ergötzen. Es ist keine leichte Aufgabe, einen solchen ausschweifenden und verdeckten Geist in einem Lande, welches unglücklicher Weise so häufig durch Revolutionen erschüttert wurde, wieder zu biegen. Es erfordert die größte Energie, um etwas aufzubauen, — irgend eine Form der Staatsregierung.

"Ich weiß, daß das amerikanische Volk eine offenherzige, großmüthige Nation ist, und ich kann daher nicht glauben, daß sie an die verläumderischen Anklagen, welche jetzt gegen mich vorgebracht werden, glauben. Haben sie in den gemeinen Berichten der „Independence Belge" und in andern Zeitungen gelesen, daß ich mir öffentliche Gelder angeeignet habe, und den Krieg heraufbeschwor, um solche ungesetzliche Handlungen zu verdecken? Ich wünsche nachdrücklich zu erklären, daß ein solcher Vertrauensbruch unter meiner Regierung in Frankreich gänzlich unmöglich ist. Es wird kein einziger Franken ausgegeben ohne die genaueste Kontrole von Seiten der Verwaltung. Diese Thatsache ist jedem verständigen Menschen in Frankreich wohlbekannt. Ich könnte es kaum unternehmen, alle diese elenden Verläumdungen zu widerlegen, obgleich ich einige wenige derselben in Abrede gestellt habe."

In Bezug auf den Krieg bemerkte der Kaiser: "Wir habenuns selbst in Betreff der Stärke unsrer eigenen sowohl, als der preußischen Armee getäuscht. Ich habe meine Minister oft gegen irrthümliche Berichte gewarnt. Es war wahrscheinlich nicht ein Fehler ihres Herzens, sondern ihres Verstandes, daß sie nicht auf mich hören wollten, wenn ich ihnen sagte, daß wir der preußischen Militairorganisation nicht gleichkommen könnten, daß unsere verwendbare Stärke ungenügend sei, im Vergleiche mit der ihrigen. Dies war die Täuschung, deren Strafe von uns allen mehr oder weniger getragen werden muß und welche zu den verhängnißvollsten Folgen geführt hat. Wir sollten jeden Augenblick zweihunderttausend Reserven dienstbereit haben. Als wir ihrer aber bedurften, stand nicht mehr als die Hälfte dieser Zahl zur Verfügung. So kamen die Preußen uns zuvor, wie ihr sagen würdet. Trotzalledem zwang die Tapferkeit unserer Truppen dieselben die doppelte Mannschaftsmenge anzuwenden, um leichte Siege zu erfechten.

„Frankreich bedarf des Friedens; aber die Bedingungen, welche Bismarck fordert, sind zu strenge. Welche Regierung in Frankreich könnte sie annehmen und sich zu gleicher Zeit gegen das beleidigte Volk behaupten? Frankreich kann eine solche Demüthigung nicht ertragen."

„Möchte Ihre Majestät," fragte der Korrespondent, „die Güte haben, zu erklären, warum die provisorische Regierung sich so hartnäckig weigert eine Abgeordnetenwahl für eine konstituirende Versammlung vorzunehmen."

„Nach meiner Meinung," antwortete der Kaiser, „ist der Grund, weil sie sich vor den Rothen fürchten."

„Könnten sie nicht," war die Gegenfrage, „ebensoviel Ursache haben zu denken, daß eine große Zahl von Bonapartisten erwählt werden könnte."

„Ich glaube es nicht," sagte der Kaiser, „die zwieträchtigen Elemente des Sozialismus, Kommunismus und der Anarchie haben durch das ganze Land Schrecken verbreitet und die Oberhand gewonnen, und es ist sehr schwierig gegen solche utopische und verführerische Tendenzen anzukämpfen."

In Bezug auf die Wiederherstellung des Kaiserreiches und die Zurückberufung des Kaisers durch eine Volksabstimmung, sagte Napoleon:

„Wenn ich die Ungewißheit, die am Wege zu einem solchen Ziele lauert und die großen wegzuräumenden Hindernisse betrachte, so fühle ich wirklich wenig Lust dazu. Ich möchte lieber unabhängig sein. Ja ich möchte lieber bleiben, was ich jetzt bin, ein Gefangener — und den französischen Boden niemals mehr betreten."

„Aber mit Berücksichtigung der Interessen Ihrer Majestät als Vater," wurde bemerkt, „müssen sie natürlicherweise wünschen, Ihren Thron Ihrem vielversprechenden Sohne zu hinterlassen um so die Dynastie zu erhalten."

„Nein," sagte der Kaiser, offenbar mit großer Bewegung, „ich könnte es nicht einmal für ihn wünschen. Ich liebe ihn zu sehr, um die Wechselfälle einer solchen furchtbaren Ungewißheit für ihn zu verlangen. Wenn diese nicht vermieden werden können, so würde er im Privatleben ohne die überwältigenden Verantwortlichkeiten, die mit einer solchen Stellung verbunden sind, noch dazu in Frankreich, welches eine Demüthigung niemals vergessen kann, viel glücklicher sein."

Einige Zeitungen haben Zweifel über die Wahrhaftigkeit der obigen Erzählung ausgedrückt; aber die ausgesprochenen Gefühle stehen offenbar in Uebereinstimmung mit jenem Berichte, welcher über den Gefangenen von Wilhelmshöhe gegeben worden ist. Die Zeugnisse in Bezug auf die Gefühle und das Betragen der Kaiserin Eugenie, von denen ausgehend, welche mit einer Unterredung begünstigt wurden, sind einstimmig dieselben. Sie hat in der Grafschaft Kent in England eine Zufluchtsstätte gefunden, zu Chislehorst, in einem kleinen, zerstreut liegenden Dorfe, ungefähr eine halbe Stunde von der Eisenbahnstation zu Charing Coast entfernt. Sie bewohnt mit ihrem Gefolge Candan House, ein dreistöckiges Wohnhaus von rothen und gelben Backsteinen, mit einem Parke und hübschen Spaziergängen. Eine Dame, welche unterm 18. Oktober von London an die „New York World" schreibt, giebt folgenden Bericht über eine Unterredung:

„Ich habe viel von der Schönheit und Anmuth der Kaiserin gehört; aber ich war nicht darauf vorbereitet, eine Dame von so ausgezeichneter Liebenswürdigkeit zu sehen.

„Während ich nicht glaube, die Worte, welche die Kaiserin entweder gegen mich oder gegen andere, so daß ich sie hörte, äußerte, wiederholen zu dürfen, so darf ich doch die Ueberzeugung, in der ich ihre Gegenwart verließ, mittheilen. Sie liebt Frankreich und ist um dessen Wohlfahrt besorgt, mehr um letztere, als um die Wiederherstellung des Kaiserreiches und um die Dauer der Napoleonischen Dynastie. Sie hat nichts mit den Intriguen, welche hier, oder in Jersey, zu Mons oder auf Wilhelmshöhe vor sich gehen, zu thun. Sie sieht ein, daß die Rettung Frankreichs von der Aufrechterhaltung der provisorischen Regierung, welche nun dort eingesetzt ist, abhängt, bis daß der Feind aus seinen Grenzen vertrieben ist; und darauf hofft sie, dafür arbeitet sie und betet sie täglich, wenn nicht stündlich. Sie ist häufiger auf ihren Knieen, als auf ihren Füßen, indem sie die Vermittlung der heiligen Jungfrau zu Gunsten des Landes anfleht, welches eben so reich an Glauben, wie traurig befleckt mit Unglauben ist. Sie glaubt, daß die große Mehrzahl des französischen Volkes noch immer auf ihren Gemahl, als auf ihren rechtmäßigen, von ihnen erst gewählten und dann in seiner Machtvollkommenheit durch ihre wiederholten Stimmen wieder bestätigten Gebieter blickt; daß sie ihn bitten werden, zu ihnen zurückzukehren, oder daß sie wenigstens die Wiederherstellung seiner Dynastie verlangen werden, hält sie für wahrscheinlich. Aber darum handelt es sich jetzt nicht. Die Frage ist nun: „Wie soll Frankreich von der Eroberung und Unterdrückung durch Deutschland gerettet werden"; und Derjenige, der an diesem Werke mithilft, ist ihr Freund, sei er nun Republikaner oder Imperialist.

„Wenn der Frieden wiederhergestellt und es dem Lande wieder einmal freisteht, seine Regierungsform zu wählen, so wird es dann an der Zeit sein zu entscheiden, ob es einen

Regenten erwählen oder zurückrufen will unter welchem es sich während zwanzig Jahren des Wohlstandes und Friedens erfreute, oder ob es eine Partei an der Gewalt belassen will, welche diesen Regenten zu einem Kriege zwang, für den er vollständig unvorbereitet war und den er gar nicht unternehmen wollte. Es war das liberale Frankreich, welches den Krieg unvermeidlich machte; das kaiserliche Frankreich verlangte Frieden und fürchtete den Krieg. Aber es gehört der Zukunft an, zu zeigen, ob Frankreich im Herzen noch kaiserlich, oder ob es republikanisch gesinnt ist. Das Kaiserreich wurde durch die Stimmen des Volkes eingesetzt und durch dessen Stimmen immer wieder von Neuem bestätigt. Das Volk hat keinen Wunsch für Ersetzung des Kaiserreiches durch eine Republik ausgesprochen: sollte es dieses thun, so wird man die Kaiserin gegen dieselbe nicht intriguirend finden."

General Dix zollte in seiner Abschiedsrede an die Amerikaner in Paris, als er sich von der Gesandtschaft an dem Tuilerienhof zurückzog, dem Charakter Eugeniens folgenden gerechten und schönen Tribut:

„Es ist für mich schwierig, von ihr, welche die Ehren des Kaisers theilt und die Genossin seiner Arbeiten ist, welche im Hospitale, am Altar oder auf dem Throne gleich musterhaft in der Ausübung ihrer verschiedenen Pflichten ist, seien sie nun ihrer Stellung angehörig, oder selbst übernommen, — es wird mir schwierig, sage ich, von ihr zu sprechen, ohne mich über die gewöhnliche Sprache des Lobes zu erheben. Ich stehe aber heute hier als ein Bürger der Vereinigten Staaten, ohne offizielle Verhältnisse, weder zu meiner Regierung noch zu irgend einer andern. Ich habe von der kaiserlichen Familie Abschied genommen und ich weiß keinen Grund, warum ich nicht frei aussprechen sollte, was ich ehrlich denke, besonders da ich weiß, daß ich nichts sagen kann, was nicht einen herzlichen Wiederhall in Euren Herzen finden wird.

„Wie in der Geschichte des rauhern Geschlechtes oft große leuchtende Erscheinungen sich von Zeit zu Zeit hoch über den Horizont erhoben haben um gleichzeitig die Eintönigkeit der allgemeinen Bewegung zu unterbrechen und zu erleuchten, so haben auch in den Jahrbüchern ihres Geschlechtes bisweilen glänzende Lichter gestrahlt, und ihren Glanz über den stattlichen Zug königlichen Pompes und königlicher Macht ergossen.

„Und ein solches ist sie, von der ich spreche. Wenn ich sie an dem, wie ich denke, großartigsten aller kaiserlichen Aufzüge, — an der Eröffnung der gesetzgebenden Kammer, theilnehmen sah, mitten unter den versammelten Behörden stehend, umgeben von den Vertretern des Talentes, des Genies, der Gelehrsamkeit, der Literatur und der Frömmigkeit, oder wenn ich sie sah, wie sie unter den glänzenden Szenen des Palastes sich mit der bloß ihr eigenthümlichen Anmuth und mit einer Einfachheit, die einen doppelten Reiz hat, wenn sie mit hohem Stande und Range verbunden ist, bewegte, so muß ich gestehen, daß ich mehr wie einmal mir selbst, und ich glaube, nicht immer ungehört, den schönen Vers des anmuthigen und höflichen Claudian, des letzten der römischen Dichter, zugeflüstert habe:

„Divino servita gressa claruit."
oder in unserer einfachen Sprache: „Der Pfad selbst, den sie betritt, erglänzt von ihrem unvergleichlichen Schritte."

Kapitel 23.

Der Krieg und seine Leiden.

Die Gefangennahme der Armee und des Kaisers in Sedan, war für Frankreich ein unersetzlicher Verlust. Es stand nun keine Streitkraft mehr im Felde, welche den Eindringenden widerstehen konnte; es bestand fernerhin keine Regierung mehr, welche Frankreich anerkennen wollte. Es war für benachbarte Herrscherhäuser, welche die Demokratie verachteten, nicht mehr länger möglich mit Frankreich in ein Bündniß zu treten, um ihn zu helfen, da eine solche Hülfe der Demokratie zu Gute kommen mußte, welche die Herrscherfamilien noch mehr fürchteten, als sogar die Ueberlegenheit Deutschlands in Europa. Das siegreiche Preußen war ebenfalls in Verlegenheit. Es hatte das republikanische Kaiserreich gestürzt, das die monarchischen Formen achtete, bloß um in Frankreich die ächte Demokratie eines Favre, Hugo und Rochefort einzuführen, welche ihren Stolz darin suchte, alle monarchischen Formen unter die Füße zu treten. So wurde Preußen eine neue Veranlassung gegeben, alle Friedensvorschläge zu verwerfen, mit Ausnahme derjenigen, welche die Monarchie in einer ihrer Formen in Frankreich wieder herstellen würden, oder welche das Volk so schwächen müßten, daß Europa von einer entehrten und machtlosen Demokratie nichts zu befürchten hätte.

Niemals berichtete die Geschichte der Welt von einem so plötzlichen und so schreckhaftem Verfalle eines großen Volkes. Frankreich schien ohne Hoffnung auf Erholung ruinirt.

Das katholische Frankreich konnte sich nicht mit Eifer ermannen, um die Schlachen einer ungläubigen Demokratie zu fechten. Die Priester konnten für eine solche Sache nicht beten; für eine solche Sache gaben sich die Bauern, welche die Ansichten der katholischen Geistlichkeit vertraten, nur ungerne her, um gegen den Feind zu ziehen.

Das kaiserliche Frankreich, welches fast die ganze Landbevölkerung und alle bürgerlichen, geistlichen und militairischen Beamten umfaßte, war in Folge des Sturzes der Regierung durch den städtischen Pöbel in der Stunde der schrecklichsten Noth, empört und in seiner ganzen Kraft gelähmt.*)

Die militairischen Führer weigerten sich, irgend eine andere Autorität, als diejenige des Kaiserreiches, anzuerkennen; aber der demokratische Pöbel von Paris hatte jede Spur des Kaiserreiches von Paris verwischt. Die Männer, welche auf solche Weise die Zügel der Regierung an sich gerissen hatten, hatten nur wenig Vertrauen zu den Generalen, die in offenem Gegensatz zu ihnen standen; sie klagten diese Generale der Lauheit, ja sogar des Verrathes an.

So war Frankreich von Wolken und Dunkelheit umhüllt. Nirgends war ein Lichtstrahl zu erblicken. Die Lage des Generals Bazaine war hoffnungslos. Die vereinigten Armeen des Prinzen Karl und des Kronprinzen umringten ihn. In der Zwischenzeit ging die Belagerung Straßburgs

---

*) Wäre es, wenn Napoleon sich auf das französische Volk berufen würde unmöglich, daß, da Frankreich in der Republik nur Unordnung erblickte, die Bauern, welche fast durchweg Bonapartisten sind, für die Wiederherstellung des Kaiserreiches stimmen würden. Alle unsere zuverlässigen Neuigkeiten aus dem Innern Frankreichs enthüllen die Thatsache, daß die Bauern keine Republikaner sind. Wir bedauern diese Thatsache, während wir gezwungen sind, sie einzugestehen. New York Herald vom 1. Oktober 1870.

Der Krieg und seine Leiden.

mit großer Energie vor sich, während starke preußische Armeen in allen Richtungen marschirten, Städte einnahmen, Kontribution erhoben und reichliche Vorräthe sammelten. Welche traurige Lage für das stolze Frankreich! Die Depeschen des Königs von Preußen beweisen sein Erstaunen, Angesichts der wunderbaren Erfolge, welche so plötzlich erreicht wurden.

Nach einem heldenmüthigen, zweimonatlichen Widerstande kapitulirte Straßburg am 28. September. Das fürchterliche Bombardement begann am 14. August. Die Belagerer hatten vierhundert schwere Geschütze und Mörser, aus denen sie einen beständigen Hagel von Kugeln und Bomben bei Tage und bei Nacht in die Stadt warfen. Es war der Zweck des Bombardements den Bürgern solchen Schaden zuzufügen, daß die Soldaten in der Zitadelle durch Gründe der Menschlichkeit zur Kapitulation bewogen würden.

Die Leiden in der Stadt waren über alle Beschreibung entsetzlich. Das Ausbrechen von Feuersbrünsten, das Platzen der Bomben, das Krachen der einstürzenden Mauern, das Wehgeschrei der Verwundeten, Hunger, Krankheit, Elend,— Alles vereinigte sich, um das unglückliche Straßburg zu einem höllischen Pandemonium zu machen. Nirgends fand sich Sicherheit. Kinder wurden in den Straßen zerschmettert und die blutigen Glieder über das Pflaster gestreut; Bomben schlugen durch die Dächer und platzten in den Kellern, wo Mütter und Töchter sich voll Schrecken zusammendrängten. Eine Bombe fiel in den dritten Stock eines Hauses, wo sie zwölf Personen augenblicklich tödtete und noch zwölf verwundete.

General Uhrich, dem die Vertheidigung anvertraut war, war gezwungen, sein Herz gegen dieses Wehegeschrei zu verhärten. Seine Vertheidigung war im höchsten Grade heldenmüthig. Vierhundert Bürger, — Männer, Frauen und Kinder — wurden getödtet, siebenzehnhundert wurden verwundet. Vierhundert Häuser verbrannten, wodurch achttausend Personen obdachlos wurden. Dreihundert Kinder starben vor Hunger. Die Stadt litt einen Schaden, der auf fünfzig Millionen Dollars geschätzt wurde.*)

Die provisorische Regierung nahm an, daß der Krieg eine verbrecherische Handlung der kaiserlichen Regierung gewesen sei, welche umgestürzt war, daher bat sie durch Thiers um Frieden. „Wir vernehmen," sagt die „Londoner Times," „daß Herr Thiers eine Entschädigung von fünfhundert Millionen Dollars, die Hälfte der französischen Flotte, die Abtragung der Festungen des Elsaßes und Lothringens und die Belassung der Rheinprovinzen, für welche Frankreich den Krieg angefangen hatte, in den Händen Preußens anbot."

Die Antwort, so weit sie aus den offiziellen Zeitungen Berlins zusammengefaßt werden kann, war, daß nicht länger mehr eine Regierung in Frankreich vorhanden sei, mit der Preußen einen Vertrag abschließen könne; daß die gegenwärtige Regierung in Paris bloß mit Erlaubniß der Gassendemokratie existire; daß die Sicherheit des neuen Kaiserreiches, welches Preußen in Deutschland errichte, es nothwendig mache, Frankreich so zu schwächen, daß Deutschland nie mehr Ursache haben könne, eine französische Rheinüberschreitung zu befürchten.

Dann fragte man: „Ist es nicht gleich wichtig, daß Frankreich gegen einen Einfall von deutscher Seite geschützt sei?" — Die nachdrückliche und nicht zu beantwortende Erwiderung war: „Der Besiegte hat sich dem Willen des Siegers zu unterziehen."

Die Vorwärtsbewegung der preußischen Armeen war ein im höchsten Grade erhabener Anblick. Während nahezu dreihunderttausend Mann den Marschall Bazaine in Metz angriffen, während dort der Donner des Krieges weder bei

---

*) Zeugniß des Dr. Schneegans, eines Mitgliedes des Gemeinderathes.

Tag noch bei Nacht schwieg, schlossen vierhunderttausend Veteranen mit raschen Bewegungen und in solcher Aufstellung, daß man ihnen keine widerstandsfähige Macht entgegenstellen konnte, ihren Kreis um die dem Verderben geweihte Stadt Paris und umgürtete sie mit schweren Batterien und starrenden Bajonetten, durch welche kein Entkommen möglich war.

Es schien, als ob die Truppen, welche Deutschland nach Frankreich ergoß, kein Ende hätten. Es waren genug da, um Metz zu belagern, um Paris zu belagern, und mehrere Dutzend kleinerer Festungen zu belagern. Es waren Männer genug vorhanden, um gewaltige Armeen nördlich nach Amiens und südlich nach Orleans und Tours zu senden. Jeder Tag verkündigte neue deutsche Siege. Jules Favre versuchte die Dynastie Bonapartes als allein für den Krieg verantwortlich darzustellen. Darauf antwortete Bismarck im „Norddeutschen Korrespondenten":

„Herr Jules Favre hat sich die Mühe genommen, diese Verdrehung der Geschichte und des gesunden Menschenverstandes in einem längeren Rundschreiben zu vertheidigen. Wir behaupten andererseits, und unsere Behauptungen werden durch alle Thatsachen des Falles bestätigt, daß die ungeheure Majorität des französischen Volkes durch alle Organe der öffentlichen Meinung, — in der Presse, im Senate, im gesetzgebenden Körper, in der Armee, ja sogar in den Straßenaufläufen von Paris Krieg verlangte. Sogar die kleine Minderheit, welche jetzt die Zügel des Staates in den Händen hat, ist so weit davon entfernt, auf ehrliche Weise Frieden zu suchen, daß sie alles thun, was in ihrer Macht steht, um den Frieden unmöglich zu machen."

Wir können uns den Zustand der Gefühle in Frankreich über diesen Gegenstand ungefähr klar machen, wenn wir uns einbilden, Mexiko sei ein reiches, mächtiges, militairisches Kaiserreich, mit einer Bevölkerung von vierzig Millionen, von der jeder waffenfähige Mann ein kriegsgeübter Soldat ist. Wenn der Mississippi die einzige natürliche Grenze zwischen Mexiko und den Vereinigten Staaten wäre, so würde es in der That erniedrigend sein, Mexiko zu gestatten, das Land an beiden Ufern des Stromes, vom Golfe bis an den Ohio in Besitz zu nehmen.

Das deutsche Kaiserreich, welches nun in so riesigen Verhältnissen anwuchs, ist in direktem und tiefem Widerspruche mit den politischen Grundsätzen, welche durch ganz Frankreich vorherrschen. Es ist eine absolute Regierung, die auf das göttliche Recht der Könige und auf die ausschließlichen Vorrechte des Adels gegründet ist. Das französische, jetzt zusammenstürzende Kaiserreich, war auf die Lehre des göttlichen Rechtes des Volkes, auf allgemeines Stimmrecht, und auf Gleichberechtigung aller Menschen gegründet.

Es mußte nothwendiger Weise ein Gegensatz zwischen einander so direkt entgegenstehenden Regierungsformen herrschen. Es konnte kein möglicher Friede zwischen ihnen bestehen, außer bei klar bestimmten Grenzen, welche keiner leicht überschreiten konnte. Diese suchte Frankreich herzustellen; oder dadurch, daß das eine Kaiserreich das andere entwaffnete und schwächte, daß es ohnmächtig wurde — dieses letztere sucht Preußen zu thun.

Es würde Bände erfordern, alle die Szenen des Schreckens zu beschreiben, welche nun beinahe stündlich vorkamen. Die Preußen entwickelten in diesem höchst wundervollen Feldzuge eine militairische Geschicklichkeit, welche gewißlich niemals übertroffen wurde und ich weiß nicht, ob ihr jemals etwas gleichkam. Paris war in einem Umkreise von vierzig Meilen Durchmesser von einer Armee, welche dreimalhunderttausend Mann zählte, eingeschlossen. Jeder Ausweg zur Flucht war abgeschnitten. Die stärksten Verschanzungen wurden überall da aufgeworfen, wo ein Ausfall sich hinrichten konnte. Diese Verschanzungen waren von dreißigtausend Mann besetzt. Wenn ein Ausfall stattfand, so brachte die telegraphische Verbindung augenblicklich dreißigtausend Mann von beiden Seiten, um die Ausfallenden von der Seite anzugreifen. So waren neunzigtausend Mann hinter den stärksten Erdwerken von der Welt bereit jeden Versuch, ihre Linien zu durchbrechen, zurückzuschlagen.

Dreihunderttausend Mann umringten Metz und dessen Schicksal war besiegelt. Der Hagel eines unaufhörlichen Bombardements fiel auf Montmedi, Toul und Thionville, auf Bitsch und Pfalzburg. Bazailles lag in Asche, und seine dreitausend Einwohner wanderten obdachslos, nahrungslos, nackt durch die Straßen und suchten Hülfe bei denen, welche beinahe ebenso elend waren, wie sie selbst.

Siebenzigtausend Mann preußische Kavallerie durchstreiften das Land in allen Richtungen, und sammelten reiche Vorräthe für die eindringende Armee von nahezu einer Million Menschen. Fast jeder Tag verkündete die Zerstörung einer Festung oder die Einnahme einer Stadt durch die unwiderstehlichen Preußen. Frankreich blutend, beraubt, gedemüthigt, fast hülflos, war ohne eine anerkannte Regierung, ohne allen Geist herzhaften Zusammenwirkens in seinem uneinigen Volke. So wie die Preußen vorrückten, fanden sie ein fast gänzlich verlassenes Land vor sich. Die erschreckten Bauern flohen in die Wälder.

Herr Malet, ein Sekretär der englischen Gesandtschaft, giebt den folgenden Bericht über eine Unterredung, welche er mit Bismarck hielt. Der preußische Minister sagte in Bezug auf einen Frieden mit Frankreich:

„Wir brauchen kein Geld, wir sind reich. Wir brauchen keine Schiffe, Deutschland ist keine Seemacht. Aber wissen sehr gut, daß wir hinter uns in Frankreich eine Erbschaft des Hasses zurücklassen, der nicht aussterben wird; und daß, möge nun auch geschehen was da wolle, Frankreich sich sogleich wieder rüsten wird. Worauf wir jetzt bestehen, das ist Metz und Straßburg. Wir werden diese als Bollwerke gegen einen französischen Einfall behalten und sie noch stärker machen, als sie vorher waren."

Metz und Straßburg, welche Bismarck so verlangte, waren die Hauptfestungen des Elsaßes und Lothringens. Diese Provinzen umfaßten die sechs nördlichen Departemente Frankreichs, breiteten sich über 12,430 Quadratmeilen aus und enthielten eine Bevölkerung von etwa drei Millionen Einwohnern, deren Gesinnungen Frankreich höchst zugeneigt waren.

In dieser Unterredung mit Herrn Malet sagte Graf Bismarck ferner: „Was der König und ich am meisten befürchten ist der Einfluß einer Republik in Frankreich auf Deutschland. Niemand weiß so gut, wie wir, welchen Einfluß der amerikanische Republikanismus auf Deutschland ausgeübt hat.

Herr Jules Favre besuchte Bismarck, im Auftrage der Regierung der Nationalvertheidigung in Paris, als Minister der auswärtigen Angelegenheiten, im preußischen Hauptquartier zu Ferrieres. Er giebt einen genauen Bericht über die Unterredung im „Moniteur" vom 28. September. Er sagt:

„Der Graf behauptete, daß die Sicherheit Deutschlands von ihm gebieterisch verlange, daß er das demselben zum Schutze dienende Gebiet festhalte. Er wiederholte mehrmals: Straßburg ist der Schlüssel zum Hause, ich muß ihn haben. Er sagte, die zwei Departemente des Niederrheins und des Oberrheins, einen Theil des Moseldepartements, mit Metz, Chateau, Chalons und Senones sind mir unentbehrlich. Ich weiß wohl, fügte er bei, daß die Einwohner nicht für uns sind. Das wird uns ein unangenehmes Geschäft auf den Hals laden, allein wir können nicht helfen. Ich bin sicher, daß wir in kurzer Zeit einen neuen

Krieg mit Euch haben werden; ich wünsche ihn dann mit allen Vortheilen auf unserer Seite zu führen."

„Es ist klar," schreibt Jules Favre, „daß Preußen im Siegestaumel die Zerstörung Frankreichs wünscht. Es verlangt drei unserer Departemente, zwei befestigte Städte, — die eine von hunderttausend; die andere von fünfundsiebenzigtausend Einwohnern — und noch acht oder zehn andere, ebenfalls befestigte. Es weiß, daß die Bevölkerung, welche es von uns loszureißen versucht, Deutschland haßten; aber es erfaßt sie nichts desto weniger, und antwortet mit der Schärfe des Schwertes auf ihre Verwahrungen gegen solch eine Schädigung ihrer bürgerlichen Freiheit und ihrer sittlichen Würde. Der Nation, welche die Gelegenheit wünscht, sich eine Regierungsform zu geben, bietet es die Garantie seiner auf Mont Valerien aufgepflanzten Kanonen an. Möge die Nation, welche dies hört, entweder sich auf einmal erheben, oder uns sogleich mißbilligen, wenn wir ihr Widerstand bis zum bittern Ende rathen."

Am 16. Oktober fiel Soissons nach einem heftigen Bombardement in die Hände der Preußen; mit der Stadt eine große Menge von Kriegsvorräthen. Man kann sich von dem Schrecken eines solchen Bombardements aus der Thatsache eine Vorstellung machen, daß bei dem Bombardement von Straßburg, welches einunddreißig Tage dauerte, 441 Geschütze gebraucht wurden, welche 193,722 Geschosse in die Stadt warfen, durchschnittlich 6249 täglich oder zwischen 4 und 5 jede Minute. Einige dieser ungeheuren Zerstörungsgeschosse wogen 180 Pfund.

Tag für Tag brachte neues Unglück. Obgleich die zersprengten Truppen der Franzosen und die neuen Rekruten, welche hie und da zu den Waffen eilten mit dem Muthe der Verzweiflung fochten und einige Siege errangen, so drang der gewaltige Heereszug der Preußen unwiderstehlich vorwärts. Paris wurde von Stunde zu Stunde hoffnungsloser in den ehernen Gürtel gebunden, der es umgab. Unter dem Kaiserreiche war Paris die schönste Stadt der Welt geworden. Gelehrte, Künstler, Vergnügungssüchtige strömten von allen Nationen dahin. Selbst die bittersten Feinde des Kaiserreiches läugneten dessen schnelles Anwachsen an Reichthum, Schönheit und allen künstlerischen Reizen nicht.

„Das Leben der schönen Stadt," sagt die „New York Tribune" vom 29. November 1870, „war während achtzehn Jahren eines der merkwürdigsten Beispiele, das man je von einen ununterbrochenen Strome materiellen Erfolges gesehen hat. Sie hat sich bedeutend an Größe, Reichthum, Bevölkerung erweitert, und in jedem Theile des Luxus und der Kunst, war eine Verbesserung bemerkbar, die in neuerer Zeit ohne Gleichen ist.

König Wilhelm und sein Sohn der Kronprinz waren in den Tuilerien hochgeehrte Gäste gewesen und hatten die Schönheiten der Stadt, welche in Europa keine Nebenbuhlerin hat, bewundert. Man behauptet, daß sie vor dem Vandalismus zurückbebten, ihre Bomben auf die Paläste, die Kirchen, die volksbewegten Straßen, die Wohnungen der Eleganz und die Kunstgallerien zu werfen, an denen die Stadt so reich war. Sie befürchteten, daß die Sympathien der Welt auf der Seite von Paris sein würden, wenn es so der Zerstörung geweiht wurde.

Der Krieg war nun von Seiten Preußens bloß eine Anstrengung geworden, Elsaß und Lothringen Frankreich zu entreißen, so daß Letzteres dadurch geschwächt, Ersteres gestärkt würde. Der offen gestandene Zweck war Gebietsvergrößerung. Sollte die Christenheit Preußen in der Zerstörung von Paris und in dem Hinschlachten Tausender seiner wehrlosen Bürger zu einem solchen Zwecke unterstützen? Man versichert im Vertrauen, daß Bismarck auf das Bombardement drang, daß aber der König zauderte.

Man sollte ebenfalls erwähnen, daß Paris von einem

Festungsgürtel umgeben ist, in dem ein Fort das andere unterstützt, und in einer solchen Entfernung von den Mauern, daß die Preußen ihre Belagerungskanonen nicht aufpflanzen konnten um ihre Bomben in die Stadt zu werfen, und daß diese Thatsachen und nicht Erwägungen der Menschlichkeit die Verschiebung des Bombardements veranlaßte.

Aber was auch die Ursache gewesen sein mag, die langweiligen Wochen verstrichen, es fanden unaufhörliche blutige Schlachten um die Mauern herum statt, während zwei Millionen Menschen von allem Verkehr mit der Außenwelt abgeschnitten, den unwiderstehlichen Angriffen des Hungers ausgesetzt waren — eines Feindes der mehr zu fürchten ist, als Feuer oder Schwert.

Ein Theil der provisorischen Regierung war in Paris; ein Theil war in einem Ballon nach Tours entkommen. Eine französische Armee sammelte sich in der Nähe von Tours zum Schutze des Theiles des Ministeriums, der sich dort versammelt hatte. Eine große preußische Armee war auf dem Marsche, um diese Minister gefangen zu nehmen oder zu zersprengen. Der König von Preußen und sein Gefolge nahmen von den prachtvollen Sälen von Versailles Besitz, wo sie „täglich im Ueberflusse lebten". Jules Favre war in Paris und handelte als Präsident von Frankreich. General Trochu war Militairgouverneur der Stadt, war aber noch vom Kaiser bestellt worden. Diese Verwicklungen würden äußerst komisch gewesen sein, wenn nicht die Umstände so außerordentlich ernst gewesen wären.

Den 27. Oktober sandte König Wilhelm das staunenerregende Telegramm nach Berlin: „Diesen Morgen haben Metz und General Bazaine kapitulirt. Hundertundfünfzigtausend Gefangene, mit Einschluß von zwanzigtausend Kranken und Verwundeten legten diesen Nachmittag ihre Waffen nieder. Eines der wichtigsten Ereignisse des Krieges. Der Vorsehung sei Dank!"

Die tapfern Soldaten hatten während siebenundsechszig Tagen gegen überwältigende Zahlen gekämpft. Sie hatten ihre Munition verbraucht und ihre Pferde aufgezehrt. Ihre Hospitäler waren von Kranken und Verwundeten erfüllt, und der Hungertod starrte ihnen in's Angesicht. Die Armee fiel nicht ungerächt. Fünfundvierzigtausend Mann der Armee des Prinzen Karl waren während der Belagerung an Krankheiten oder Wunden zu Grunde gegangen und hatten Trauer in fünfundvierzigtausend deutschen Heimstätten jenseits des Rheines verbreitet. Die Uebergabe dieser Armee mit ihren Veteranen und Generälen, und die Uebergabe dieser höchst wichtigen Festung mit ihren großen Vorräthen an schwerem Geschütz und kleinem Gewehr war ein offenbar unwiderbringlicher Verlust.

Marschall Bazaine war kaiserlich gesinnt. Er hatte vor den demokratischen Komiten, welche in verschiedenen Theilen von Frankreich aufgetaucht waren, keine Achtung. In Folge davon klagten ihn dieselben als einen Verräther an und verlangten seinen Kopf. Aber spätere Enthüllungen bewiesen, daß er zur Rettung des von Sorgen getroffenen Frankreichs alles gethan hatte, was in seiner Macht stand.

Die Kapitulation von Metz befreite eine Armee von dreimalhunderttausend Preußen, so daß sie an der Belagerung von Paris mitwirken oder auch den Streitkräften, welche gegen die Loire rückten, sich anschließen konnten. Am Morgen des 30. Oktobers erließ das Regierungskomite in Tours eine Proklamation, in welcher es behauptete:

„Metz hat kapitulirt. Ein General, auf den Frankreich vertraute, hat soeben dem Lande in seiner Gefahr mehr als hunderttausend seiner Vertheidiger entzogen. Marschall Bazaine hat uns verrathen. Er hat sich selbst zum Werkzeuge des Mannes von Sedan gemacht und zum Mitschuldigen des Feindes. Ohne Rücksicht auf die Ehre der Armee, die er befehligte, hat er, ohne auch nur eine letzte

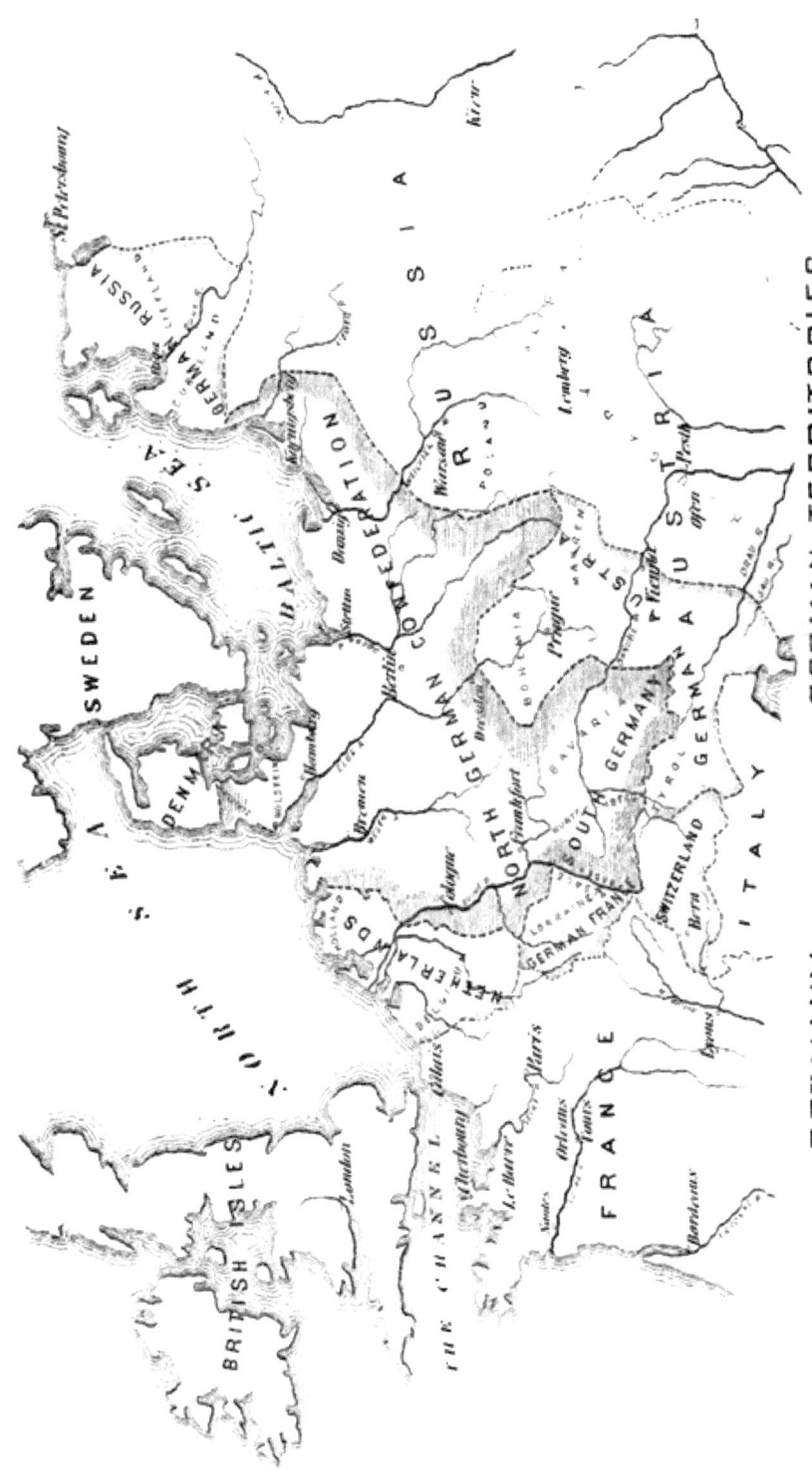

GERMANY AND FORMER GERMAN TERRITORIES

Anstrengung zu machen, hundertundzwanzigtausend kampf=
fähige Männer, zwanzigtausend Verwundete, Gewehre, Ka=
nonen, Fahnen und die stärkste Festung Frankreichs über=
geben. Solch' ein Verbrechen ist sogar über der Strafe
menschlicher Gerechtigkeit erhaben.

„Bedenkt unterdeß, Franzosen, in welchen Abgrund Euch
das Kaiserreich gestürzt hat. Während zwanzig Jahren
hatte sich Frankreich seiner zersetzenden Macht unterworfen,
welche in ihm die Quellen der Größe und des Lebens ver=
stopft hat. Die Armee Frankreichs, welche ihren nationalen
Charakter verloren hatte, wurde, ohne es zu wissen, ein
Werkzeug der Tyrannei und der Sklaverei, sie wird trotz des
Heldenmuthes der Soldaten, durch den Verrath ihrer Führer
verschlungen. Es ist Zeit für uns, uns wiederum unter
dem Schilde der Republik sicher zu stellen."

Diese Adresse war von Cremieux, Glais=Bisoin und
Gambetta unterzeichnet, — von Männern, welche als poli=
tische Abenteurer angesehen werden und auf die Frankreich
kein Vertrauen setzte. Nichts kann deutlicher zeigen, wie
wenig solche Männer dazu geeignet waren, zu regieren, als
dieser vollständige Mangel an Kenntniß der menschlichen
Natur, welche diese Proklamation kund gab. Frankreich
bedurfte in dieser Stunde der Noth der Vereinigung aller
Parteien durch den Geist gegenseitiger Versöhnung.

Während zwanzig Jahren hatte das Kaiserreich Frankreich
regiert, hatte es mit Wohlfahrt gekrönt und zur leitenden
Macht Europas gemacht. Immer und immer wieder war
dasselbe durch die Stimmen der überwältigenden Mehrheit
des Volkes aufrecht erhalten worden. Die Landbevölkerung
war fast wie ein Mann kaiserlich gesinnt. Die Armee,
welche aus jungen Männern, den Hütten und Werkstätten
entnommen, bestand, hatte das Kaiserreich mit Eifer unter=
stützt. Die Generäle, welche diese Armee anführten, hatten
ohne Ausnahme dem Kaiserreiche den Eid der Treue gelei=

stet. Ohne die Unterstützung dieser Generäle, dieser Armeen und dieser Volksmassen war Frankreich machtlos; und doch versuchten diese Komitemänner, welche sich anmaßten, die Regierung Frankreichs zu sein, welche ihre Gewalt einfach durch die Kraft des Pariser Pöbels erhalten hatten, Frankreich unter ihrer Regierung zu einigen, dadurch, daß sie den Kaiser in der verächtlichsten Sprache anklagten, daß sie die Führer der Armee als Verräther, die Soldaten als Betrogene hinstellten, — welche, ohne es zu wissen, die Werkzeuge der Tyrannei und der Sklaverei gewesen wären, — und die Volksmassen der unbegreiflichen Thorheit schuldig erklärten, sich während zwanzig Jahren einer verderblichen Macht unterworfen zu haben, welche die Quellen des Lebens in Frankreich zerstört hätte.

Unter diesen Umständen, da die Städte unter der Kontrole der demokratischen Partei standen und die kaiserlich Gesinnten mit Verachtung überhäuften, da ferner die ländlichen Distrikte, alle Oberbeamten der Kirche, der Armee und des Staates dem Kaiserreiche getreulich verbunden waren, so schien keine Hoffnung für ein begeistertes Zusammenwirken von ganz Frankreich, welches zur Vertreibung der Eindringlinge unbedingt nothwendig war, vorhanden zu sein.

Doch fochten die Generäle und die Armeen mit dem Muthe der Verzweiflung und errangen einige kleinere Siege. Neue Rekruten kamen zwar langsam, doch sie kamen. Während des Monates November wüthete eine fast ununterbrochene Schlacht über weite Gebiete der nördlichen und zentralen Departemente von Frankreich. Der Kaiser war ein Gefangener; das Kaiserreich gestürzt. Es gab keine Regierung in Frankreich. Preußen führte dagegen seine unbesiegbaren Schaaren mit aller Kraft einer despotischen Macht. Die zuschauende Welt konnte für Frankreich keine Hoffnung entdecken. Sein Schicksal der äußersten Niederlage und

Demüthigung schien unvermeidlich zu sein. Könnte Frankreich unter irgend einer Regierung, sei sie nun kaiserlich, königlich oder republikanisch, — sich mit Begeisterung in Masse vereinigt erheben, so würde es noch möglich sein, daß es, mit den sieben Millionen waffenfähiger Männer, welche es in's Feld stellen könnte, mit der unbestrittenen Herrschaft über der See, welche es ihm möglich macht irgend eine Menge Waffen und Kriegsbedarf zu erlangen, die Eingedrungenen blutend und athemlos von seinem Grunde triebe. Aber jetzt schien keine Möglichkeit zu diesem Zusammenwirken vorhanden zu sein.

Wenn die Streitfrage zwischen Frankreich und Deutschland einem unparteiischen Schiedsrichter vorgelegt würde, so würde dessen Entscheidung ohne Zweifel so lauten: „Man lasse die vierzig Millionen Deutsche sich unter irgend einer Regierungsform, die sie selbst erwählen, einigen, mit dem Rheine als Südgrenze. Man lasse dann ebenfalls die vierzig Millionen Franzosen sich unter irgend einer Regierungsform, welche ihnen genehm ist, einigen mit dem Rheine als Nordgrenze."

Dies würde die Frage auf eine vernünftige Weise, nach der Grenze, welche die Natur gezogen hat, beilegen. Dies würde keiner Partei einen Vortheil über die andere geben. Mit einer solchen Grenze könnte das absolute deutsche Kaiserreich und das republikanische französische Kaiserreich, oder das republikanische Deutschland und das republikanische Frankreich in brüderlicher Freundschaft neben einander leben.

Aber es scheint nun (Anfangs Dezember 1870), daß die Frage nicht durch Vernunft beigelegt werden soll, sondern durch Eisen und Blut. Der Besiegte muß sich dem Gebote des Siegers unterwerfen. Die vorbeirollenden Jahrhunderte haben uns jedoch eine Lehre gegeben, — **daß nämlich nichts in dieser Welt beigelegt ist, als es recht beigelegt ist.** Die schmählichen Verträge von 1815 pflanzten die Saatkörner zu den Kriegen, welche die Felder von Italien und Oestreich mit Blut gedüngt haben und zu dem Kriege, welcher nun Deutschland und Frankreich mit dem Wehegeschrei und den Thränen der Wittwen und Waisen füllt.

Wir wissen nicht, was Gott für Frankreich in Reserve hat. Nationen bedürfen und erhalten ebenso gut göttliche Züchtigungen, wie einzelne Individuen. Angesichts der Leiden, welche diese kriegswunde Welt immer noch verheeren, möchte man in Angst ausrufen: „Ach Herr, wie so lange?" Das entsetzliche Blutbad, das jetzt die Felder Frankreichs mit französischem und deutschem Blute düngt, muß bald zu Ende kommen. Dann wird der Friedensvertrag, der angenommen wird, entscheiden, ob dauernder Friede und Brüderlichkeit, oder ob es ein bloßer Waffenstillstand sei, der nach wenigen Jahren einem neuen blutigen Kriege, welcher von Neuem zwei Nationen und vielleicht ganz Europa in Trauer hüllen wird, Raum giebt. Ein jeder Freund der Menschheit wird beten, daß Gott den Ausgang so leiten möge, daß ein dauernder Friede über unsre traurige, traurige Welt kommen möge.

Kapitel 24.

Das deutsche Kaiserreich.

Alle Plane des Grafen Bismarck schienen auf beinahe wunderbare Weise erfolgreich zu sein. Der Gedanke eines großen deutschen Reiches im Herzen Europas, welches an Größe und Macht dem Ruhm Karls des Großen gleichkommen sollte, begeisterte offenbar ganz Deutschland in solchem Maße, daß jedes republikanische Gemurre zum Schweigen gebracht wurde, und daß es alle Befürchtungen von Despotismus vergessen ließ, und alle Anstrebungen für Volksrechte aus der öffentlichen Meinung verwischte. Ein Staat Süddeutschlands nach dem andern schwor Preußen den Eid der Treue, und erklärte seine Bereitwilligkeit, den König Wilhelm als Kaiser des vereinigten Deutschlands, — Kaiser von Gottes Gnaden, um Herrscher, nicht Diener des Volkes zu sein, anzuerkennen.

Bismarck wußte es ganz wohl, und sprach auch seine Meinung frank und frei aus, daß Frankreich nie auf andere Weise, als gezwungen darein willigen würde, sich der Gnade Deutschlands zu überlassen, welches im Besitze beider Rheinufer jeder Zeit seine Heere ohne Widerstand in das Herz Frankreichs ergießen konnte.

Es war gewiß, daß, wenn auf diese Bedingungen hin Friede gemacht würde, Frankreich, sobald es sich von der Erschöpfung und den Verwüstungen des Krieges erholt, seine Kräfte aufs Neue sammeln würde, um diese Provinzen, welche es zu seiner unabhängigen Existenz jetzt gerade, da Deutschland eine Macht geworden war, vor der ganz Europa zitterte, für nothwendig erachtete, wieder zu gewinnen. Das war der Grund, warum Bismarck es zur Erreichung des Erfolges seiner Pläne höchst wichtig erachtete, daß Preußen nicht nur diese Provinzen, auf der Südseite des Rheines, an welchem es schon so manche uneinnehmbare Festungen erbaut hatte, behalte; sondern, daß es Frankreich die ganze übrige Linie von seiner Grenzfestung Lauterburg an, — einhundert Meilen südwärts bis nach Basel in der Schweiz, entreiße.

Diese Erwerbung, welche Preußen die herrlichen Provinzen von Elsaß und Lothringen mit der alten Festung Straßburg verleihen würde, würde Frankreich zu einer Macht zweiten Ranges erniedrigen. Nichts konnte dasselbe zu diesem Opfer bringen, als die tiefstmögliche Demüthigung. Die Thatsache, daß Preußen für diesen Krieg reichlich vorbereitet war, daß seine Armeen alle geordnet, seine Munitionswagen alle gefüllt, seine Transportwagen alle bereit waren, zeigt deutlich, daß die Erreichung dieses Zweckes, das hervorragende Ziel war, welches Preußen beim Beginne des Krieges im Auge hatte, und zugeben muß man, daß seine Politik schlau genug war. Es war ein höchst wichtiger Schritt in dem Plane zur Wiederbelebung des Reiches Karls des Großen auf der alten feudalen Grundlage des göttlichen Rechtes der Könige. Auf alle Bitten des gedemüthigten Frankreichs um Frieden, war die unabänderliche Antwort: „Uebergebt Elsaß und Lothringen."

So fürchterlich auch der Verlust gewesen war, den Preußen in seiner fast ununterbrochenen Siegesreihe erlitten hatte, so wurden doch seine Reihen durch einen fortwährenden Nachschub von Rekruten aus den deutschen Staaten vollzählig gehalten. Der Verlust an Menschenleben schien bei der Verfolgung dieser Pläne von Gebietsvergrößerung gar nicht beachtet zu werden.

Zu keiner Zeit vom Beginne des Einfalles an, waren weniger als eine halbe Million geübter deutscher Soldaten in Frankreich. In wenigen Wochen nahmen sie dreihundertfünfzigtausend reguläre französische Soldaten gefangen. Man sagt, daß ungefähr vierhunderttausend Soldaten aller Waffen, darunter sehr viele Bürgersoldaten, in Paris eingeschlossen wären. Sie bemannten die Forts, unterhielten ein unaufhörliches Feuer auf die preußischen Linien und machten mehrere verzweifelte Ausfälle. Obgleich bisweilen theilweise siegreich, schlugen ihre Unternehmungen am Ende immer fehl. Es konnte nicht ein einziger Wagen in die Stadt; kein Mensch konnte sie verlassen, außer, wenn er seinen Weg in einem Ballon durch die Wolken nahm.

Man machte verschiedene, mehr oder weniger erfolgreiche Versuche, in verschiedenen Theilen Frankreichs, außer dem Bereiche der preußischen Kanonen, neue Armeen zu bilden. Aber die trefflich geschulten Deutschen durchfegten das Land in allen Richtungen und fast jeder Tag brachte sein Verzeichniß von neuen Siegen und Eroberungen derselben. Ueberall wo irgend eine beträchtliche französische Streitmacht sich zeigte, sei es im Norden bei Amiens, oder im Süden an der Loire, konnte sie sicher sein, aufs baldigste von einer überlegenen preußischen Macht angegriffen zu werden, und so tapfer sie auch fochten, so dicht sie auch den Boden mit den Leichen der Angreifer bedeckten, schließlich wurden sie doch immer in die Flucht geschlagen.

Frühzeitig im Dezember wurde von Paris aus ein Ausfall mit hunderttausend Mann versucht. Die Schlacht war so heftig, als menschliche Energie sie machen konnte. Das Gemetzel auf beiden Seiten war entsetzlich. Beide Parteien machten siegreiche Angriffe, beide Parteien erlitten verderbliche Niederlagen. Tausende von Herzen in den Hütten von Frankreich und Deutschland wurden von Sorgen und Kummer zerrissen, als die Nachricht von Lieben, die niemehr zurückkehren werden, sie erreichte. Immer noch schlang Preußen seine Ketten dichter um die dem Verderben geweihte Stadt und rief aus: „Gebt uns Elsaß und Lothringen;" und immer noch antwortete das verzweifelte Frankreich: „Wir wollen uns lieber unter den Ruinen von Paris begraben, bevor wir uns einer ferneren Zerstückelung des Reiches unterwerfen!" Die Strömung der öffentlichen Meinung in England und Amerika wandte sich nun rasch zu Gunsten der Franzosen, welche so heldenmüthig für die Einheit ihres Königreiches fochten. Alles, was Frankreich jetzt noch hoffte, waren solche Friedensbedingungen, welche nicht jeden Franzosen zwingen würden, seinen Kopf vor Scham hängen zu lassen. Ein Korrespondent im „New York Herald" vom 3. Dezember gab ohne Zweifel der rasch zunehmenden öffentlichen Meinung Ausdruck, wenn er sagte:

„Und hier werden wir veranlaßt auf das gegenwärtige Ziel und den Geist des Krieges von Seiten Preußens zu achten. Beides, das Ziel und der Charakter dieses furchtbaren Kampfes haben sich geändert. Aus einem Vertheidigungskriege gegen die Bonaparten ist er zu einem ehrgeizigen und unnachsichtigen geworden. Das Ziel des Königs von Preußen ist nun die französische Republik zu unterdrücken und zu zerstückeln. Er sagt, (oder vielmehr Graf Bismarck sagt für ihn) daß er nicht aus Feindschaft gegen die republikanische Staatsform fortgesetzt werde. Beide behaupten, daß sie nicht die Republik Frankreichs bekriegen, daß sie vergleichungsweise gleichgültig dagegen wären, welche Regierungsform das französische Volk wählen möge, und daß sie nicht wünschten, sich in eine solche Wahl einzumischen, oder dem Volke eine Regierung aufzudrängen. Diese Erklärung stimmt weder mit ihren Handlungen noch mit ihren Gesinnungen und ihrer Politik überein. Es ist unverständig zu glauben, daß ein stolzer Monarch, ein Absolutist der „von Gottes Gnaden" Schule, wie König Wilhelm, gleichgültig gegen die Errichtung einer republikanischen Regierung in Frankreich sein würde, oder daß er nicht versuchen würde, sie zu verhüten. Es ist eben so unwahrscheinlich, daß sein aristokratischer Minister oder die stolze preußische Aristokatie und die hunderte kleiner deutschen Fürsten gleichgültig seien. Nein, sie befürchten zu viele Gefahren für ihre eigenen Privilegien von einer großen Republik im Herzen Europas, welche ein solches Gebiet und eine solche Bevölkerung umfaßt. Sie wissen aus Erfahrung und in Folge der Lehren der Geschichte, welch' außerordentlichen Einfluß eine französische Republik auf die Erweckung und Verbreitung republikanischer Ideen und Bestrebungen bei den benachbarten Nationen hat. Sie fürchten diese Propaganda der Freiheit, und werden womöglich das Feuer auslöschen, bevor es noch recht entzündet ist."

Der Druck der Niederlage und des Elendes einigte nach und nach alle Parteien. Die katholische Priesterschaft, welche fast unbegrenzten Einfluß auf das Landvolk hatte, war zuerst in Folge der Anmaßung der Regierung durch die demokratischen Führer in Paris verwirrt, da dieselben gegen die Kirche so feindselig gesinnt waren, als gegen das Kaiserreich. Aber nun begannen die Priester einzusehen, daß der Triumph der Preußen gleichbedeutend sei mit dem Untergange Frankreichs.

„Die Priester," sagte die „London Times" vom 2. Dezember, „predigen in den ländlichen Distrikten gegen die Preußen. Die Bauern sind daher gegen die Eindringlinge sehr erbittert. Deutsche Patrouillen werden im Loirethal von jeder Hecke und jedem Gebäude aus zusammengeschossen. Die preußischen Depeschenträger werden getödtet, wenn nur unschuldig aussehende Pflüger gesehen werden. Viele von diesen Priestern sind von den Preußen gefangen genommen worden, und sie werden vor ein Kriegsgericht gestellt werden."

Die französischen Soldaten sammelten sich nicht mit Be=

geisterung um Garibaldi. Er war ja ein Fremder und ein
Ketzer. Obgleich er heldenmüthig focht und einige kleinere
Siege mit seiner kleinen Schaar gewann, so konnte er doch
nichts vollbringen, das irgend einen ernstlichen Einfluß auf
die Fragen des Krieges hätte haben können. Er fand es
nothwendig fast nach jedem Siege einen Rückzug anzu-
ordnen.

Frühzeitig im Dezember begann General de Paladines,
welcher eine Armee von zweihunderttausend neu ausgehobener
Truppen in der Nähe von Tours gesammelt hatte, einen
Marsch zur Entsetzung von Paris. Sowie er sich der
Stadt näherte, sollte ein A u s f a l l gemacht und die
preußische Linie sollte an diesem Punkte zwischen den zwei
Armeen erdrückt werden. Der Ausfall wurde versucht, und
obgleich er theilweise erfolgreich war, so erreichte er doch den
gewünschten Zweck nicht. General de Paladines begann
seinen Marsch. Er wurde bald von einer stärkeren Macht
unter Prinz Friedrich Karl zum Stehen gebracht und nach einer
zweitägigen Schlacht, nachdem er fürchterliche Verluste beigebracht und erlitten hatte, nach Orleans zurückgeworfen.

Die Preußen verfolgten ihn und nachdem sie ihre Batterien errichtet hatten, drohten sie ihr Feuer auf die Stadt
zu eröffnen. Um die Bürger von dem Schrecken eines
Bombardements zu bewahren, zog de Paladines seine Armee
auf das linke Loireufer zurück und ließ Orleans zum zweiten
Male in Feindeshände fallen. Dies geschah am vierten
Dezember. Die siegreichen Preußen marschirten von da in
verschiedenen Richtungen und nahmen fünf wichtige Städte
in der Nachbarschaft ein. Doch gaben sich die Franzosen
noch nicht der Verzweiflung hin. Die „London Times"
vom 5. Dezember sagt:

„Spezielle Depeschen weisen nach, daß das Volk muthiger
und seiner Sache gewisser ist, als je vorher. Obgleich mitten

unter fast erdrückendem Unglück wagen doch die Republikaner einen verzweifelten Kampf für Leben und Freiheit."

Die verderbliche Niederlage der Armee de Paladines schien alle Hoffnungen in Paris für Entsatz von Außen zu vernichten. Hunger ist ein Feind, gegen welchen keine Macht bis zum Ende aushalten kann. Zwei Millionen Menschen waren in Paris eingeschlossen. Die Vorräthe schwanden schnell und es war ganz unmöglich neue Zufuhr in die Stadt zu bringen. Blasse Wangen und gerippähnliche Körper wurden schon in den Straßen gesehen. Die Thiere in der Menagerie des Pflanzengartens wurden geschlachtet und gegessen; Katzen, Hunde und Ratten wurden nach französischer Kochkunst zubereitet und eifrig verzehrt; Pferdefleisch wurde eine gesuchte Delikatesse. Der ganzen Welt schien das Ende nahe bevorzustehen, daß Paris schleunig kapituliren müsse.

Alle Berichte stimmten darin überein, das Benehmen der Franzosen in diesen Gefechten als im höchsten Grade heldenmüthig zu schildern. In vielen Angriffen, welche sie machten, erregten sie die Bewunderung ihrer Feinde. Sie strafen die so häufig gemachte Behauptung, daß die Franzosen der gegenwärtigen Generation des ritterlichen Muthes, welcher ihre Vorfahren auszeichnete, entmangeln, Lügen.

Noch immer mißtraute die demokratische Regierung von Tours den alten Generalen des Kaiserreiches. Sie schrieben jede Niederlage ihrer Hingebung dem Kaiserreich zu und ihrem Mangel an Eifer für die Republik zu kämpfen.

„Es ist ein stehender Glauben der Franzosen," sagt eine der täglichen Zeitungen, „daß jeder ihrer Generale, der sich schlagen läßt, ein Verräther ist. Napoleon, Bazaine, Leboeuf, Canrobert und der Rest sind Verräther, oder sie würden niemals unterlegen sein. Cambriel ist auch ein Verräther, denn er würde sich sonst von den Garibaldianern haben unterdrücken lassen. Der letzte Verräther ist de Paladines, — selbst der, der letzte Woche noch der Abgott war. Wir setzen ihn auf diese Liste, weil die Franzosen schon davon sprachen, ihn vor ein Kriegsgericht zu stellen. Jeder Gedanke, daß die Deutschen allein die Verantwortung für die Niederlagen der französischen Armeen tragen, wird vom Volke verworfen; es ist unmöglich; und so haben die armen Generale den Schaden davon."

Die Neuigkeit, daß die alte Stadt Rouen, die weltberühmte Hauptstadt der Normandie, in den Händen des Eroberers sei, blitzte bald über die Dräthe. Dies bereicherte die Deutschen mit der Beute eines der fruchtbarsten Departemente Frankreichs, — füllte ihre Magazine mit Korn und lieferte ihnen Schlachtvieh im Ueberfluß.

Rouen liegt weniger als sechszig Meilen von Havre, einem der wichtigsten Seehäfen Frankreichs und dem Sitze vieler seiner wichtigsten Manufakturen entfernt. Die Besetzung von Rouen durch deutsche Truppen schnitt alle Verbindung zwischen Havre und dem Innern Frankreichs ab. Havre zitterte vor Furcht und war wie gelähmt. So wurden die Aussichten Frankreichs von Tag zu Tag hoffnungsloser und dunkler. Jeder Franzose sah ein, daß der Kampf sich um das materielle Leben des Landes handle. Die Uebergabe des südlichen Rheinufers für die ganze Entfernung von Belgien und Holland bis an die Schweiz, an das mächtige deutsche Reich, würde sich als ein Schlag herausstellen, den Frankreich nie zu überwinden hoffen dürfte. Ob Frankreich nun als Republik, als Königreich, oder als Kaiserreich fortbestehe, es müßte in diesem Falle seinen stolzen Einfluß auf Europa, den es so lange ausgeübt hatte, für immer aufgeben. Der deutsche Kaiser konnte jeder Zeit sagen: „Haltet inne oder ich werde Euch züchtigen."

General Trochu hatte die Vertheidigung von Paris mit großer Geschicklichkeit geleitet. Er hatte unter seinen Fahnen vierhunderttausend Mann versammelt, welche er sorgfältig geübt und aus den Zeughäusern von Paris mit Waffen reichlich versehen hatte. Durch das unaufhörliche Feuer seiner Forts hatte er den Feind in einer solchen Distanz von Paris ferngehalten, daß er offenbar kein wirksames Bombardement auf die Stadt eröffnen konnte. Doch wurde in den Zeitungen berichtet, daß der Privatsekretär des Gesandten der Vereinigten Staaten (Herr Washburne) am 4. Dezember erklärt habe: Hungersnoth werde die Uebergabe von Paris binnen drei Wochen erzwingen. Prinz Georg von Sachsen telegraphirte auch an den König nach Dresden, daß es für die Franzosen unmöglich sein werde, irgend welche offensive Bewegungen zu machen. Doch hielten es Manche für wahrscheinlich, daß General Trochu einen letzten verzweifelten Versuch machen werde, sich durch die Linien des Belagerungsheeres durchzuschlagen.

Während wir diese Zeilen schreiben, beinahe Mitte Dezember, umgiebt ein ungeheurer Theil der preußischen Armee, verschieden von vier bis fünfhunderttausend Mann geschätzt, Paris mit uneinnehmbaren Belagerungswerken in einem Umkreise von über dreißig Meilen. Eine andere über zweimalhunderttausend Mann starke Armee mit fünfhundert Kanonen treibt den General de Paladines über die Loire zurück auf deren Südufer und droht nach Tours zu marschiren, um den Theil der provisorischen Regierung, der dort versammelt ist, zu sprengen. Eine andere große deutsche Armee ist nahe bei Amiens und sendet Kavallerieschaaren nach allen Richtungen aus, um die Gegend zu beunruhigen und zu erforschen.

Das einzige Mittel der Pariser Regierung zur Unterhaltung des Verkehrs mit der Außenwelt, besteht in Ballons. Mit Beachtung des herrschenden Windes wird ein ungeheurer Ballon etwa zwei bis drei Meilen in die Höhe gelassen, und dann läßt man ihn über die preußischen Linien hinwegtreiben (oft genug wird er dabei zur Zielscheibe der Scharfschützen und der Artillerie), bis er außerhalb des Bereiches der preußischen Gefangennahme ist; dann steigt er mit seiner sehr kurz gefaßten Post, und oft mit mehreren Passagieren, in die Felder Frankreichs herab.

Brieftauben werden in diesen Ballons von Paris aus mitgenommen, um nachher mit Briefen nach Paris zurückzufliegen. Auf solche Weise allein kann die Regierung in Tours mit dem Komite innerhalb der Stadtmauern verkehren.

Die ungeheuren Kanonen, welche in den Forts um Paris herum aufgeflanzt sind, unterhalten ein unaufhörliches Feuer auf die preußischen Linien. Täglich fallen Schlachten vor, indem die Pariser aus irgend einem Theile der Verschanzungen gegen die Batterien, welche sie umgeben, ausfallen. Ein Augenzeuge, welcher am 4. Dezember innerhalb der preußischen Linien stand, beschreibt die Szene in einer Depesche am folgenden Tage so:

„Es wurde eine große Anstrengung gestern und vorgestern gemacht. Es war eine heftige Kanonade, aber an der Seite zeigte sich keine Infanterie. Frühzeitig gestern war es offenbar, daß heiße Arbeit im Westen bevorstehe. Mont Valerien donnerte in jeder Richtung. Von einer Anhöhe über Argenteuil konnte man alles sehen. Eine Schlacht war südlich vom Mont Valerien im Gange. Noch näher bei mir ging es sehr scharf her. Am Morgen waren Bomben von den Batterien zu Nanterre und Courbevoie in Bezons und Argenteuil geplatzt. Eine geschützte Straße hinter der letztern Stadt ist in manchen Stellen von den tiefen Furchen der Bomben zerrissen.

„Auf der andern Seite der Anhöhe auf der ich stand, unterhielten die Batterien ein beständiges Granatfeuer, welches den Gipfel in allen Richtungen durchpflügte und die auf der Anhöhe stehenden Gebäude wurden erbarmungslos zerschmettert. Als der Tag anbrach, wurde meine Stellung

so gefährlich, trotz ihrer großen Vortheile als Beobachtungs=
posten. Ich war genöthigt, sie aufzugeben und in das Thal
zurückzugehen, aber dies hieß „vom Regen in die Traufe"
kommen. Wandte ich mich östlich, so fielen Bomben von
Labriche auf Epinoi. St. Gratien, Deuil, Montmagny
und Stains hatten durch das Fort schwere Zeiten zu be=
stehen. Weiterhin waren Dugni und Le Bourget vom Fort
de l'Est angegriffen. Von Magency begleitete ich einen
Stabsoffizier durch Montmagny über Garges und Arnou=
ville. Zum ersten Male während der Belagerung warf das
Fort du Nord Bomben nach Montmorency.

„Vormittags hatte ein Ausfall in der Richtung von
Stains stattgefunden. Drei Bataillone rückten über die
Untiefen, von einem heftigen Feuer des Fort du Nord und
der Lunette von Stains unterstützt. Das Dorf war von
dem zweiten Garderegimente und von Bataillonen des Re=
gimentes Königin Elisabeth besetzt. Die Franzosen hatten
zwei Bataillone der Garde Mobile und eines der kaiserlichen
Garde. Sie rückten mit großer Entschlossenheit und in
trefflicher Ordnung an. Die deutschen Garden, welche die=
selben erwarteten empfingen sie mit einem gutgenährten
Feuer auf kurze Distanz. Die Franzosen wagten einen
Sturm, aber die Kugeln geboten ihnen Halt. Nachdem sie
eine kurze Zeit Stand gehalten hatten und Schüsse mit den
Deutschen austauschten, begann der unausweichliche Erfolg,
ein Rückzug. Die Franzosen verdienen jedoch alles Lob für
die Ordnung, in der sie sich zurückzogen.

„Eine andere Demonstration wurde später in der Richtung
von Bourget gemacht. Dichte Kolonnen von französischen
Truppen erschienen auf der Ebene in Front vor Fort Auber=
villiers und rückten unaufhaltsam gegen Bourget vor. Aber
sie verloren den Muth als sie über die Eisenbahnstation hin=
aus, näher kamen; und sie kamen nie in die richtige Schuß=
weite. Bourget wurde den ganzen Tag beschossen. In

der That war das Feuer von den Forts der ganzen Linie heftig und andauernd, aber so ungenau und zwecklos, daß es wenig Schaden anrichtete. Die ganze Aktion an der Nordseite hatte den Charakter einer Finte."

Das sind die Szenen, welche, während wir dies schreiben, um Paris herum vorgehen. Nach menschlichem Dafürhalten kann Frankreich nichts mehr hoffen.

Das Benehmen des Komites für Volksvertheidigung in Tours unter diesen schwierigen Umständen, sicherte ihm das Zutrauen des Volkes von Frankreich nicht.

Thomas Carlyle, welcher der offene Advokat der absoluten Regierungsform und der Gegner der Volksregierung ist, und dem wahrscheinlich die preußische und deutsche Politik besser bekannt ist, als irgend Jemand anderem, spricht folgende Ansichten in Bezug auf das nun zum Dasein erstehende deutsche Kaiserreich aus.

„Ich habe," so schreibt Herr Conway an das „Cincinnati Handelsblatt", „gerade einen Abend mit Thomas Carlyle zugebracht. Schon lange hielt er den großherzigen Herrn Bismarck, wie er ihn nannte, für einen Mann nach seinem Herzen und als den Mann der Zukunft für sein Vaterland. Wie Sie denken können haben die letzten Ereignisse seinen Enthusiasmus für Deutschland und seine Achtung für den Grafen Bismarck noch vermehrt.

„Mit Rücksicht auf den Grafen Bismarck sagte er: Alle Politiker der Welt scheinen mir neben ihm reine Windbeutel. Er hat sich fähig gezeigt, sich ganz mit seiner Sache zu identifiziren und alle andern Angelegenheiten sind ihm einfach unbedeutend im Vergleich mit der seinigen, — der Errichtung einer großen ächten Macht und Regierung in Europa, aus dem einzigen dafür belassenen soliden Material bestehend. Denn wirklich, es scheint mir, als ob die wahren Grundsätze der Ordnung und der Regierung fast aus Europa verschwunden wären, wenn Deutschland nicht da wäre.

„Indem Carlyle über die Bestimmung Deutschlands sprach, äußerte er die Meinung, daß dasselbe unabänderlich binnen Kurzem vereinigt sein werde, und daß die Haupttheile Oestreichs, besonders der der deutschen Provinzen, vielleicht nach einiger Zeit erst mit dem Reste Deutschlands sich einigen würden. Er glaubte, daß der Einfluß eines so geeinigten Deutschlands ohne Zweifel ein friedlicher sein werde. Der Name Germane selbst bezeichnet, wie stark er schon im Kriege gewesen ist. Germane heißt eigentlich ein Kriegsmann, ein Wehrmann.

„Alles," schreibt ein Korrespondent von Havre, „alles deutet darauf hin, daß die Preußen jetzt unnöthiger Weise grausam werden. Sie treffen auf entschiedenern Widerstand, als vorher, und rächen sich dafür an jedem, den sie erwischen. Ihr Verfahren dabei besteht darin, daß sie irgend einen Unglücklichen, den sie auf der Straße finden, mit einem Stricke um die Handgelenke an den Sattelknopf binden. Wenn ein Dragoner ein halbes Dutzend gefangen nimmt, so bindet er sie alle auf diese Weise und bringt sie mit der gleichen Lust, indem er sie hinter seinem Pferde herschleppt ins Lager, mit der ein Indianer eben so viele Skalpe einbringen würde. Ein hastiges Kriegsgericht wird unter einigen wenigen Formalitäten gehalten und das nächste Dickicht bietet einen günstigen Platz zur Exekution des Urtheils."

Es würde schwierig sein, die Anzahl der französischen Städte, welche den Schrecken eines Bombardements ausgesetzt waren, aufzuzählen, und keiner, der nicht Zeuge des Schauspiels gewesen ist, kann sich einige Ideen von dem Schrecken und Grausen der Szene machen. Ein ungeheures Geschoß von ein- bis zweihundert Pfunden Gewicht, steigt majestätisch in die Luft, dann braust es mit entsetzlichem Geräusche vorwärts gegen sein Ziel, platzt, wenn es aufschlägt, mit einem lauten Knalle und streut Verderben in jeder Richtung aus. Dicke Mauern zerstückeln unter diesen Donnerkeilen des Krieges, feste Gebäude werden von ihnen zerstört. Nirgends ist Sicherheit zu finden.

Als Straßburg die Schrecken eines Bombardements durchbebte, beschreibt ein Augenzeuge, welcher die Szenen der Gafahr und des Schreckens theilte, die Szene wie folgt:

„Das Bombardement begann um ein viertel vor neun Uhr gestern Nacht. Von dieser Zeit an, bis acht Uhr diesen Morgen (elf Stunden) hörte das Feuern nicht auf. Es war ein beständiger Donner, ein fortdauerndes Gebrüll, — ein Rauschen und Pfeifen von Geschossen in der Luft, auf welches das Krachen von Kaminen, und von Zeit zu Zeit Geschrei des Elendes und Schreckens folgte. Die Nacht war sehr dunkel. Es regnete und es war unmöglich, die Stellung der feindlichen Batterien von den Wällen aus zu unterscheiden; da dieselben hinter Gebäuden verborgen, oder von dem Eisenbahndamm geschützt waren. Auf diese Weise war es ihnen möglich, ihr Zerstörungswerk ungestraft fortzusetzen. Unser Volk fragt, was diese Behandlung bedeutet...... Unsere Feinde wissen, daß achtzigtausend Einwohner in der Stadt sind, eine harmlose Bevölkerung; — Kinder, zitternde Mütter; daß die Stadt voll von Kranken und Verwundeten ist, denen dadurch der stärkende Schlaf geraubt, deren Tod dadurch beschleunigt wird. Es ist nicht möglich den Schaden, den unzählbare Gebäude während der Nacht erlitten haben, zu schätzen. Wir müßten beinahe alle Straßen der Stadt aufzählen und in vielen Straßen beinahe alle Häuser. Die Bomben kamen von allen Seiten und fielen in alle Theile der Stadt.

Die Bomben fielen zu zehn, ja zu hunderten in eine und dieselbe Straße. Sobald ein Haus in Flammen stand, so wurde Bombe auf Bombe in die Flammen geworfen, um die Löschmannschaft an ihrer Arbeit zu verhindern. Die ganze Stadt ist mit Ruinen bedeckt. Dächer, Kamine und Häuserfronten sind überall zerstört."

Solche Szenen gehen im Augenblicke, in dem wir dies schreiben in Frankreich fast beständig vor sich. Während die Stadt unter diesem schrecklichen Kriegssturm zitterte und in Flammen stand, erließ der Prediger von St. Thomas folgende Notiz an seine Gemeinde:

„Wenn der liebe Gott unser Leben erhält, so wird am Sonntag Morgen um halb zehn Uhr ein Gottesdienst gehalten werden; wo nicht, so bitte ich die werthen Väter und Mütter in ihren Familien selbst Gottesdienst abzuhalten. Sie mögen einen Psalm und ein Kapitel aus der Bibel lesen. Der alte Gott lebt noch, ruft ihn an in Eurer Noth. Obgleich Körper und Seele lechzen, werden wir ihm doch treu verbleiben, denn er ist unsere Hülfe und unser Gott."

Es gab auch mitunter possierliche Szenen unter diesen Szenen des Leidens. Die Preußen, durch fortwährende Siege kühn gemacht, wurden öfters geradezu tollkühn. Man erzählt, daß der Maire von Fontainebleau den Stadtrath versammelt hatte und kräftige Kriegsmaßregeln beschloß, als man plötzlich das Klappern der Hufe einer Schwadron Reiter im Hofe des Rathhauses hörte. Der Anführer dieses Reitertrupps von vierzig Mann sprang vom Pferde, trat in den Rathsaal und verlangte die Schlüssel der Stadt.

„Wir haben keine Schlüssel," antwortete der Maire ruhig, Fontainebleau ist eine offene Stadt."

„Wohlan denn," sagte der Dragoner, „weist uns eine Wohnung an und macht sogleich die nöthigen Rationen für dreißigtausend Mann zurecht, welche nur wenige Stunden hinter uns nachfolgen."

„Ganz recht," erwiderte der Maire und fügte, sich zum Stadtrath wendend, hinzu, laßt uns diese Herren ins Schloß führen, da wir müssen, und da können wir ihnen Stallung und Wohnung anweisen."

Der Trupp marschirte sogleich nach dem prachtvollen Schlosse, einem weltberühmten Gebäude, daß mit vielen der außerordentlichsten Ereignisse der französischen Geschichte in Verbindung steht. Die Dragoner wurden in den Schloß=hof geführt und während sie ihre Pferde fütterten, wurden die Thore plötzlich geschlossen. Der Maire, welcher durch das Eisengitter schaute, sagte: „Meine Herren, Sie sind meine Gefangenen; machen Sie sich's nur recht bequem." Die Dragoner waren wüthend, drohten mit schrecklicher Rache, sobald ihre Kameraden nachkommen würden und weigerten sich, sich zu ergeben.

„Wohl denn," antwortete der Maire, „Eure armen Thiere sollen deßhalb nicht Mangel leiden; aber Ihr sollt nicht einen Bissen Brod bekommen, bevor Ihr Eure Waffen niederlegt und Euch als Gefangene ergebt. Wenn die dreißigtausend Mann kommen, so werden wir uns denselben ergeben, nicht aber vierzig Dragonern."

Nach zwei Stunden ergaben sich die Dragoner und wur=den nach einem sichern Platze innerhalb der französischen Linien gesendet. Die dreißigtausend Mann kamen nicht nach.

Laßt uns schließlich noch über die folgenden historischen Thatsachen nachdenken, welche hoffentlich kein verständiger Leser beanstanden wird.

1. Preußen, oder vielmehr Graf Bismarck, welcher Preußen repräsentirt, faßte vor einigen Jahren den Ent=schluß, Deutschland in ein großes, auf das göttliche Recht der Könige, zu regieren, und auf die Pflicht der Völker, zu gehorchen, gegründetes Kaiserreich zu reorganisiren.

2. Bei der Vollführung dieses Planes wurden die Ver=träge von 1815, welche Preußen zu achten geschworen hatte, vollständig mißachtet und über den Haufen geworfen.

3. Durch Diplomatie und Krieg hob sich Preußen von einer Nation von ungefähr fünfzehn Millionen Einwohnern,

zu einer Macht, welche vierzig Millionen zählt, von denen jeder körperlich taugliche Mann ein geübter Soldat ist. Dies bildet eine Militairgewalt, die von keiner andern Nation übertroffen wird.

4. Frankreich hätte diese Ausdehnung durch eine Bündniß mit Oestreich, wie Thiers es der Regierung dringend angerathen hatte, leicht haben verhindern können. Dieses Bündniß würde Preußen bei Sadova unausweichlich erdrückt haben und es hatte Frankreich von dem Ruin, dem es nun geweiht ist, gerettet.

5. Die kaiserliche Regierung weigerte sich, auf solche Weise sich der Einigung Deutschlands zu widersetzen, und erklärte, daß die Deutschen ein Recht hätten, ihre eigenen Angelegenheiten zu ordnen, und daß es für die Wohlfahrt Deutschlands vortheilhaft sei, wenn die einzelnen Staaten in eine Nation vereinigt würden.

6. Nachdem diese Verschmelzung durchgeführt war, verlangte die kaiserliche Regierung, daß in Betracht ihrer Beistimmung zur Einigung Deutschlands, Preußen diejenigen rheinischen Provinzen an Frankreich abtreten solle, welche auf der französischen Seite des Rheines liegen, und welche Frankreich durch die Verträge von 1815 entrissen und Preußen überliefert worden waren; — Provinzen, welche Frankreich unter den veränderten Verhältnissen für unentbehrlich zur Behauptung seiner Unabhängigkeit hielt; es milderte jedoch seine Forderung mit der Erklärung, daß die Bevölkerung dieser Provinzen durch eine Abstimmung entscheiden solle, ob sie zu Frankreich zurückkehren oder bei Preußen verbleiben wolle.

7. Preußen schlug diesen Vorschlag entschieden ab; aber es erkannte gewissermaßen die Billigkeit dieses Verlangens an, indem es, nach dem Zeugniß des französischen und englischen Gesandten vorschlug, daß Frankreich seine Grenze

durch Besitzergreifung von Belgien bis an den Rhein ausdehne. Frankreich lehnte diesen Vorschlag sogleich ab.

8. Dann schlug Frankreich allen gekrönten Häuptern Europas vor, daß ein Kongreß berufen werden solle, um die Grenzen der Nationen wieder herzustellen, so daß die damals entstehenden aufregenden Fragen, welche Europa mit Krieg bedrohten, durch Berufung auf Vernunft und nicht durch das Schwert, gelöst werden möchten.

9. Preußen versuchte es unterdeß, während Frankreich Angesichts seiner Gefahr in Folge davon zitterte, daß die mächtigen Festungen des linken Rheinufers in den Händen einer so furchtbaren Macht waren und daß das Thor Frankreichs auf solche Weise für einen Einfall der Deutschen weit offen stehe, durch geheime Ränke einen deutschen Prinzen auf den spanischen Thron zu setzen. Dieses hätte Spanien in eine deutsche Provinz verwandelt und das alte deutsche Reich Karls V. wiedergeschaffen. So hätte Frankreich sich machtlos gefunden, und wäre der beliebigen Zermalmung durch Deutschland beständig ausgesetzt gewesen.

10. Ganz Frankreich war beunruhigt. Imperialisten, königlich Gesinnte und Republikaner theilten in gleicher Weise die allgemeine Aufregung. Preußen wurde benachrichtigt, daß Frankreich nicht seine Zustimmung dazu geben könne, daß Spanien durch Krönung eines deutschen Prinzen zum Könige von Spanien, in eine deutsche Provinz verwandelt werde.

11. Preußen willigte ein den Prinzen Leopold, gegen welchen als Mensch Frankreich keine Einwendung zu machen hatte, zurückzuziehen; aber es weigerte sich entschieden (Frankreich sagt auf beleidigende Weise), irgend eine Zusicherung zu geben, daß es keinen andern deutschen Prinzen auf den spanischen Thron setzen werde.

12. So bedroht, rief das französische Volk einmüthig

aus, daß es für die Unabhängigkeit Frankreichs unumgänglich nothwendig sei, die alte Rheingrenze wieder zu verlangen. Die Erhebung der ganzen Nation, von Männern der entgegengesetztesten Parteien, zu dieser Forderung, darf nicht als eine Handlung des Leichtsinns betrachtet werden, sondern als eine tiefe Ueberzeugung, welche ganz Frankreich theilt, daß die Unabhängigkeit der Nation bedroht sei.

13. Es ist offenbar, daß Graf Bismarck, welcher Preußen repräsentirt, wußte, daß die Maßregeln, die er ergriff, zum Kriege führen mußten; daß er den Krieg wünschte; daß er die umfassendsten Vorbereitungen für den Krieg getroffen hatte, und daß dessen Resultate in so weit gerade die waren, die er zu erreichen hoffte. Preußen behält die Provinzen auf dem linken Rheinufer, zermalmt die Militairmacht Frankreichs, ergreift Lothringen und Elsaß, vergrößert so sein Gebiet, vermehrt seine Festungen und beherrscht beide Rheinufer von Belgien bis an die Schweizergrenze.

14. Eines der letzten Telegramme, welches über den Ozean gekommen ist, während wir dies schreiben, lautet folgendermaßen:

„Nachrichten von Brüssel geben die Versicherung, daß Preußen durchaus entschlossen ist Luxemburg in Besitz zu nehmen auf den Grund hin, daß Luxemburg nothwendig sei, um Lothringen strategisch nutzbringend zu machen."

Kein verständiger Mann zweifelt daran, daß ähnliche Betrachtungen bald zur wirklichen oder thatsächlichen Besitznahme von Belgien und Holland führen werden. Die Größe des deutschen Kaiserreichs scheint beide seiner Gnade anheimzugeben.

15. Die Handlungsweise der demokratischen Führer in den großen Städten, indem sie von dem Einfalle der Preußen und von der Gefangenschaft des Kaisers Vortheil zogen, um die Zügel der Regierung zu ergreifen, wirkt in mancher Hinsicht unheilvoll. Das Kaiserreich war die Wahl des

französischen Volkes. Die demokratische Partei in Paris, Lyon und Marseilles war von einer ungleichmäßigen Masse von gemäßigten Republikanern, rothen Republikanern und Sozialisten gebildet, welche sich gegenseitig tödtlich haßten, und genoß das Zutrauen des französischen Volkes nicht. Es kann sich nicht mit Begeisterung um Usurpatoren sammeln, welche in der Stunde der Noth die Gewalt ergriffen haben, und welche weder von der alten Lehre des göttlichen Rechtes, noch von der neuen der Volksabstimmung unterstützt werden.

16. Frankreich ist durch diese Handlungsweise der demokratischen Führer die Möglichkeit einer Verbindung mit irgend einer andern Macht nachdrücklich abgeschnitten. Preußen weigert sich diese Komites anzuerkennen, ja es will nicht einmal mit ihnen unterhandeln. England, Italien, Oestreich, alle zittern Angesichts der ungeheuren Uebergriffe Preußens, aber keine dieser Mächte kann zu Gunsten des anarchischen Frankreichs dazwischen treten. Die brittische Regierung will nicht mit einem selbst gemachten demokratischen Komite in Paris in Allianz treten. Viktor Emanuel kann seine Armeen nicht dazu hergeben, in Frankreich eine Demokratie zu errichten, welche das Kaiserreich gestürzt hat, dem er ja die Krone Italiens zu verdanken hat, — eine Demokratie, deren erstes Werk im Falle des Erfolges, die Zerstörung seines Thrones und die Errichtung einer italienischen Republik auf dessen Trümmern sein würde. Von Spanien, welches eine Republik verworfen und für eine Monarchie gestimmt, und welches einen Sohn Viktor Emanuels auf seinen Thron gesetzt hat, kann man, da es sich weigerte, das Volksvertheidigungs-Komite als Regierung Frankreichs anzuerkennen, nicht erwarten, daß es zur Befestigung einer von ihm nicht anerkannten Regierung mit seinen Armeen die Pyrenäen kreuze. Oestreich endlich würde

das letzte Volk auf der Erde sein, welches für die Errichtung einer Demokratie in Frankreich fechten würde.

17. So scheint der Umsturz des republikanischen Kaiserreiches in diesen Stunden des Unglückes und des Schreckens, — einer Regierung, welche von allen Völkern Europas anerkannt und geachtet wurde, und welche von einer überwältigenden Majorität des französischen Volkes errichtet und erhalten wurde, — Frankreich unwiderruflich dem Verderben zu weihen. Es ist keine herzliche Einigung im Innern vorhanden und von Außen ist nichts zu erwarten.

18. Frankreich war unter dem Kaiserreiche während zwanzig Jahren eines der blühendsten, einflußreichsten und glücklichsten Völker des europäischen Kontinentes. Alle Künste der Industrie blühten, die herrlichsten Werke innerer Verbesserungen wurden errichtet, und die Nation ist mit einer niemals vorher gesehenen Schnelligkeit in Erziehung, Reichthum und Macht fortgeschritten. Paris war eine der ordnungsliebendsten, bestverwalteten und anziehendsten Städte des Erdballes. Die gebildetsten und reichsten Familien aller Völker haben dort ein glückliches Heim gefunden. Konnte Frankreich auch nur hoffen, daß die nächsten zwanzig Jahre gleich den letzten sein würden, so würde es in Wirklichkeit glücklich sein.

Plötzlich brach ein moralisches Erdbeben ein und ganz Frankreich bietet den Anblick der Bestürzung, des Ruins und des Elendes dar. Mehr als eine halbe Million Eindringlinge verheeren seine Gefilde und hinterlassen Hungersnoth, rauchende Ruinen und mit Blut geröthete Felder. Es giebt keine anerkannte Regierung in Frankreich mit welcher Europa unterhandeln oder um welche das französische Volk sich willig sammeln dürfte. Wenige Völker dieses Erdballes haben dunklere Stunden gekannt, als diejenigen, welche am Ende des Jahres 1870 ihren Trauerschleier über ganz Frankreich ausbreiten. Die Welt sieht staunend zu, welche Erfolge Gott aus diesen Szenen des Ruins und des Elendes hervorrufen werde. Wann dürfen wir hoffen, daß das Gebet, welches uns der Erlöser gelehrt hat, erhört werde?

„Dein Reich komme, dein Wille geschehe auf Erden wie im Himmel."